Bernd Ingmar Gutberlet studierte in Berlin und Budapest
Geschichte und hat als Journalist, Lektor und
Projektmanager im Kulturbereich gearbeitet. Bereits sein
Buch über *Die 50 populärsten Irrtümer der deutschen Geschichte*
wurde zum Bestseller. Zuletzt erschienen von ihm
Die 33 wichtigsten Ereignisse der deutschen Geschichte und
Der Maya-Kalender.
Bernd Ingmar Gutberlet lebt und schreibt in Berlin.

BERND INGMAR GUTBERLET

DIE 50 GRÖSSTEN LÜGEN UND LEGENDEN DER WELT-GESCHICHTE

BASTEI
LÜBBE
TASCHENBUCH

BASTEI LÜBBE TASCHENBUCH
Band 64237

1. Auflage: Juli 2009
2. Auflage: Januar 2010
3. Auflage: Oktober 2010

Vollständige Taschenbuchausgabe
der bei Ehrenwirth erschienenen Hardcoverausgabe

Bastei Lübbe Taschenbuch und Ehrenwirth
in der Bastei Lübbe GmbH & Co. KG

Copyright © 2007 by Bastei Lübbe GmbH & Co. KG, Köln
Textredaktion: Mathias Michel, Wiesbaden
Titelbild: © akg-images
Umschlaggestaltung: © Ulf Henning, München
Satz: Druck & Grafik Siebel, Lindlar
Autorenfoto: © Privat
Gesetzt aus der Weiss, medium
Druck und Verarbeitung: CPI – Ebner & Spiegel, Ulm
Printed in Germany
ISBN 978-3-404-64237-3

Sie finden uns im Internet unter
www.luebbe.de
Bitte beachten Sie auch: www.lesejury.de

Der Preis dieses Bandes versteht sich einschließlich
der gesetzlichen Mehrwertsteuer.

INHALT

VORWORT

Beginnen wir mit einem banalen Allgemeinplatz: Die Geschichte der Menschheit ist lang, und man kann nicht alles wissen. Geschenkt. Aber trotzdem leben wir mit der Geschichte und haben eine gewisse Vorstellung davon, wie es in der Vergangenheit ausgesehen hat – sei es in unserer Heimatstadt oder im fernen Babylon vor Tausenden von Jahren. Ignorieren lässt sich Geschichte nicht, denn sie spielt für die Gegenwart eine große Rolle. Wer möchte in Abrede stellen, dass die deutsche Politik der Gegenwart viel mit der unrühmlichen deutschen Vergangenheit zu tun hat? Oder dass die klassische Antike mit ihren Kriegen und ihrer kulturellen Blüte auf Europa bis heute nachwirkt? Und dass die Politik der Europäischen Union nicht zuletzt von vielfältigen historischen Erfahrungen ihrer Mitgliedsländer geprägt ist? Oder dass Männer wie Jesus Christus oder Mohammed noch immer wichtige Bezugspersonen der Gegenwart sind, und das nicht nur im religiösen Sinn?

Unser Wissen von Geschichte ist allerdings häufig fehlerhaft. Das hat viele Gründe: Man mag im Geschichtsunterricht nicht richtig hingehört oder vergessen haben, was der Lehrer zum Besten gab. Man mag voreingenommen sein, weil sich geschichtliche Prozesse nicht mit der eigenen Vergangenheit oder der politischen Überzeugung vertragen. Oder man hält für wahr, was historische Romane, populäre Darstellungen oder TV-Dokumentationen über Geschichte vermitteln.

In unserer Mediengesellschaft ist das Fernsehen zu einem Lehrmeister geworden, der dem Schullehrer mindestens ebenbürtig ist. Beide aber irren in vielen Darstellungen – sei es, weil sie es nicht besser wissen oder weil sie die »bessere Story« bevorzugen, um die Aufmerksamkeit der Schüler zu erlangen oder die Einschaltquote zu erhöhen. Und schließlich das Kino: Wenn wir ehrlich sind, hinterlässt ein Sandalenfilm eher einen bleibenden Eindruck als Tacitus, und eine Frau auf dem Heiligen Stuhl vergisst man nicht so leicht wie ein langweiliges Konzil. Auch ein Mord oder eine finstere Verschwörung machen sich vom Kinosessel aus aufregender als ein langes Siechtum oder ein tragischer Zufall.

Falsche Geschichtsbilder haben ihren Ursprung aber oft auch in einer mutwillig verfälschten Darstellung. Da werden Ansprüche mit gefälschten Dokumenten untermauert und missliebige Männer (und vor allem Frauen) der Geschichte aus verleumderischer Absicht anders dargestellt, als sie wirklich waren. Da wird ein geschichtlicher Vorgang aus so verengter Perspektive beurteilt, dass das Urteil an der historischen Wahrheit zwangsläufig vorbeigehen muss. Diese Art der Geschichtsklitterung hat immer wieder Konjunktur, vor allem wenn Historiker sich für politische Zwecke missbrauchen lassen oder Politiker die Ergebnisse der Geschichtsforschung schlichtweg nicht zur Kenntnis nehmen wollen.

Ob aus Sensationslust, politischem Kalkül oder purer Verleumdung, ob zufällig oder beabsichtigt – historische Irrtümer bleiben selbst dann in unseren Köpfen hängen, wenn sie längst widerlegt wurden. Daher versammelt dieses Buch nach dem großen Erfolg der *50 populärsten Irrtümer der deutschen Geschichte* die wichtigsten und schillerndsten, bösartigsten und verblüffendsten Legenden, Fälschungen und Irrtümer der Weltgeschichte – von der Urgeschichte bis zur unmittelbaren Vergangenheit.

Ihre Aufklärung und Herleitung sind aber keine trockene Angelegenheit, sondern vermitteln viel Verständnis von historischen Zusammenhängen. Denn lediglich zu wissen, wann wer wo geschummelt hat, ist viel weniger spannend, als zu verstehen, wie es dazu kam – und welches Ausmaß Schummeln und Irren in der Weltgeschichte haben können. Da mag dann jeder Leser selbst nachforschen, welche Sicht auf Vergangenheit und Gegenwart der eine oder andere Irrtum hervorgebracht hat, den man eben noch selbst für die Wahrheit hielt.

Dieses Buch wäre undenkbar ohne die reichhaltige und vielseitige Arbeit der unermüdlich forschenden Historiker, auf der es beruht, deren Ergebnisse allerdings allzu oft die akademische Welt gar nicht verlassen.

DIE SINTFLUT
MYTHOS ODER KATASTROPHE?

»Als aber der Herr sah, dass der Menschen Bosheit groß war auf Erden und alles Dichten und Trachten ihres Herzens nur böse war immerdar, da reute es ihn, dass er die Menschen gemacht hatte auf Erden, und es bekümmerte ihn in seinem Herzen, und er sprach: Ich will die Menschen, die ich geschaffen habe, vertilgen von der Erde, vom Menschen an bis hin zum Vieh und bis zum Gewürm und bis zu den Vögeln unter dem Himmel; denn es reut mich, dass ich sie gemacht habe. Aber Noah fand Gnade vor dem Herrn.«

So beginnt im ersten Buch Mose, der Genesis, die Geschichte des Alten Testaments, in der Gott beschließt, die Menschheit zu vernichten und nur den gottesfürchtigen Noah mit seiner Familie und den Tieren der Arche zu retten, indem er sie rechtzeitig warnt. Vierzig Tage und Nächte dauerten die dann einsetzenden Regenfälle, das Wasser stieg unaufhaltsam und begrub die Erde und ihre Bewohner unter sich. Selbst die Berggipfel blieben ihnen nicht mehr als Zuflucht, so hoch stieg das Wasser. Erst nach 150 Tagen war der Scheitelpunkt erreicht, dann floss das Wasser langsam wieder ab. Und irgendwann kündete die von Noah ausgesandte Taube mit einem Blatt vom Ölbaum, dass die Wassermassen endlich wieder Land freigegeben hatten. Die Arche erreichte schließlich den Berg Ararat, wo Noah mit seiner Familie an Land ging.

Diese Erzählung des Alten Testamentes ist die wohl bekannteste Version der Sintflut, aber bei Weitem nicht die einzige. In vielen Kulturen und Religionen, auf unterschiedlichen Kulturstufen und fast allen Kontinenten finden sich vergleichbare Überlieferungen. Nur in Afrika taucht das Motiv ausgesprochen selten auf. Mit wechselnden Akzenten wird die Menschheit in diesen Überlieferungen von Naturkatastrophen heimgesucht und fast vollständig ausgelöscht: mal aus göttlichem Zorn, mal ganz ohne Grund; mal als reinigende Bedingung für eine neue, bessere Schöpfung oder weil kosmische Mächte miteinander ringen. Aber in jedem Fall können sich ein paar wenige planvoll oder zufällig in Sicherheit bringen. Zuflucht bietet entweder ein Schiff oder Floß oder auch eine Höhle oder eine Burg. Die Überlebenden gründen nach der Katastrophe ein neues Menschengeschlecht – die Geschichte geht weiter.

Viele der Überlieferungen haben einander beeinflusst. Die alttestamentliche Sintfluterzählung beispielsweise lässt sich auf altorientalische Berichte zurückführen, darunter den des Gilgamesch-Epos. Ähnliche Katastrophengeschichten tauchen bei den Griechen, Kelten und Germanen auf, in der chinesischen Überlieferung, bei den Indern oder den Inka und Maya Altamerikas. Ist also das Sintflutthema nur ein Mythos ohne historische Grundlage? Mythologisch betrachtet könnte es sich um das Motiv eines kosmischen Zyklus handeln: Wie die Natur sich Jahr für Jahr erneuert und wieder verbraucht, gibt es auch alte Vorstellungen von einer Welt, die untergehen muss, um sich zu erneuern beziehungsweise neu erschaffen zu werden.

Denkbar ist aber ebenso, dass die verschiedenen Sintflutberichte auf eine oder mehrere Umweltkatastrophen zurückgehen, die im kulturellen Gedächtnis der Völker verankert wurden. Gab es also eine womöglich globale Katastrophe, über die in zahlreichen Kulturen eine Generation der nächsten berichtete? Ähnlich wie beim Mythos Atlantis sind Wissenschaftler und

Hobbyforscher weltweit auf der Suche nach Hinweisen, um die Berichte von einer Naturkatastrophe, der die Mehrheit der Menschen zum Opfer fiel, anhand geologischer Erkenntnisse zu belegen.

Im 21. Jahrhundert hat das Thema Klimaveränderung Hochkonjunktur, aber gravierende Änderungen ihrer Lebensbedingungen mussten auch unsere Vorfahren schon erleben. Möglich wäre daher, dass sich die Sintfluterzählungen auf einen solchen globalen Klimawandel beziehen, der massive Regenfälle und steigende Wasserstände zur Folge hatte. Allerdings können Niederschläge allein eine solche Katastrophe kaum hervorgerufen haben. Denkbar wäre aber eine Erderwärmung nach der letzten Eiszeit, vor – sehr grob gesagt – rund 10 000 Jahren, die riesige Eismassen zum Schmelzen brachte und so den Meeresspiegel steigen ließ. Einer anderen Theorie zufolge ließen die steigenden Temperaturen einen skandinavischen Gletscher zerbrechen, der dann in die Ostsee stürzte und eine katastrophale Flutwelle auslöste.

In den vergangenen Jahrzehnten haben Geologen mithilfe moderner Forschungsmethoden an verschiedenen Orten der Erde Naturkatastrophen nachweisen können, die vor Tausenden von Jahren stattfanden. Eine solche tragfähige Theorie über eine derartige ökologische Katastrophe in unserer Nähe ist seit Ende des 20. Jahrhunderts zum Lebensthema vieler Wissenschaftler aus der ganzen Welt und aus verschiedensten Fachgebieten geworden: die Schwarzmeerflut. Immer mehr Hinweise bestätigen eine Theorie, die durch einen großen internationalen Kongress 2002 in Italien Aufsehen erregte. Sie geht auf zwei US-amerikanische Geologen zurück und wird gelegentlich auch herangezogen, um den Mythos der versunkenen Zivilisation Atlantis zu erklären. Bewiesen wurde sie bislang zwar nicht, aber ebenso wenig konnte sie widerlegt werden.

Die Schwarzmeerflut soll sich ungefähr 6700 v. Chr. ereignet haben. Damals entstand durch eine Flutkatastrophe riesigen Ausmaßes das Schwarze Meer, wie wir es heute kennen, das aber vorher ein erheblich kleineres Süßwasserreservoir war. Durch ein Erd- oder Seebeben oder eine vergleichbare geologische Verschiebung kam es zu einer Flutwelle, die vom Mittelmeer nach Norden ins Marmarameer beim heutigen Istanbul drängte und schließlich riesige Wassermengen ins Schwarze Meer fließen ließ. Dabei vergrößerte sich das Schwarze Meer nicht nur erheblich, auch die bis dahin vorhandene Landverbindung zwischen Europa und Asien – zwischen Schwarzem und Mittelmeer – wurde gekappt. Wahrscheinlich über Jahre hinweg ergossen sich die Salzwassermengen aus dem Mittelmeer in das Süßwasserbecken und überfluteten weite Teile der Küstenregion – das klingt durchaus nach dem Katastrophenformat, mit dem die biblische Sintfluttradition aufwartet.

Das Ausmaß dieser Katastrophe war umfassend, sowohl klimatisch als auch geografisch, mit massiven Auswirkungen für die Menschen dieser Gegend. Daher halten es die Forscher für denkbar, dass auf diese Naturkatastrophe die Sintflutberichte der Bibel zurückgehen. Zwar sind weitere Untersuchungen vor allem auf dem Grund des Schwarzen Meeres notwendig, um die Theorie der beiden Geologen zu beweisen, aber das halten viele Fachleute nur mehr für eine Frage der Zeit.

ATLANTIS
VERSUNKENE KULTUR ODER
NUR EINE GUTE STORY?

Seit fast 2400 Jahren sind die Menschen auf der Suche nach der sagenumwobenen Insel Atlantis. Mitte des 4. Jahrhunderts v. Chr. lieferte Platon einen Dauerbrenner der Legendenbildung, als er in zwei Schriften von der untergegangenen Zivilisation berichtete: Danach wurde sie vor damals 9000 Jahren dem Poseidon zugesprochen – per Losentscheid, als die Götter die Welt untereinander aufteilten. Ein reichlich respektloses Verfahren für diesen paradiesischen Ort, möchte man meinen. Poseidon verliebte sich dort in die Nymphe Kleito, und der gemeinsame Sohn Atlas begründete das Volk der Atlanter. Nirgendwo ging es einem Volk besser als auf dieser vollendet schönen, reichen und überaus fruchtbaren Insel, die ihre Bewohner aus Dankbarkeit prachtvoll bebauten und gestalteten: mit den schönsten Gärten, den prachtvollsten Palästen, den ausgeklügeltsten Kanälen. Aber mit der Dankbarkeit war es irgendwann vorbei, denn die Atlanter wurden stolz, überheblich und verloren das rechte Maß. Sie drängte es zu mehr, sie wollten die Welt beherrschen. Auf dem Weg zu diesem Ziel stellte sich den immer mächtiger und grausamer werdenden Atlantern das viel kleinere und schwächere, dafür aber tugendhafte Athen entgegen und siegte. Die Anmaßung der Bewohner von Atlantis aber bestrafte Zeus unerbittlich: Er ließ Atlantis von einem schweren Erdbeben und einer Flutwelle heimsuchen und innerhalb von 24 Stunden auf immer im Meer versinken.

Seither hat es viele Erklärungen gegeben, um der Beschreibung Platons eine historische Grundlage zuzuordnen: Bezog sich Platon auf die untergegangene minoische Kultur auf Kreta? Hatte ein gewaltiger Tsunami in Folge eines Vulkanausbruchs die große Insel im Süden Griechenlands verwüstet und alles Leben zerstört? Dagegen spricht schon Platons geografischer Hinweis, die Insel habe sich jenseits der Säulen des Herkules, also Gibraltars, befunden. Folglich kommt eine Lokalisierung im Mittelmeer nicht infrage. Aus demselben Grund lässt sich Atlantis nicht glaubhaft in Santorini verorten, das seine heutige Gestalt durch einen tragischen Vulkanausbruch erhalten hat, dem ein Großteil der Mittelmeerinsel zum Opfer fiel. Weiter greift die Erklärung, dort wo heute der Atlantik liegt, sei einstmals Atlantis gewesen. In der Tat bildeten Europa und Amerika einst einen einzigen Kontinent, aber das liegt erheblich weiter zurück, als das Gedächtnis der Antike gereicht haben kann. Andere Vorschläge vermuten hinter Atlantis die Kanarischen Inseln, Helgoland, die Antarktis oder Irland – und damit ist die Liste noch lange nicht zu Ende. In aller Welt haben Atlantis-Fans Hinweise ausfindig gemacht, die ihre Lokalisierung des mythischen Kontinents belegen sollen.

Der Zauber des untergegangenen Kontinents wirkt bis heute nach – erst 2005 fand die letzte Atlantis-Konferenz statt. Auf der griechischen Inseln Milos diskutierten Forscher aus aller Welt vier Dutzend mehr oder weniger ernst zu nehmende Erklärungen über den Ort der versunkenen Zivilisation. Vor allem drei Theorien beherrschten die Diskussion: Danach könnte Atlantis mit Troja identisch sein; es könnte sich um eine versunkene Zivilisation im Schwarzen Meer handeln, die durch die Überflutung des Schwarzmeerbeckens im 7. Jahrtausend v. Chr. zerstört wurde; oder Atlantis ist gleichzusetzen mit den unterseeischen Spartel-Inseln vor Gibraltar, die beim Anstieg des Mittelmeeres nach der letzten Eiszeit überflutet wurden. Gegenargumente gibt es für jede Theorie, so wie vermutlich auch gegen jede zukünftige Idee gewichtige Einwände erhoben werden.

Die Hartnäckigkeit, mit der vor allem Laienforscher nach Atlantis suchen, lässt die meisten Wissenschaftler völlig kalt. Sie halten es mit einer langen Tradition, denn schon seit der Antike wurde der Wahrheitsgehalt der Atlantissage angezweifelt. Auch unter zeitgenössischen Wissenschaftlern lautet die mehrheitliche Meinung, dass die Suche nach Atlantis gegenstandslos sei, weil der versunkene Kontinent, den Platon so verlockend beschrieben hat, nie existiert habe. Vielmehr habe der antike Philosoph mit der Geschichte der aus Überheblichkeit zum Untergang verdammten Kultur ein Gleichnis prägen oder eine Warnung aussprechen wollen. Bei aller Versicherung über den Wahrheitsgehalt der Sage – der auch rein rhetorisch gemeint sein kann – ist die Erzählung in politisch-philosophische Betrachtungen eingebettet. Das legt den Schluss nahe, Atlantis sei eine Parabel gewesen, um die theoretischen Betrachtungen über den idealen Staat anschaulich zu machen. Möglicherweise war Platons Absicht aber auch konkreter, und er wollte mit einem Gegenbild die Gefahr für seine Heimat Athen verdeutlichen: Wer hochkommt, kann tief fallen, so wie Atlantis. Aber auch diese Erklärungen riefen Widerspruch hervor, denn nicht alle Wissenschaftler sehen Platon als den Schöpfer des Atlantismythos: Einige vermuten, er habe eine noch ältere, ägyptische Überlieferung verwendet.

MARATHONLAUF
OLYMPISCHE DISZIPLIN NACH
ANTIKEM VORBILD?

Nordöstlich der griechischen Hauptstadt Athen liegt der Ort Marathon, wo im Jahr 490 v. Chr. die Republik Athen unter Miltiades gegen die Truppen der Perser kämpfte, die im 5. Jahrhundert v. Chr. immer wieder versuchten, sich die griechischen Stadtstaaten untertan zu machen. Die 10 000 Soldaten der Athener wurden von einer Tausendschaft befreundeter Platäer unterstützt, die verbündeten Spartaner dagegen trafen zu spät ein – wegen des Vollmondes, bei dem sie nicht ins Feld ziehen durften. Die Griechen siegten trotz der persischen Übermacht, was ihr Selbstbewusstsein stärkte und ihren Willen, sich weiter gegen die mächtigen Perser zu behaupten. Seit der Neugründung Griechenlands 1830 gehören die Siege über die Perser zu den Nationalmythen des Mittelmeerstaates. Noch heute kann man in Marathon den Grabhügel für die 192 gefallenen Soldaten der Griechen sehen. Marathon besitzt aber auch eine Gedenkstätte für den berühmten Marathonlauf, an der bei den Olympischen Spielen 2004 die Läufer zum Wettkampf antraten.

Als der Sieg der Athener gesichert war, soll ein Bote namens Pheidippides (eine andere Überlieferung kennt ihn als Thersippos) in voller Rüstung, mitsamt Speer und in Sandalen die gut 42 Kilometer nach Athen gerannt sein, um den Landsleuten die frohe Kunde zu überbringen. Dort rief er nach der Erzählung des Geschichtsschreibers Plutarch aus: »Freut euch, wir haben gesiegt!«, um gleich darauf vor Erschöpfung tot zusammenzubrechen.

Aus dieser Legende ging die moderne olympische Disziplin des Marathonlaufs hervor, die seit den ersten Spielen der Neuzeit, 1896 in Athen, ausgetragen wird: ein Langstreckenlauf von zunächst vierzig Kilometern, was der Distanz zwischen Marathon und dem Zentrum von Athen entspricht. Die heutige Wettkampflänge von 42,195 km wurde erst 1924 festgelegt. Seither laufen die Leichtathleten eine Strecke, die der Entfernung zwischen Windsor Castle und dem White-City-Stadion entspricht und auf die Spiele in London 1908 zurückgeht. Den ersten olympischen Marathonlauf 1896 gewann ein griechischer Schafhirte namens Spyridon Louis in knapp drei Stunden, ganz überraschend als Außenseiter der 25 Teilnehmer. Er wurde prompt als Volksheld gefeiert. Da tat es wenig zur Sache, dass der Mann im Team der Vereinigten Staaten angetreten war, weil die griechische Sportwelt ihn nicht ernst genommen hatte. Nationalheld ist Spyridon Louis in Griechenland bis heute, und 2004 wurde das neue Athener Olympiastadion auf seinen Namen getauft.

Der Schafhirte war aber nicht nur der Sieger des ersten olympischen, sondern des ersten Marathonlaufs überhaupt. Denn die Legende besitzt wohl keine historische Grundlage, da sind sich die Fachleute ziemlich einig. Zwei Umstände lassen die Geschichte höchst unwahrscheinlich erscheinen: Zum einen gibt es einen Hauptinformanten über die Schlacht, nämlich den berühmten Geschichtsschreiber Herodot. Der aber erwähnt den Boten mit keinem Wort. Das ist ausgesprochen verdächtig, denn sein Bericht verklärt die Großtat der Griechen gegen die übermächtigen Perser, wo es nur geht – da hätte er sich den Verweis auf den tapferen Soldaten, der sein Leben opfert, um die Nachricht vom Sieg nach Athen zu bringen, ganz bestimmt nicht entgehen lassen. Erst spätere Autoren haben den Marathonläufer in ihre Schlachtbeschreibung eingebaut. Der zweite Umstand ist

banal, aber deshalb nicht weniger überzeugend: Es gab gar keine Notwendigkeit, einen Boten zu Fuß nach Athen zu schicken.
Zur damaligen Zeit hatten die Griechen längst die Übermittlung
von Nachrichten per Signalgebung eingeführt. Und so dürften
sie ihre Mitbürger auch sehr viel schneller und ohne den Tod
eines weiteren Soldaten über den Sieg informiert haben.

KALLIASFRIEDEN
KEIN FRIEDENSSCHLUSS ZWISCHEN
GRIECHEN UND PERSERN?

500 v. Chr. lehnten sich die griechischen Städte Kleinasiens und Zyperns gegen das persische Großreich auf. Der mehrjährige Ionische Aufstand schlug fehl und endete mit der Zerstörung Milets 494 v. Chr. Auf ihn folgten die berühmen Perserkriege zwischen Athen beziehungsweise später dem Attisch-Delischen Seebund, einem Zusammenschluss der griechischen Städte rund um die Ägäis, und den Persern. Diese Kriege waren für die weitere Geschichte Griechenlands und Europas von enormer Bedeutung, weil sie die persischen Könige dauerhaft von einer Ausdehnung ihrer Macht nach Westen abbrachten. Der »Vater aller Historiker« Herodot schrieb über die Perserkriege ebenso wie der griechische Dramatiker Aischylos. Nach jahrzehntelangen Kämpfen und wechselnden Siegen der Perser und Griechen fanden die Feindseligkeiten Mitte des 5. Jahrhunderts v. Chr. ein Ende. Als Grundlage für die friedlicheren Zeiten nach den lang andauernden Scharmützeln zwischen den verfeindeten Griechen und Persern wird der Kalliasfrieden angesehen, den der athenische Gesandte Kallias 449/448 v. Chr. in der persischen Hauptstadt Susa mit Großkönig Artaxerxes ausgehandelt haben soll.

Der Überlieferung nach war der Vertrag, den Kallias im Namen des Attisch-Delischen Seebundes schloss, eine Art Nichtangriffspakt. Die Athener verpflichteten sich, nicht gegen die Perser ins Feld zu ziehen; Persien wiederum akzeptierte einen Küstenstreifen Kleinasiens von der Breite eines Tagesritts als tabu für sein Militär. Persische Kriegsschiffe durften nicht über eine festgelegte Linie im Mittelmeer hinaus in Richtung Westen vordringen. Außerdem wurden die griechischen Städte Kleinasiens wieder unabhängig.

Allerdings ist es durchaus zweifelhaft, ob es diesen Vertrag zwischen Athenern und Persern überhaupt gegeben hat. Als wichtigster zeitgenössischer Zeuge der Ereignisse, in deren Rahmen der Friedensschluss stattgefunden haben soll, gilt der Geschichtsschreiber Herodot. Der berichtet zwar vom athenischen Unterhändler Kallias und dessen Mission bei den Persern, spricht aber nicht von einem abgeschlossenen Friedensvertrag. Sein Bericht verweist außerdem gar nicht auf den Zeitraum, in dem der Friede stattgefunden haben soll, sondern auf einen Zeitpunkt 25 Jahre zuvor.

Zudem sprechen weitere gewichtige Argumente gegen die Echtheit des Vertrags. Warum hätte Athen einen Vertrag abschließen sollen, der dem Attisch-Delischen Seebund die Existenzberechtigung entzogen, mithin den Einfluss Athens geschmälert hätte? Immerhin hatten sie die Schlacht bei Salamis klar gewonnen. Warum hat sich der maßgebliche Chronist Thukydides über den Frieden ausgeschwiegen? Der Grieche, athenischer Flottenkommandant im Peloponnesischen Krieg (431–404 v. Chr.), gilt schließlich als überaus verlässlich in seinem Bericht über die athenische Kriegführung im 5. Jahrhundert.

Die Frage, ob es den Friedensvertrag zwischen Griechen und Persern wirklich gegeben hat, ist durchaus bedeutsam, denn die Geschichtsschreibung der nachfolgenden Epoche baut auf der Authentizität dieses Vertrages auf. Die Perserkriege spielen in der Geschichte des klassischen Griechenlands eine außerordentlich wichtige Rolle. Ihren Abschluss findet diese Epoche im Kalliasfrieden – oder sie ging ohne diesen offiziellen Friedensschluss von einer Phase kriegerischer Auseinandersetzung sang- und klanglos in eine Friedensphase über. Das erscheint den meisten Historikern offenbar so unbefriedigend, dass sie den Bericht über den Friedensvertrag trotz der Fragwürdigkeiten weiterhin als glaubhaft ansehen. Die Forschungskontroverse darüber wird möglicherweise nie gelöst, und selbst die betroffenen Historiker stöhnen mitunter über diese Frage, die zu einem regelrechten Stehaufmännchen der klassischen Antike geworden ist.

KLEOPATRA
SCHÖNSTE FRAU DER WELTGESCHICHTE?

»Was für eine Nase«, schwärmt im Comic *Asterix und Kleopatra* der Druide Miraculix unaufhörlich, und er lässt sich nicht als einziger zu hymnischen Kommentaren über die Schönheit der ägyptischen Königin hinreißen. Aber nicht nur im Comic, auch in Wirklichkeit ließen sich die Männer von Kleopatras Äußerem beeindrucken. So über die Maßen schön war sie, dass die römischen Herrscher Caesar und Marcus Antonius einer nach dem anderen ihren Reizen verfielen. Caesar, der ihr die Herrschaft über Ägypten sichern half und nach Rom einlud, schenkte sie einen Sohn. Nach Caesars Tod heiratete sie Marcus Antonius, und aus dieser Verbindung gingen sogar drei Kinder hervor. Als Antonius dann mit der Schlacht bei Actium (31 v. Chr.) den Machtkampf um die Herrschaft in Rom gegen seinen Rivalen Octavian verlor und die falsche Kunde vom Tod der Geliebten erhielt, beging er Selbstmord. Kleopatra ließ sich ein paar Tage später von einer Giftschlange beißen und folgte ihm in den Tod.

Wer nacheinander zwei große Männer mühelos um den Finger wickelte und in der Weltpolitik selbstbewusst mitmischte, muss von beeindruckender Schönheit gewesen sein, urteilte die Nachwelt. Zahlreiche Porträts bilden diese Schönheit ab, und noch Jahrhunderte später bezeichnete Boccaccio Kleopatras Schönheit als ihre vorzüglichste Eigenschaft. Kein Wunder, dass im 20. Jahrhundert makellose Stars bemüht wurden, wenn die ägyptische Königin im Film auftauchen sollte.

Allerdings lässt sich die Schönheit Kleopatras gar nicht belegen. Von Zeitgenossen, die die ägyptische Königin gekannt haben, gibt es nur zwei Zeugnisse, die allerdings nicht als objektiv gelten können: Sie stammen von Caesar und seinem Parteigänger Hirtius. Den Porträts der Königin kann man nicht trauen, denn sie wurden damals wie heute idealisiert, und antike Abbildungen können nicht als Beleg für das Aussehen eines Menschen herangezogen werden. Die Künstler schufen häufig schmeichelhafte Bildnisse und hielten sich an die Vorgaben der staatlichen Propaganda oder ihrer Auftraggeber, die die Königin bewunderten.

Die Würdigungen der römischen Geschichtsschreiber sind bereits im Abstand von ein bis zwei Jahrhunderten verfasst – und aus dieser Sicht muss Kleopatra vor allem als außerrömischer Eindringling erscheinen, der die römische Szene aufmischt. Trotzdem erzählt der römische Geschichtsschreiber Plutarch von dem Vergnügen, sich mit ihr zu unterhalten, und ihrer sanften Stimme. Ihr Aussehen an sich habe ihre Ausstrahlung nicht ausgemacht. In vielen Übersetzungen wurde aus der entsprechenden Stelle, Kleopatra sei nicht schön oder gar hässlich gewesen. Plutarchs Kollege Cassius Dio dagegen bezieht sich eindeutig auf ihr Äußeres und rühmt Kleopatra sogar als die schönste aller Frauen, vermerkt aber auch ihre verführerische Stimme und ihren großen Charme. Insgesamt ist die Überlieferung zur Persönlichkeit Kleopatras aber so widersprüchlich und tendenziös, dass Historiker sich ohnehin schwertun, ihre Biografie zu schreiben. Wie sollten da verlässliche Urteile über ihre äußere Erscheinung möglich sein?

Je nach Blickwinkel war Kleopatra die letzte Herrscherin über ein uraltes Königreich von Dekadenz und Geheimnissen, die nur dafür lebte, ihr Reich und dessen Unabhängigkeit zu sichern. Dann wieder war sie eine gebildete, kluge Frau, die nacheinander zwei Herrscher Roms betörte und ihre Geschicke selbstbewusst mitbestimmte, aber auch die machtgierige, verschwendungssüchtige Intrigantin aus der Fremde, die sich in die inneren Angelegenheiten römischer Politik einmischte und auf den Machtkampf zwischen Antonius und Octavian Einfluss nahm. Sie war ebenso die blutjunge ägyptische Thronfolgerin, die nicht nur die Machtfehden am Hof lebend überstand, sondern 22 Jahre lang regierte, ihr Reich vergrößerte und zu letzter Blüte führte. Kleopatra konnte man ebenso als die ehrgeizige Mutter betrachten, die ihrem Sohn den Weg an die Spitze Roms ebnen wollte, wie als stolze Politikerin, die sich der Demütigung, von Octavian im Triumphzug durch Rom bloßgestellt zu werden, durch den Freitod entzog. Sie war als Königin aus der Dynastie der Ptolemäer die letzte Herrscherin des traditionsreichen, 3000 Jahre alten Pharaonenreiches, das nach ihrem Tod als römische Provinz endete. Sie war eine willensstarke Ägypterin, die in der römischen Umbruchzeit von Republik zu Kaiserreich ihren Einfluss in die Waagschale legte und die internationale Politik mitbestimmte.

All diese Aspekte sind in das Bild von Kleopatra eingeflossen. Hinzu kam ihre ungemein wirkungsvolle und bis heute »medienwirksame« Selbstdarstellung. Der Mythos der außergewöhnlichen Schönheit Kleopatras ist eine über Jahrhunderte gewonnene Essenz, gefiltert durch eine gehörige Portion männlicher Perspektive. Und, ob einseitig oder umfassend beurteilt, diese Richter haben als Grund für ihre historische Bedeutung eine Eigenschaft ausgemacht: unwiderstehliche Schönheit. Vor allem die römische Geschichtsschreibung war bemüht, eher ihre weiblichen und negativen Eigenschaften zu betonen, anstatt ihr Format als Königin und Politikerin herauszuarbeiten. Bei genauerer Betrachtung der Urteile über Kleopatra wird der jeweilige Blickwinkel deutlich. Sowohl für die römischen wie auch die christlichen Autoren war Kleopatra nicht zuletzt deshalb suspekt, weil sie eine unabhängige Frau war und keine folgsame Gattin, wie es sich geziemte.

Im Mittelalter legte sich das Interesse an Ägyptens letzter Königin, bis nach jahrhundertelanger Pause im 14. Jahrhundert die Renaissance die Kleopatra-Tradition wieder aufnahm. Boccaccio beschrieb die Königin zwar als schön, aber ebenso als gierige, grausame und laszive Frau. Seither und nach seinem Vorbild setzten sich unzählige, abermals überwiegend männliche Schriftsteller und Maler, Opernkomponisten und Theaterautoren mit dem Leben der letzten ägyptischen Königin auseinander. Bis heute oft gespielt und gelesen ist darunter Shakespeares *Antonius und Kleopatra* über eine tragische Liebe. Und als schließlich der Film erfunden wurde, schien dieser Stoff wie gemacht für die bewegten Bilder. Mehr als ein Dutzend Mal wurde Kleopatras Leben auf die Leinwand gebracht, und die schönsten Frauen der Filmgeschichte verkörperten sie – allen voran 1963 Elizabeth Taylor.

So wird bis heute der Mythos der schönsten aller Frauen befeuert, dem trotz aller Hartnäckigkeit die gesicherte Grundlage fehlt. Der französische Kulturminister und Schriftsteller André Malraux ging sogar einmal so weit, Kleopatra als »Königin ohne Gesicht« zu bezeichnen.

Auch mit der Nase der Kleopatra, die bei Asterix besonders häufig vorkommt, könnte es eine ganz andere Bewandtnis haben. Im 17. Jahrhundert prägte der Mathematiker Pascal das berühmte Bonmot, die Welt sähe anders aus, wenn Kleopatras Nase kürzer gewesen wäre. Die Überlieferung, derzufolge die ägyptische Königin eine besonders ausgeprägte Nase besaß, geht auf Münzabbildungen zurück. Die zeichnen sich allerdings nicht gerade durch ausgewogene Proportionen in ihren Darstellungen aus. Eine absichtlich betonte Nase kann auch symbolisch gemeint gewesen sein: als Ausdruck einer besonders starken Persönlichkeit. Und die hatte Kleopatra ganz offensichtlich, insofern lag Pascal nicht wirklich falsch. Ob schön oder nicht, ob mit auffälliger Nase oder nicht – Kleopatra war klug, gebildet und willensstark. Eine außergewöhnliche, faszinierende Frau, die sich ihren Platz in der Geschichte verdient hat.

DIE BIBLIOTHEK VON ALEXANDRIA
WER ZERSTÖRTE DAS ANTIKE KULTURERBE?

Seit mehreren Tausend Jahren sammelt und bewahrt die Menschheit Wissen und Kultur in Bibliotheken. Ihre Zahl ist riesig, ihr Bau und ihr Unterhalt nicht selten auch eine Frage des Prestiges. Vor wenigen Jahren erst wurde in Ägypten mit großem Pomp und als PR-Aktion des Staates eine Bibliothek »wiedereröffnet«, die trotz ihres Untergangs vor vielen Jahrhunderten zu den bekanntesten der Welt gehört und als die wichtigste der Antike gilt: die Bibliothek von Alexandria. Über das traurige Schicksal der antiken Bibliothek gibt es verschiedene Versionen: Mal soll sie 47 v. Chr. im Alexandrinischen Krieg einem Brand zum Opfer gefallen sein, als Julius Caesar Kleopatra als Königin von Ägypten wieder einsetzte. In anderen Erklärungen heißt es, die Bibliothek sei der Christianisierung Alexandrias Ende des 4. Jahrhunderts zum Opfer gefallen. Eine weitere Version macht den Islam für die Zerstörung der Bibliothek verantwortlich: Als der Feldherr Amr 642 n. Chr. Alexandria eroberte, soll Kalif Omar I. entschieden haben, den gesamten Bestand der Bibliothek zu vernichten. Die Begründung war ebenso einfach wie folgenreich: Die Bücher, die dem Koran widersprachen, gehörten ohnehin vernichtet. Alle anderen aber waren überflüssig, weil der Koran ausreiche, und hatten ihr Existenzrecht mithin ebenfalls eingebüßt. Ein halbes Jahr lang seien die 4000 Badestuben der Stadt mit den Rollen befeuert worden. All diese Erklärungen erscheinen mehr oder weniger glaubwürdig. Wer aber ist wirklich verantwortlich für dieses Verbrechen am kulturellen Erbe der Antike?

Die hellenistischen Herrscher verstanden seit dem 4. Jahrhundert v. Chr. die Bibliothekskultur als Teil einer umfassenden Kulturpolitik. In Alexandria wurden unter den Ptolemäern gleich zwei bedeutende Büchersammlungen begründet: eine kleinere Bibliothek im Tempel des Serapis, die über 40 000 Buchrollen verwahrte, und die erheblich größere, bis heute legendäre Bibliothek im Museion, die mehr als eine halbe Million Rollen besaß. Das ist eine bemerkenswerte Sammlung, zumal die große Mehrheit der Buchrollen nicht nur ein Werk, sondern mehrere enthielten. Das Museion war eine Akademie nach dem Vorbild der aristotelischen Schule in Athen und widmete sich den Wissenschaften. In der stetig wachsenden Büchersammlung konnten die Gelehrten der Akademie das gesammelte Wissen der damaligen Zeit studieren.

Das Museion und seine Bibliothek hatte Ptolemaios I. Soter um 300 v. Chr. gegründet; sie lag im Palastviertel und wurde von seinem Nachfolger noch erheblich erweitert. Der Ehrgeiz der ptolemäischen Könige bestand darin, das gesamte Wissen der Menschheit zusammenzutragen: »Alle Bücher aller Völker der Erde« sollten es sein. Dies gehörte zum Programm der Hellenisierung des uralten ägyptischen Reiches und der übrigen Teile des Herrschaftsgebietes der Ptolemäer. Das Kalkül war einfach, aber klar: Um fremde Völker zu beherrschen, musste man ihre Kultur verstehen, dafür wiederum musste man ihre Bücher kennen, die aus diesem Grund ins Griechische übersetzt werden sollten. Ptolemaios I. schrieb außerdem an die Fürsten der Welt, ihm Bücher zu schicken und ihm damit den Bestand seiner Bibliothek erweitern zu helfen.

Daneben durften es aber auch krumme Wege sein, um die Bücher nach Ägypten zu holen. Zur Erwerbspolitik der Bibliothek gehörte zum Beispiel, dass die Bücher von in Ägypten eintreffenden Schiffen beschlagnahmt wurden, um sie der Bibliothek zuzuschanzen. Die Besitzer wurden mit oft schlampig erstellten Abschriften abgespeist. Besonders dreist ging Ptolemaios III. ein paar Jahrzehnte nach Gründung der Sammlung vor: Er lieh in Athen gegen ein Pfand die offiziellen Ausgaben der Stadt der Tragödien der klassischen Dramatiker Aischylos, Sophokles und Euripides aus und gab sie nicht mehr zurück. Selbst das stolze Athen musste sich mit einer zweitklassigen Abschrift begnügen. Aber nicht alle Bücherrollen der Bibliothek waren solch zweifelhaften Ursprungs; viele fanden auf akzeptablen Wegen ihren Platz im legendären Museion. Agenten im Dienste der Bibliothek kauften im ganzen Reich Bücher, die sie nach Alexandria schickten. So oder so, die Sammlung wuchs, und die Bibliothek von Alexandria wurde zur größten und wichtigsten der Welt.

Die Bibliothek beschäftigte sich aber nicht nur mit dem Sammeln von Büchern. Bedeutende Gelehrte leiteten sie, und unter ihnen wurden Bibliografien, Kataloge, Kommentare und kritische Textausgaben erstellt. Wer in der Bibliothek beschäftigt war, genoss Privilegien: Er war steuerbefreit, gut bezahlt und in jeder Hinsicht bestens versorgt. Die gelehrten Mitarbeiter der Bibliothek dienten als Erzieher der königlichen Familie sowie als politische und kulturelle Ratgeber. Unter den Nutzern waren viele wichtige Geschichtsschreiber wie Kallimachos, Plutarch und Strabo. In ihrer Arbeit wirkten sie beispielgebend, und noch heute bekommen Bibliothekshistoriker feuchte Augen, wenn sie an die verlorenen Schätze von Alexandria denken.

Die Bedeutung der Bibliothek und ihr hervorragender Ruf dürften dazu beigetragen haben, dass für ihre Zerstörung unterschiedliche Erklärungen in Umlauf gebracht wurden. Auffällig ist, dass abwechselnd Heiden, Christen und Muslime für den

Untergang dieses Symbols der antiken Kultur verantwortlich gemacht wurden. Aber wer waren die wahrhaft Schuldigen?

Tatsächlich führten die Aktivitäten des Julius Caesar 48/47 v. Chr. zu Zerstörungen in Alexandria, denen auch Bücherrollen zum Opfer fielen. Kleopatras römischer Ehemann Antonius soll ihr später zum Trost für die verlorenen Kulturgüter mit 200 000 Rollen ausgeholfen haben: aus der Bibliothek von Pergamon, der schärfsten Konkurrentin der alexandrinischen Sammlung. Das allerdings ist vermutlich nur eine hübsche Geschichte ohne historischen Wahrheitsgehalt. Ohnehin handelte es sich bei den zur Zeit der Kleopatra zerstörten Bücher nur um rund 40 000 vermutlich für den Export bestimmte Exemplare, die im Hafen der Stadt gelagert wurden, denn die Bibliothek kaufte nicht nur, sondern handelte auch mit Abschriften. Das Museion selbst und die dort untergebrachte Bibliothek gingen aus den Unruhen unversehrt hervor.

Die eigentliche Zerstörung der Bibliothek fand Ende des 3. Jahrhunderts anlässlich der Kämpfe Kaiser Aurelians gegen Zenobia von Palmyra statt, denen das Stadtviertel Brucheion zum Opfer fiel, in dem der Königspalast und das Museion lagen. Ein gutes Jahrzehnt später schickte auch Diokletian Truppen nach Alexandria, um Aufstände niederzuschlagen. Die Gelehrten der Bibliothek mussten auf die kleinere Bibliothek im Serapisheiligtum ausweichen, die rund 120 Jahre später ebenfalls zerstört wurde. Dieses Mal waren es Christen, die vor kurzem noch selbst wegen ihres Glaubens verfolgt worden waren und sich nun zu Richtern über den Wert von Büchern aufschwangen. Bischof Theophilos führte 391 eine erboste Menschenmenge an, die es auf die heidnischen Tempel abgesehen hatte. Der Serapistempel ging dabei unter – vermutlich mitsamt seiner Büchersammlung.

Die Geschichte der islamischen Zerstörung der übrig gebliebenen Büchersammlung im 7. Jahrhundert ist unter Fachleuten umstritten. Immerhin achtet der Islam die beiden anderen Buchreligionen Christentum und Judentum und und verbietet die Vernichtung christlicher und jüdischer Schriften, die einen Teil der Bücher ausmachten. Auch hat ein erheblicher Teil der Schriften des Altertums das Mittelalter überhaupt nur durch den Islam überlebt. Der islamische Feldherr Amr war zudem ein überaus gebildeter Mann mit Respekt vor anderen Kulturen.

Fraglich ist aber vor allem, ob zu dieser Zeit durch die politischen Veränderungen seit dem Ende der Ptolemäer überhaupt noch Nennenswertes von der gelehrten Pracht der Bibliothek übrig geblieben war. Alexandria hatte längst seine kulturelle und politische Stellung eingebüßt – und ebenso seine berühmte Büchersammlung verloren.

JESUS VON NAZARETH
WANN WAR DIE HEILIGE NACHT?

Zu den umstrittensten Daten der Weltgeschichte gehört die Geburt Jesu. Seit vielen Jahrhunderten wird auf allen möglichen Wegen versucht, das genaue Datum zu ermitteln. In welchem Jahr fand das Ereignis statt, das Christen in aller Welt Jahr für Jahr als Weihnachten feierlich begehen und auf das der Kalender gründet, nach dem sich der überwiegende Teil der Menschheit richtet?

Diese Frage ist zunächst ein kalendarisches Problem, weil die christliche Zeitrechnung erst im Jahr 525 erstellt wurde und sich auch dann nur allmählich durchsetzte. Als sich im 6. Jahrhundert n. Chr. Probleme bei der Berechnung des Osterdatums ergaben, wurde der Kirchengelehrte Dionysius Exiguus damit beauftragt, eine Lösung zu finden. Dionysius erstellte aber auch gleich eine neue Chronologie, denn er wollte die Jahre nicht mehr in heidnischen Dimensionen zählen, sondern mit der »Menschwerdung unseres Herrn Jesu Christi« beginnen, wie er schrieb. Aber setzte der gelehrte Dionysius überhaupt das richtige Datum an?

Wichtig ist zu bedenken, dass das Jahr 0 in der christlichen Zeitrechnung nicht vorkommt. Dionysius ließ dem Jahr 1 vor Christi Geburt sogleich das Jahr 1 nach Christus folgen – das römische Zahlensystem verwendete die Null nicht. Für seine Berechnungen bezog er sich auf die Regierungszeit des Augustus und die Gründung Roms, konsultierte aber beispielsweise keine jüdischen Quellen. Müsste also nicht Jesus in der Nacht vom

24. auf den 25. Dezember 1 v. Chr. geboren sein, wenn darauf das Jahr 1 n. Chr. folgt? Die Sache ist jedoch ausgesprochen verworren, weil die Angaben im Neuen Testament zumindest uneinheitlich, wenn nicht gar widersprüchlich sind. Man muss sie sehr kritisch mit anderen historischen Angaben vergleichen, um dem Geburtsjahr Jesu auf die Spur zu kommen.

Zwei Erzählungen des Neuen Testaments schildern die Geburt Jesu.

Das Matthäusevangelium wurde zwischen 80 und 90 n. Chr. verfasst und berichtet von den Sterndeutern aus dem Morgenland, die sich in Jerusalem nach der Geburt des Messias erkundigen, weil ein Stern sie ihnen verkündet habe. Dieser Stern führte die drei nach Bethlehem, wo sie das Neugeborene fanden und ihm huldigten. Das geschah am Ende der Regierungszeit von Herodes I., der von 37 bis zum Frühling des Jahres 4 v. Chr. amtierte. Ob der Stern die Geburt des Messias nur ankündigte oder vermeldete, geht aus dem Evangelium nicht eindeutig hervor. In jedem Fall ließ Herodes laut Matthäus auf die Nachricht hin alle Knaben in und um Bethlehem, die nicht älter als zwei Jahre waren, umbringen. Er wollte sichergehen, dass der »neugeborene König der Juden«, wie es in der Bibel heißt, auch wirklich unter den getöteten Kindern war. Für den Zeitpunkt von Jesu Geburt würde dies bedeuten, dass Jesus mindestens eindreiviertel Jahre vor dem Ende der Regierungszeit Herodes' geboren wurde, also im Jahr 6 v. Chr. Mehr gibt das Matthäusevangelium diesbezüglich nicht her, weil es nichts darüber sagt, wie lange Jesus mit seinen Eltern im ägyptischen Exil blieb, um den Häschern des Herodes zu entgehen, vor denen Gott sie gewarnt hatte.

Der Evangelist Lukas berichtet ungefähr zur selben Zeit wie Matthäus von einer Volkszählung unter dem römischen Kaiser Augustus und zur Regierungszeit des Statthalters Quirinius in Syrien. Maria und Joseph reisten von Nazareth in Galiläa nach

Bethlehem in Judäa, woher Josephs Familie stammte. Dort wurde Jesus geboren, ein halbes Jahr nach der Geburt von Johannes dem Täufer, dessen Geburt »zur Zeit des Königs Herodes« verkündigt wird. Dieser König wird im Allgemeinen als Herodes der Große identifiziert, der, wie erwähnt, 37 bis 4 v. Chr. den jüdischen Staat regierte. Allerdings gibt es da noch seinen Sohn Herodes Antipas, der nach dem Tod seines Vaters unter anderem Galiläa erhielt und dort bis 39 n. Chr. herrschte.

Indirekt ließe sich die Information des Lukas zur Taufe Jesu durch Johannes den Täufer für die Bestimmung seines Geburtsjahres verwenden. Laut Lukasevangelium wurde Jesus mit dreißig Jahren getauft, und zwar im 15. Jahr der Regierungszeit des Kaisers Tiberius. Letzteres weist auf einen Zeitraum zwischen Herbst 27 und Sommer 29 hin – aber war Jesus wirklich genau dreißig Jahre alt, oder soll diese Angabe nur bedeuten, dass er im reifen Mannesalter war? Oder bezieht sich die Zahl dreißig auf König David, der in diesem Alter König wurde?

Dieses schwache und widersprüchliche chronologische Gerüst der Evangelisten erlaubt keine eindeutige Aussage über das Geburtsjahr Jesu. Einen Anhaltspunkt für Lukas' Bericht bietet aber der jüdische Geschichtsschreiber Flavius Josephus, der von dem Zensus in Judäa berichtet. Quirinius habe ihn im 37. Jahr nach der Schlacht bei Actium durchführen lassen, also 6 oder 7 n. Chr.

Die Chronologie nach Lukas hat jedoch Schwächen. Vor allem lässt sie sich nicht mit der Regierungszeit von Herodes dem Großen in Einklang bringen, zumal unter dessen Herrschaft gar keine Volkszählung stattgefunden hat. Sein Sohn Herodes Antipas wiederum regierte nur in Galiläa und Peräa, wo keine Volkszählung durchgeführt wurde. Auch hätte die Kreuzigung Jesu nach Lukas' Angaben nicht wie überliefert in die Regierungszeit des Pontius Pilatus fallen können – jedenfalls nicht, wenn Jesus, wie zumeist angenommen, mit 33 Jahren hingerichtet wurde.

Der kritische Vergleich mit anderen, vor allem jüdischen Quellen über das Leben Jesu lässt Lukas' Datierung trotzdem als die wahrscheinlichere erscheinen. Die Unstimmigkeit der Regierungszeit des Herodes könnte daran liegen, dass mit dem König ein weiterer Sohn von Herodes dem Großen gemeint war: Archelaus, den Augustus nach eher kurzer Regierungszeit schon 6 n. Chr. wegen Unfähigkeit nach Gallien verbannte. Dafür spricht unter anderem, dass er auf seinen Münzen mit dem Namen seines Vaters auftaucht. Dann wäre Jesus tatsächlich im Jahr 6 oder 7 neuer Zeitrechnung geboren worden, hätte seine Mission 35 oder 36 n. Chr. aufgenommen und wäre 36, im letzten Amtsjahr des Pontius Pilatus und jünger als gemeinhin vermutet, am Kreuz gestorben. Mit den Angaben bei Matthäus lässt sich dies aber noch immer nicht in Einklang bringen.

Nun ist aber ohnehin fraglich, welche Aussagen der Evangelien über die Geburt Jesu überhaupt historisch belastbar sind. Wie viel in den Erzählungen ist vielmehr symbolisch zu verstehen? Am ehesten möchte man das bei der Erzählung des wandernden Sterns annehmen, der die drei Weisen zum Geburtsort Jesu geführt haben soll. Der Stern könnte rein mythischen Ursprungs sein und sich auf das Messias-Motiv des Alten Testaments beziehen. Zwar wurden immer wieder astronomische Erklärungen für ein Himmelsphänomen zu jener Zeit gesucht: eine dreifache Jupiter-Saturn-Konjunktion des Jahres 7 v. Chr. beispielsweise oder auch ein Komet. Himmelskonstellationen waren für die Menschen der Antike aber eine fast unvermeidliche Begleiterscheinung, wenn sich auf der Erde große Dinge vollzogen – denkbar also, dass der Evangelist mit dieser Pointe deutlich machen wollte, dass sich Großes anbahnte.

Dann der berühmte Kindermord des Herodes: Hat er überhaupt stattgefunden, oder soll dieses Detail vermitteln, dass ein auserwähltes Kind auf wundersame Weise überlebt hat – mit einer Anspielung auf den Mose des Alten Testaments, der als Baby in einem Weidenkörbchen ausgesetzt auf dem Nil überlebte? Auch die Datierung anhand der Volkszählung könnte in die Irre leiten. Denn es ist durchaus denkbar, dass Lukas damit nur erklären wollte, wieso Jesus aus Nazareth kam, wenn doch der Prophezeiung nach der Messias in Bethlehem geboren werden sollte. Möglich also, dass die Evangelisten historische Ereignisse zur Illustrierung herangezogen haben, die zwar stattgefunden haben, aber nicht unbedingt in direktem zeitlichen oder kausalen Zusammenhang mit der Geburt Jesu stehen.

Die ungeklärte Frage bleibt also weiter faszinierend, aber es ist wohl ziemlich unwahrscheinlich, dass sie je befriedigend beantwortet werden kann. Für das Wirken Jesu und die Geschichte des Christentums ist die Frage nach dem genauen Datum des Religionsstifters aber auch eher unwesentlich, denn sie ändert nichts an seiner Bedeutung und seiner Lehre. Auch unser Kalender würde vermutlich nicht geändert, wenn das Geburtsjahr doch noch zweifelsfrei festgestellt werden könnte – die daraus folgende Verwirrung wäre einfach zu groß.

PONTIUS PILATUS
RUFMORD DURCH DIE BIBEL?

Als vermutlich im 4. Jahrzehnt unserer Zeitrechnung, das Datum ist nicht mehr zweifelsfrei feststellbar, der Stifter des Christentums, Jesus von Nazareth, durch Kreuzigung hingerichtet wurde, geschah dies auf Befehl des römischen Statthalters der Provinz Judäa in Palästina, Pontius Pilatus. Kein anderes Ereignis der Antike ist so umfassend untersucht worden, und der Prozess Jesu ist der wohl berühmteste der Weltgeschichte. Die Verurteilung Jesu wird im Allgemeinen Pilatus angekreidet, sie hat das historische Bild von ihm für immer geprägt. Das Neue Testament charakterisiert den Römer als schwachen Machthaber, der Judäa miserabel regierte. Nach den Evangelisten verlief die Angelegenheit so: Weil die jüdischen Hohepriester von Jerusalem den gefährlichen Querkopf Jesus beseitigen wollten, schwärzten sie ihn beim Vertreter des römischen Kaisers Tiberius an, da er sich als »König der Juden« bezeichne und ein Aufrührer sei. Das aber richte sich gegen die Herrschaft Roms, das seit fast einem Jahrhundert die Geschicke Palästinas bestimmte, und sei ein Majestätsverbrechen. Obwohl er um die Unschuld Jesu wusste, so die Evangelisten, habe Pilatus dem Druck des jüdischen Volkes nachgegeben, das die Hinrichtung des Wanderpredigers forderte. Der Evangelist Matthäus geht sogar so weit zu erzählen, der Römer Pilatus habe den jüdischen Brauch der Handwaschung vollzogen, um seine Unschuld zu dokumentieren.

Aber stimmt diese Beurteilung der Regierungszeit des Pontius

Pilatus und seiner unrühmlichen Rolle im Prozess gegen Jesus von Nazareth mit der historischen Wahrheit überein? Und haben Prozess und Verurteilung Jesu so stattgefunden? Oder hat das Neue Testament einen Rufmord in Gang gesetzt, der den römischen Statthalter seit nun schon fast zwei Jahrtausenden als einen wankelmütigen Opportunisten verunglimpft?

Tatsächlich brauchten die jüdischen Gelehrten, um den unliebsamen, in ihren Augen selbst ernannten Messias Jesus zu beseitigen, die Unterstützung der römischen Besatzungsmacht. Und sie brauchten einen weltlichen Grund, denn in innerreligiöse Streitigkeiten mischte sich die Besatzungsmacht Rom nicht ein. Deshalb schwärzten sie Jesus von Nazareth bei Pontius Pilatus als gefährlichen Aufrührer an, mit dem es ein Ende haben müsse, bevor er in der unruhigen Provinz einen weiteren Aufstand provoziere. Mit einer ähnlichen Taktik hatten sie schon vorher versucht, sich des charismatischen Wanderpredigers zu entledigen. Den Vorwurf des Majestätsverbrechens gegen Rom konnte Pilatus nicht einfach auf sich beruhen lassen. Die Evangelisten berichten, die Gelehrten hätten, als Pilatus die Schuld des Angeklagten anzweifelte, das Volk aufgewiegelt, und Pilatus habe sich vom Zorn der Menge hinreißen lassen, Jesus zum Tode zu verurteilen, obwohl er von seiner Unschuld überzeugt gewesen sei.

In der Tat gab es in der Regierungszeit von Pontius Pilatus (26–36 n. Chr.) eine ganze Menge Volksaufstände, die der römische Statthalter blutig niederschlagen ließ. Im gesamten Römischen Reich standen die an seinem Rand gelegenen Provinzen damals unter erheblichem römischen Integrationsdruck der *pax romana*. Die Juden Palästinas widersetzten sich dem besonders massiv, weil sie ihre jüdische Identität nicht aufgeben wollten. Dagegen ging Pontius Pilatus rücksichtslos vor. Diese Tatsachen passen jedoch nicht zum Bild des schwachen Provinzfürsten, das die Evangelisten gezeichnet haben. Andere Chronisten beschreiben Pilatus denn auch als taktisch klugen, wenn auch unerbittlichen und brutalen Machtmenschen, der jede Opposition gegen den Herrschaftsanspruch Roms erbarmungslos niederknüppelte.

Das Bild des willenlosen Statthalters, dessen Schwäche das Kalkül der Schriftgelehrten aufgehen lässt, ist also nicht historisch. Es ist vielmehr von der Konkurrenz zwischen Juden und Anhängern Jesu bestimmt und zielt darauf ab, die Juden für den Tod Jesu verantwortlich zu machen. Je prekärer nach dem Tod Jesu der Konflikt zwischen der alten Religion und ihrer Abspaltung wurde, desto mehr Anlass für Propaganda gab es, mit der jeweils eine Seite die gegnerische zu diskreditieren versuchte. Nach Darstellung der frühchristlichen Propaganda gehörte zur perfiden Taktik der Juden der schwache römische Statthalter, der zum Werkzeug der Schriftgelehrten wird.

Wenn sich aber Pontius Pilatus gar nicht einfach instrumentalisieren ließ – wieso hat er Jesus dann hinrichten lassen? Hat er vielmehr aus kühler Überlegung dem Druck von unten nachgegeben und den jüdischen Mob befriedigt, der Jesus am Kreuz sehen wollte? Oder hat er Jesus zwar nicht für schuldig befunden, aber dennoch für einen potenziell gefährlichen Aufrührer gehalten, der seiner Politik von Modernisierung und römischem Druck zur kulturellen Integration entgegenstand? War dies Grund genug, den merkwürdigen Sektierer vorsorglich unschädlich zu machen?

Tatsächlich führt aber nicht nur die landläufige Meinung über den Schwächling Pilatus in die Irre. Ebenso wenig spielte die jüdische Bevölkerung Jerusalems die entscheidende Rolle, die ihr das Neue Testament zuschreibt. Ein »Kreuzigt ihn!« ist historisch unwahrscheinlich, weil der Prozess entgegen der neutestamentlichen Überlieferung unter Ausschluss der Öffentlichkeit stattfand. Richtig ist, dass Pilatus Jesus jener Vergehen für unschuldig hielt, die ihm seitens der jüdischen Schriftgelehrten angehängt werden sollten. Nur hatte Pilatus kaum eine andere Wahl, als Jesus trotzdem zu verurteilen, weil der Wanderprediger im Prozess die meiste Zeit hartnäckig schwieg. Das musste der Römer und Richter als Verstocktheit und Widersetzlichkeit auslegen – was wiederum nach römischem Recht ein schwerer Straftatbestand war. Pilatus hätte den Angeklagten freigelassen, wenn er sich zum Tatvorwurf geäußert hätte, aber Jesus zog es vor zu schweigen. Es folgte die Folter, unter der Jesus weiter schwieg, sodass sich der unerbittliche Mann des Gesetzes veranlasst sah, die Todesstrafe zu verhängen.

KAISER TIBERIUS
KLUGER STAATSMANN ODER
SKRUPELLOSER LUSTMOLCH?

Unser Bild vom alten Rom ist vermutlich weit mehr, als wir es uns eingestehen wollen, von Hollywoodfilmen, historischen Romanen und zweifelhaften Erzählungen launiger Reiseführer bestimmt. Da haben wir Caesar als hageren, asketischen Mann mit silbernem Haar und strengem Gesichtsausdruck vor Augen, da läuft Nero ruhelos und mit irrem Blick durch seinen Palast – und da gibt es einen verdorbenen Alten namens Tiberius, der auf der Insel Capri seinen perversen Begierden nachgeht. Die großen Gestalten der römischen Geschichte werden zumeist durch ihre spezifischen Eigenschaften und Taten auseinandergehalten, die zwar nicht unbedingt falsch sind, aber der komplexen römischen Geschichte und Politik selten gerecht werden. Besonders ungerecht verfährt die populäre Geschichtstradition mit Tiberius, der Rom von 14 bis 37 n. Chr. regierte.

Wer die Insel Capri mit ihrer weltberühmten Blauen Grotte besucht, wird vom römischen Herrscher hören. Der hatte die malerische Insel zum Alterssitz erkoren und sich dorthin zurückgezogen. Ein Dutzend prächtiger Villen besaß der römische Princeps auf Capri, heute Anziehungspunkte für Touristen. Der wirkliche Tiberius war eher menschenscheu, was nicht allzu viel hergibt für Geschichten, mit denen man Touristen unterhalten kann. Glücklicherweise aber können Reiseführer zitieren, was die römischen Geschichtsschreiber Tacitus und vor allem Sueton über Tiberius geschrieben haben: Nach dessen Bericht mussten

»Scharen von überallher zusammengesuchter Mädchen und Lust-
knaben und Erfinder allerlei widernatürlicher Unzucht in Drei-
ergruppen miteinander Geschlechtsverkehr treiben. Er schaute
dabei zu, um durch diesen Anblick seine erschlafften Kräfte auf-
zupeitschen«. Sueton zeichnete Tiberius als alten Lüstling, der
Orgien inszenierte und seine hilflosen Gespielen hinterher gar
brutal ermordete. Auch wenn er Sklaven loswerden wollte oder
andere missliebige Untertanen und selbst hochgestellte Persön-
lichkeiten, befahl er, sie kurzerhand über die Klippen der Insel
zu stoßen. Zum reinen Vergnügen ließ er Unschuldige hinrichten oder dachte sich Foltermethoden aus, um sich an den Qualen
der Opfer zu weiden. Kurz gesagt, lebte der alte Tiberius nur für
seine perversen Gelüste und überließ die römische Politik ihrem
Schicksal.

Sueton schrieb seine bösen Worte ein paar Jahrzehnte nach
dem Tod des römischen Kaisers. Seine Einordnung des Tiberius
als Erster der selbstsüchtigen, verderbten Despoten, die das stolze Erbe Caesars und Augustus' verraten und Rom dem Niedergang preisgegeben hätten, ist bis heute populär. Auch Suetons
Kollege Tacitus stimmte in die Verurteilung ein, ebenso wie bis
ins 20. Jahrhundert hinein Schriftsteller das schlechte Image des
Tiberius als heimtückischen Tyrannen weitertrugen. Dazu gehören auch der Schöpfer des *Grafen von Monte Christo*, Alexandre
Dumas, und Robert Graves, Autor des Longsellers *Ich, Claudius,
Kaiser und Gott*.

Erst Mitte des 20. Jahrhunderts wurde Tiberius rehabilitiert –
eigentlich erstaunlich, denn es fiel nicht weiter schwer, die
Verleumdungen zu widerlegen. Zum Beispiel ist auffällig, dass
sich keine ernst zu nehmende zeitgenössische Kritik an Tiberius
finden lässt, die die späteren Berichte bestätigt. Der Kaiser kümmerte sich auch während seiner Zeit auf Capri durchaus um seine Amtsgeschäfte. Außerdem legt die recht gut dokumentierte

Rechtsgeschichte Roms nahe, dass die angeblichen Prozess- und Hinrichtungsorgien des Tiberius nie stattgefunden haben. Dagegen ist belegt, dass er den Opfern eines Großbrandes in Rom Hilfszahlungen zukommen ließ.

Das nüchtern erforschte Leben des Tiberius ergibt ein ganz anderes Bild: Der Herrscher war gar nicht zügellos und selbstsüchtig, sondern im Gegenteil überaus bescheiden. Die Ehre, wie Caesar und Augustus zum Namensgeber eines Monats zu werden, wies er zurück. Er war ein nüchterner Staatsmann, gebildet und mit einem ausgeprägten Gerechtigkeitssinn. Damit aber und mit seiner zurückhaltenden, kontaktscheuen Art passte er nicht recht in die schillernde Politszene Roms. Trotzdem zeichnete er sich aus: Er glänzte schon vor der Herrschaftsübernahme als Oberbefehlshaber in Germanien, war als Princeps auf Ausgleich mit dem Senat bedacht, wirtschaftete sparsam und kümmerte sich um die Verwaltung der römischen Provinzen. Aber Tiberius musste über die Jahre auch mit vielen persönlichen Enttäuschungen, betrogenen Hoffnungen und hässlichen Intrigen fertig werden. Das hat ihn zu einem einsamen Menschen gemacht und mehr als einmal dazu bewogen, Rom verbittert den Rücken zu kehren.

Die Verleumdungskampagne gegen Tiberius begann vermutlich mit Vipsania Agrippina, die ihn des politischen Mordes an ihrem Mann Germanicus, dem Adoptivsohn des Kaisers, beschuldigte. Tiberius setzte sich zur Wehr, aber da war er ohnehin längst unpopulär geworden – heute würde man sagen, es fehlte ihm an medialer Ausstrahlung. Dass er sich trotz seiner Verpflichtungen als Princeps nach Capri zurückzog, brachte ihm in Rom, wo die öffentliche Meinung nun einmal gemacht wurde, nur noch mehr Feinde ein. Zahlreiche schmutzige Politaffären wurden mit seinem Namen in Verbindung gebracht, auch wenn er damit meist gar nichts zu tun hatte.

Vollends in Verruf geriet Tiberius aber nach seinem Tod. Die Zeit der Autoren Tacitus und Sueton war geprägt vom verklärenden Blick auf die vergangene Blütezeit Roms und von Pessimismus unter dem Eindruck des Niedergangs ins Despotentum, den sie Tag für Tag erlebten. Diese beklagenswerte Entwicklung musste in den Augen der Nachgeborenen irgendwo greifbar ihren Anfang genommen haben, deshalb wurde Tiberius posthum zum Opfer politisch gefärbter Geschichtsschreibung. So wenig wie die Inkarnation des grausamen Despoten dürfte Tiberius das sanfte Unschuldslamm gewesen sein. Aber an seinem Beispiel erweist sich, dass Politiker seit ehedem gut daran tun, sich zu Lebzeiten um ihr bleibendes Ansehen zu kümmern. Andernfalls besteht die Gefahr, jahrhundertelang unwidersprochen zum Sündenbock für eine Entwicklung gemacht zu werden, an der sie gar keine Schuld tragen.

ROM BRENNT
NEROS BÖSE LAUNE ODER
GRAUSAMER ZUFALL?

Kein römischer Kaiser ist im Urteil der Nachwelt so schlecht weggekommen wie Nero. Mit ihm verbinden wir das klassische Bild des korrupten, wahnsinnigen und menschenverachtenden Herrschers, im modernen Sinn ein rücksichtsloser Egomane. Peter Ustinov verkörperte diesen Nero meisterhaft in der Verfilmung des berühmten Romans *Quo vadis?*, aber seine bestechende Darstellung ist völlig unhistorisch.

Dieses ausschließlich negative Image Neros ist entscheidend von der Tatsache bestimmt, dass in seine Regierungszeit der große Brand von Rom und die sich anschließende grausame Verfolgung der Christen fallen. Frühmorgens an einem Sommertag des Jahres 64 brach am Circus Maximus ein Brand aus, vermutlich dort, wo leicht entflammbare Bretterbuden standen. Das Feuer breitete sich in Windeseile aus und konnte erst nach sechs Tagen und sieben Nächten gelöscht werden, als man die Flammen mit Schneisen daran hindern konnte, noch weitere Teile der Stadt in Mitleidenschaft zu ziehen. Aber nicht alle Brandherde waren ausgerottet, und erneut loderten die Flammen auf und setzten ihr Zerstörungswerk noch einige Tage fort. Brände gab es in Rom damals häufig; Holz war ein wichtiges Baumaterial und der Brandschutz unzureichend. Die römische Feuerwehr war zwar vergrößert worden, aber dieser Brand stellte alles bisher Gekannte in den Schatten. Die Überlieferung über das Ausmaß der Katastrophe ist uneinheitlich, mal ist von zwei Dritteln

Roms die Rede, die der Brand zerstörte, mal heißt es, von den vierzehn Stadtteilen habe der Brand nur zwei verschont. In jedem Fall waren die Auswirkungen des Großfeuers verheerend. Wohn- und Geschäftsviertel fielen dem Brand ebenso zum Opfer wie alte Tempel oder öffentliche Gebäude. Viele Menschen starben in den Flammen, 200 000 Römer wurden obdachlos, die stolze Stadt blieb zu großen Teilen nur mehr als Aschewüste zurück.

Schon weil das Feuer so ungemein hartnäckig gewütet hatte, verbreitete sich das Gerücht – ebenso schnell wie eben noch die Flammen –, es habe sich um Brandstiftung gehandelt. Gegen Nero richtete sich nun vor allem der Zorn der Römer, denn im Unterschied zu Augustus, der sich bei Katastrophen stets hatte blicken lassen und dem Volk gut zuredete, blieb Nero erst einmal auf seinem Sommersitz. Diesen Fehler begehen Politiker bis in unsere Tage immer wieder, und die Öffentlichkeit trägt es ihnen jedes Mal nach. Zurück nach Rom kam Nero erst, als auch sein Palast vom Feuer bedroht war.

Mehrere Autoren beschuldigten bereits damals den Kaiser, für den Brand verantwortlich zu sein. Allerdings machten sie bei Nero unterschiedliche Motivationen für diese Tat aus: Mal, Nero habe den Brand Trojas nachempfinden wollen und deshalb am Beispiel Roms nachgeholt. Mal, er habe *tabula rasa* machen wollen, um seine Bauwut zu befriedigen und die Stadt nach dem Brand als Neropolis prächtig wiederaufzubauen. Ein weiteres Motiv besagt, Nero habe sich wegen zahlreicher Verschwö- rungen gegen seine Person an der Stadt Rom rächen wollen. Wilde Gerüchte machten die Runde: Zum Beispiel wollten einige Nero während des Brandes gesehen haben, wie er vom Turm sei- nes Palastes, sich selbst auf der Leier begleitend, ein Lied über das brennende Troja zum Besten gab.

Aber diese Beschuldigungen, ob vorsichtig angedeutet oder mit haltlosen »Beweisen« unterfüttert, waren allesamt falsch. Die günstige Gelegenheit, die durch die schreckliche Katastrophe, eine verängstigte Bevölkerung und das Chaos in Rom entstanden war, hatte sich eine oppositionelle Gruppe zunutze gemacht. Sie trugen ihre Ablehnung des Kaisers wirkungsvoll ins Volk.

Dabei war der Kaiser weder für den Brand verantwortlich noch ließ sich an seinen rasch getroffenen Maßnahmen etwas aussetzen. Nero öffnete sogleich nach seiner Rückkehr nach Rom seine Gärten für Obdachlose und stellte Geldmittel und Baumaterial bereit, um den Geschädigten zu helfen. Damit der Wiederaufbau rasch vorangehen konnte, verfügte er Anreize für die geschädigten Hausbesitzer. Vor allem aber erließ er nützliche Vorschriften hinsichtlich Bauweise und Traufhöhen, die neue Brände verhindern und helfen sollten, die Brandbekämpfung zu erleichtern, sollte es doch wieder ein Großfeuer geben. Daneben ließ Nero mit Opferfesten die Götter ehren, ein wichtiger Aspekt zur Beruhigung der verängstigten Bevölkerung. Nero tat also alles in seiner Macht Stehende, um die Folgen des Brandes zu lindern und die Stadt möglichst schnell wieder aufzubauen.

Die Angst vor dem Zorn der Götter mochten die Kultrituale lindern, nicht aber die Gerüchte über Neros Rolle als Brandstifter. In einer derart prekären Situation in der zerstörten Stadt konnte die ablehnende Stimmung rasch in offene Feindseligkeit einer unberechenbaren Masse umschlagen. Fatal geriet Neros Reaktion auf diese wüsten Beschuldigungen. Der Kaiser tat das, was andere vor und nach ihm ebenso taten, wenn sie sich in die Enge getrieben sahen: Er lieferte einen Sündenbock, an dem die kochende Volksseele ihr Mütchen kühlen konnte. So kam es zur Verfolgung der römischen Christen, deren wachsender Zulauf ohnehin verdächtig war, ganz zu schweigen von ihren merkwürdigen religiösen Ansichten. Nero ließ einige Mitglieder dieser neuen Sekte festnehmen und ihnen unter Folter ein Schuldeingeständnis abpressen. Das Volk von Rom bekam, wonach es verlangte: Schauprozesse und Hinrichtungen und eine noch kaum bekannte, zweifelhafte Sekte als willkommenen Sündenbock für die schreckliche Katastrophe. Und Kaiser Nero hatte sich aus dem Visier des Volkszorns bugsiert.

Die Christenverfolgung aber nahmen die späteren christlichen Geschichtsschreiber Roms dem heidnischen Kaiser Nero übel. Diese Tradition fand ihre Fortsetzung über das christliche Mittelalter bis in unsere Zeit. Und weil zum verabscheuungswürdigen, unschuldige Christen verfolgenden Tyrannen passt, dass er seine Stadt anzündet, überlebten auch diese antiken Stammtischgerüchte vom irren Brandstifter zwei Jahrtausende. Darüber hinaus galt in der Beurteilung Neros dasselbe wie für Tiberius: Mehr noch als dieser gehörte Nero in die Zeit des Niedergangs Roms, für den sein schlechter Charakter und seine Staatsführung verantwortlich gemacht wurden. So stellten Generationen von Geschichtsschreibern die vermeintlichen (und tatsächlichen) Verbrechen Neros in den Vordergrund und blendeten all das aus, was ihn zu einem gewöhnlichen Herrscher mit Stärken und Schwächen machte.

KONSTANTINISCHE SCHENKUNG
DER ERSCHLICHENE VATIKANSTAAT ?

Das christliche Mittelalter kennt zwei Pole, die einander ebenso bedingen, wie sie miteinander ringen: die geistliche Macht des Papsttums und die weltliche des Kaisers. Weil sozusagen die eine die weltliche Ordnung sicherte und die andere den unabdingbaren metaphysischen Überbau lieferte, waren sie aufeinander angewiesen. Das Ringen der beiden Pole wurde durch die Frage bestimmt, wem der Führungsanspruch gebührte. Eine klare Abgrenzung der beiden, wie wir sie heute als Trennung von Staat und Kirche kennen, war damals undenkbar.

Das zentrale Dokument, mit dem das Papsttum über Jahrhunderte seine Vormachtstellung auch gegenüber dem Kaiser zu legitimieren suchte, wenn es ihm geboten schien, war die sogenannte Konstantinische Schenkung. Sie besagt, dass Kaiser Konstantin I. der Große (gest. 337) zum Dank für die empfangene Taufe und für eine Heilung vom Aussatz Papst Silvester I. und dessen Nachfolgern ein höchst großzügiges und umfangreiches Geschenk zukommen ließ: Dieser erste römische Kaiser christlichen Glaubens verlieh den Päpsten kaiserliche Würde, zeichnete sie aus als »Haupt und Spitze aller Kirchen in der ganzen Welt« und übergab ihnen die Herrschaft über die heilige Stadt Rom sowie »alle Provinzen, Räumlichkeiten und Städte Italiens und des Westens«. Konstantin habe seine Residenz nach Byzanz verlegt, das fortan Konstantinopel hieß (das heutige Istanbul), weil es nicht statthaft gewesen wäre, dass der irdische Kaiser an dem Ort herrschte, wo Gott das Haupt der Christenheit eingesetzt habe. Feierlich verpflichtete Konstantin in der Urkunde seine Nachfolger, sich an diese Regelung zu halten.

Konstantin ist als Gründer von Konstantinopel und als Förderer des Christentums in die Geschichte eingegangen. Mit ihm nahm die bis heute wirksame christliche Prägung des Abendlandes ihren Anfang. Seit 312 wurden die Christen im weströmischen Reich begünstigt und ein Jahr später im Mailänder Toleranzedikt der antiken Religion gleichgestellt. Auf dem Vormarsch war die neue Religion zwar schon seit längerem, aber noch 303 hatte Diokletian die letzte Christenverfolgung verfügt. Konstantin war kein sanftmütiger Mann; wenn es um Machtsicherung ging, schreckte er auch vor Morden im engsten Familienkreis nicht zurück. Bis heute ist umstritten, ob Konstantin das Christentum aus Überzeugung förderte oder aus politischen Gründen – abschließend klären lässt sich das vermutlich nicht mehr. Jedenfalls ließ er sich erst auf dem Totenbett taufen; der Legende nach, weil ihn wegen seiner skrupellosen Machtpolitik arge Schuldgefühle plagten.

Über die Jahrhunderte hat die römische Kurie die Urkunde immer wieder gezückt, um ihren Anspruch der Vorherrschaft innerhalb der Kirche zu untermauern – unter Berufung auf die Apostel Petrus und Paulus, die in Rom den Märtyrertod erlitten hatten. Die beiden sollen Konstantin in einem Traum dazu bewegt haben, sich von Silvester taufen zu lassen, um seinen Aussatz loszuwerden – so die Silvesterlegende, auf die sich die Konstantinische Schenkung beruft. Von ebenfalls enormer Bedeutung waren aber auch die territorialen Ansprüche, die die Päpste aus dem Dokument ableiteten.

Im frühen Mittelalter war Europa ein ausgesprochen unruhiges Pflaster, und die Päpste hatten es nicht leicht, sich auf ihm zu behaupten. Mitte des 8. Jahrhunderts drängten die Langobarden in Richtung Rom, das damals zum Byzantinischen Reich gehörte. Weil Byzanz herzlich wenig unternahm, um Rom vor den gefürchteten Langobarden zu schützen, bat Papst Stephan II. Frankenkönig Pippin um Hilfe. Möglicherweise – wenn man eine Anfertigung um 750 annimmt – kam da das Dokument zum ersten Mal zum Einsatz, aber das ist unter Historikern umstritten. Sicher ist, dass Pippin 754 mit dem Vertrag von Quierzy einwilligte, für das Papsttum in den Krieg gegen die Langobarden zu ziehen, und mit territorialen Zugeständnissen in der »Pippinschen Schenkung« die Grundlage für den späteren Kirchenstaat legte. Der wurde Wirklichkeit, als Pippin in einem zweiten Feldzug die Langobarden endgültig aus Italien vertrieb.

Die Konstantinische Schenkung ist eine der bekanntesten Urkunden der christlichen Welt und zu früheren Zeiten war sie von erheblicher Bedeutung für das römische Papsttum. Die Päpste mussten im Mittelalter immer wieder ihre Machtstellung und den Kirchenstaat sichern, und dafür nutzten sie über Jahrhunderte dieses angebliche Privileg des römischen Kaisers. Mal sollte die Urkunde die Oberherrschaft des Papsttums über den Kaiser des Heiligen Römischen Reiches legitimieren, mal diente sie als Rechtfertigung von territorialen Besitzansprüchen. Ebenso aber wurden immer wieder Stimmen laut, die den weltlichen Aspekt der Konstantinischen Schenkung kritisierten, weil er die Kirche von ihrer eigentlichen, nämlich nichtweltlichen Aufgabe ablenke. Immerhin machte sein Gebietsanspruch aus dem geistlichen Oberhaupt gleichzeitig einen weltlichen Herrscher. Ganz behaglich scheint den Päpsten aber ohnehin nicht immer gewesen zu sein, wenn sie das alte Pergament bemühen mussten, denn wie konnte das Geschenk eines weltlichen Kaisers die Vormachtstellung der geistlichen Autorität legitimieren, wenn die doch unmittelbar von Gott komme? Vielleicht wussten sie auch,

KONSTANTINISCHE SCHENKUNG

dass das Dokument gefälscht war, aber das lässt sich heute nicht mehr feststellen.

Schon im 15. Jahrhundert konnte nachgewiesen werden, dass es sich bei der vermeintlichen Urkunde Konstantins um eine Fälschung handelte. Heute geht man davon aus, dass sie irgendwann zwischen 750 und 850 erstellt wurde. Mit ihr begann eine ganze Serie von gefälschten Dokumenten, die das Mittelalter durchzieht. Aber so plump diese Fälschung eines angeblichen kaiserlichen Erlasses auch ausgefallen war – reichlich grobe Fehler lassen sich darin finden –, sie hatte den Päpsten ihre Dienste geleistet.

Der Kirchenstaat, der ursprünglich aus kirchlichen Besitzungen in Rom und Italien bestand und durch Schenkungen und Erbschaften vergrößert werden konnte, umfasste zu seinen besten Zeiten Anfang des 16. Jahrhunderts einen erheblichen Teil Italiens. Seither ging es mit ihm stetig bergab, weil sich die Päpste außenpolitisch nicht behaupten konnten. 1809 fiel er an das Königreich Italien. Sein heutiges Territorium der nunmehrigen Vatikanstadt sicherten die Lateranverträge von 1929. So gesehen, hatte das Papsttum sich mittels der gefälschten Konstantinischen Schenkung den Gebietszuwachs im Verlauf des Mittelalters durch den unrechtmäßigen Anspruch tatsächlich erschlichen. Der Zwergstaat Vatikan unserer Zeit geht aber auf das Patrimonium Petri zurück, den Kern des päpstlichen Hoheitsgebiets vor dem Einsatz der groß angelegten Dokumentenfälschung im Namen des ersten christlichen Kaisers des Römischen Reiches.

UNGARN
NACHFAHREN DER HUNNEN?

Dem Volk der Ungarn oder Magyaren kommt in Europa eine Sonderrolle zu. Ganz am Ende der langen Periode der Völkerwanderung und später als die anderen Völker Europas nahmen sie ihr Land erst um 900 n. Chr. in Besitz, und ihre Sprache ist ein Ausnahmefall unter den europäischen Sprachen. Im 10. Jahrhundert mischten die Ungarn ihre neuen Nachbarn ganz ordentlich auf – entlang der südöstlichen Grenze des Frankenreiches, im Großmährischen Reich, in Oberitalien und sogar im Byzantinischen Reich versetzten die magyarischen Reiterscharen insgesamt fast fünfzigmal die Menschen in Angst und Schrecken. Die europäischen Chroniken dieser Zeit beschreiben in grellen Farben, wie grausam diese Heiden und Barbaren über die friedliche Christenheit herfielen – und wie wenig die Überfallenen ihnen militärisch entgegenzusetzen hatten. Die ungarischen Reiterheere waren nämlich ungeheuer beweglich und im Kampf mit Bogen und Säbel bewährt, und da kamen die schwerfälligen christlichen Ritter in ihren Rüstungen einfach nicht mit. Erst mit der Ungarnschlacht auf dem Lechfeld bei Augsburg 955 machte König Otto, der spätere Kaiser Otto der Große, dem barbarischen Schrecken ein Ende. In den folgenden Jahrzehnten arrangierten sich die Ungarn mit ihren Nachbarn, ließen Missionare ins Land und wurden unter König Stephan I. schließlich Christen. Damit waren die »Nomadenstämme aus der asiatischen Steppe«, die die Geschichtsschreiber des 10. Jahrhunderts noch hilflos als »Geißel Europas« bezeichnet hatten, im christlichen Abendland angekommen.

In Ungarn ist das Bewusstsein, andere Ursprünge zu haben als die übrigen europäischen Völker, noch immer verbreitet und trägt neben der singulären Sprache zu einer gewissen Isolierung bei. Diese vermeintliche Sonderrolle war immer wieder der Auslöser, nach den Ursprüngen der Ungarn und ihrer Sprache zu suchen. Ebenso ist diese Suche nach einem Stammbaum aber auch ein Zeichen für die Ankunft der Ungarn in Europa, denn damals versuchten die anderen Völker Europas genauso, sich mit mehr oder weniger abenteuerlichen Herleitungen eine möglichst ruhmreiche und weit zurückreichende Abstammung zurechtzubasteln. Und die ging vorzugsweise auf das Alte Testament zurück.

Bis heute werden die Ungarn häufig als Nachfahren der Hunnen angesehen. Im Mittelalter bezeichneten westeuropäische und byzantinische Chronisten die Ungarn als skythisches oder hunnisches Reiter- und Nomadenvolk – eine Einordnung, die ungarische Chroniken später übernahmen. Somit galt der Hunnenkönig Attila als Ahne der Ungarn, zumal er Jahrhunderte vor den Arpaden das Gebiet des späteren Ungarn beherrscht und das Abendland ebenfalls mit seinen Kriegszügen in Atem gehalten hatte. Noch heute werden daher viele ungarische Babys Attila getauft, und der Hunnenkönig des 5. Jahrhunderts wird gerne als ungarischer Nationalheld beansprucht. In mancherlei politischen Auseinandersetzungen dient die wilde Herkunft von den Hunnen als willkommenes Argument. Aber schon der Begründer der ungarischen Herrscherdynastie der Arpaden, Großfürst Arpad, hat sich auf die Verwandtschaft zu Attila berufen, als er das Land für sich und sein Volk beanspruchte. Nur: Diese Verwandtschaft existiert gar nicht.

Zunächst waren die Ungarn gar keine wirklichen Nomaden,

denn sie betrieben Ackerbau. Vor ihrer Christianisierung durch Stephan den Heiligen, der im Jahr 1001 zum ersten ungarischen König gekrönt wurde, führten sie eine Art Mischexistenz zwischen den Landwirtschaft treibenden Siedlungsvölkern Europas und den asiatischen Nomadenvölkern. Wie die anderen europäischen Völker auch waren die Ungarn außerdem kein reines Reitervolk – die Europa heimsuchenden Reiterhorden des 10. Jahrhunderts wurden aus der Kriegerschicht gebildet und von sogenannten Hilfsvölkern unterstützt, die sich an den Streifzügen beteiligten.

Die falsche Auffassung von den skythischen, also asiatischen Nomaden verbreiteten westeuropäische Geschichtsschreiber im 10. Jahrhundert unter dem Eindruck der furchterregenden Reiterhorden, die Dörfer verwüsteten und ihre Bewohner niedermetzelten. Die Schreiber »identifizierten« diese »barbarischen Horden« mal als Skythen, mal als Hunnen oder Awaren, bis sich der Name Ungarn durchsetzte. Im 13. Jahrhundert wurde diese Auffassung von den ungarischen Chronisten übernommen und die Abstammungsthese fortan als Tatsache angesehen. Aufwendige Analysen ungarischer und westeuropäischer Geschichtswerke aus dem Mittelalter haben ergeben, dass die Ungarn in Bezug auf ihre vermeintliche hunnische Abstammung auf das »Wissen« ihrer Kollegen westlich der Donau zurückgriffen. Am Aufwand, der für die Klärung dieser Frage betrieben wurde, lässt sich ermessen, wie sensibel dieses Thema bis heute ist.

Das christliche Mittelalter bemühte sich, die Herkunft seiner Herrscher möglichst weit, also bis ins Alte Testament, zurückzuverfolgen. Wie andere Ahnenforscher machten ungarische Chronisten nach der Christianisierung des Landes als Stammvater einen der Söhne Noahs aus, auf die nach dem Ende der Sintflut, so das Alte Testament, alle Völker der Menschheit zurückzuführen seien. Die ungarische Chronik *Gesta Hungarorum* beschreibt um 1200 diese Abstammungslinie, aus der sich der Hunnenkönig Attila herleiten lässt. Von Noahs Sohn Japhet, beziehungsweise dessen Nachkomme Magog, stammten die nordischen Skythen ab, die wiederum als Vorfahren von Hunnen, Goten und Mongolen angesehen wurden.

Die Behauptung, die Ungarn stammten von den Hunnen ab, taucht erst um 1280 auf. Der ungarische Chronist Simon Kézai schreibt, die Hunnen hätten Ungarn gleich zweimal erobert: ein erstes Mal unter Attila und dann erneut unter Arpad, dem Begründer der Dynastie der Arpaden, die Ungarn vom Ende des 9. Jahrhunderts bis 1301 beherrschten. Somit galt Attila als Vorfahr Arpads und damit Ahnherr der Ungarn.

Kézais *Gesta Hungarorum* wurden zur Grundlage des historischen Selbstverständnisses der Ungarn. Diese Herkunftstheorie wurde von der Geschichtsforschung bis Ende des 19. Jahrhunderts übernommen und auch danach nur sehr zögernd infrage gestellt. Sprachwissenschaftler unterstützten aber ihre Wissenschaftskollegen mit dem Argument, die Turksprache der Hunnen unterscheide sich grundlegend von der finnisch-ugrischen der Ungarn. Und das widerspricht der These einer ethnischen Verwandtschaft.

Trotzdem lässt sich die Legende von den Hunnen als Vorfahren der Ungarn bis heute nicht nur in populären Darstellungen, sondern auch in manchen wissenschaftlichen Büchern wiederfinden. Attila war eben nicht nur für die Arpadenfürsten eine akzeptable Legitimation für ihre Landnahme, weil seine Reputation erst von Dschingis Khan übertroffen wurde – er ist noch heute ein lieb gewonnener »Ahnherr«, von dem man sich nur ungern verabschiedet.

DAS MITTELALTER
FINSTERE EPOCHE?

Trotz des regen Interesses, das die Geschichte genießt und das sich nicht zuletzt auf das Mittelalter bezieht, gilt die Zeit zwischen 500 und 1500 n. Chr. – um eine grobe Periodisierung zu verwenden – als finsteres Zeitalter. Da sind der kalte Griff der unbarmherzigen Kirche auf jede Seele und ihre lustfeindliche Strenge; da ist das Elend der breiten Masse, die buchstäblich im Dreck leben muss und der nur ein kurzes, freudloses Leben vergönnt ist. Wir lernen in der Schule vom Schrecken der feudalistischen Grundherrschaft, die den Einzelnen unerbittlich knechtet. Wir erfahren von der beständigen Angst der Menschen – vor dem Teufel oder der Kirche, vor den Gefahren der undurchdringlichen Wälder oder dem göttlichen Zorn in Form eines Gewitters oder Sturms. Es gab keine Vernunft und kein Wissen, die den einfachen Menschen diese Grundangst nehmen konnten, weil so viel um ihn herum unerklärbar schien. Da sind Scheiterhaufen und Pest, Kreuzzüge, Judenverfolgung und und und … die Aufzählung könnte beliebig fortgesetzt werden. Selbst Goethe bezeichnete die Epoche einmal als »traurige Lücke«, und Voltaire sprach von »dieser traurigen Zeit«. Mit einem Satz: Kein moderner Mensch könnte ernsthaft behaupten, lieber im Mittelalter gelebt zu haben. Aber wird der Epoche nicht unrecht getan, wenn man sie auf Düsteres, Fremdes, lächerlich Unmodernes und Unmündiges reduziert?

Schon der Begriff »Mittelalter« hat etwas Abschätziges an

sich. Er bezeichnet die Zeit zwischen zwei Epochen, der Antike und der Moderne, als handele es sich um das notwendige Übel eines Übergangs und nicht um ein eigenständiges Zeitalter. Dabei umfasst diese vermeintliche Zwischenzeit immerhin rund ein Jahrtausend!

Der Begriff »Mittelalter« stammt aus der Zeit des Humanismus und bezog sich zunächst auf Sprache und Literatur, also auf einen Zeitraum zwischen klassischer Antike und der damaligen Gegenwart. Der Humanist Petrarca benutzte die Metapher von Licht und Dunkel, von der strahlenden antiken Kultur und dem Dunkel des sich anschließenden tausendjährigen Niedergangs. Historiker sprechen vom Mittelalter als geschichtlicher Epoche seit der zweiten Hälfte des 17. Jahrhunderts. Wie umstritten der Begriff und seine Eingrenzung sind, zeigt auch die schwierige Periodisierung: Als Endpunkt des Mittelalters wird – jeweils durchaus begründet – mal die Renaissance angesetzt oder Kolumbus' Entdeckung Amerikas, mal der Buchdruck Gutenbergs oder die Reformation – oder gar die Französische Revolution.

Die Polemik des Begriffes liegt aber mehr noch als in der verunglimpfenden Einordnung als Zwischenzeit in der überheblichen Sichtweise auf die Epoche. Bis heute ist das Mittelalter eine Art negativer Bezugspunkt, um sich der eigenen Fortschrittlichkeit zu versichern. Das nahm seinen Anfang mit der Renaissance, die an die Größe der Antike anknüpfen und gleichzeitig die ihr nachfolgende Zeit diskreditieren wollte, sowohl kulturell als auch religiös und politisch. Dazu kam später die Opposition der Aufklärung gegen die Kirche, mochte sie Europa auch über Jahrhunderte geprägt haben. Die Einordnung als düsteres Zeitalter übernahm die Aufklärung von den Humanisten. Sie nahm in Anspruch, nach dunklen Jahrhunderten wieder Licht über die Menschheit zu bringen und ihren Geist zu erhellen – durch Vernunft, Achtung vor dem Individuum, ein Ende der

Fremdbestimmtheit und so weiter. Ebenso hatte die Reformation reklamiert, nach dem verwerflichen Dunkel des katholischen Mittelalters an die antike Urkirche anzuknüpfen und mit Luther wieder strahlendes Licht über die Gläubigen zu bringen.

Dieses polemische Schema wirkt bis heute weiter. Mit Vorliebe wird das Adjektiv »mittelalterlich« bemüht, wenn Zustände beschrieben werden, die grausam, rückständig, überholt, inakzeptabel oder lächerlich erscheinen. Dabei ist bei aller berechtigten Kritik am Mittelalter gerade die Neuzeit nicht gerade berufen, aus der sicheren Position der Besseren über vergangene Epochen zu richten. Schließlich gilt das 20. Jahrhundert unangefochten als das inhumanste überhaupt und hat die Neuzeit das Mittelalter an Grausamkeit insgesamt längst überholt: Da sticht die neuzeitliche Sklaverei die mittelalterliche Grundherrschaft mühelos aus – im Unterschied zur Sklavenhaltung der Antike und der Neuzeit wurden im Mittelalter Leibeigene nicht verkauft – und ebenso der technologisch hochgerüstete Krieg der Moderne die militärischen Auseinandersetzungen des Mittelalters.

Vor zweihundert Jahren speiste sich die selbstgerechte Ablehnung des Mittelalters aus der Fortschrittsgläubigkeit und der trügerischen Gewissheit, auf der Überholspur in eine lichte Zukunft zu rasen. Das hat sich nicht bewahrheitet, und so müsste der Befund aus dem Blickwinkel einer Moderne, die sich in vielerlei Hinsicht leergelaufen und mit massiven Problemen zu kämpfen hat, eigentlich ganz anders ausfallen. Aber wir urteilen weiter aus dem noch immer wohligen Gefühl unseres modernen Lebens mit Auto und Krankenversicherung, Elektrizität und Computer, Fernreise und Fernsehen. All das hatte das Mittelalter nicht zu bieten, und natürlich handelt es sich aus heutiger Perspektive um eine ausgesprochen rückständige Zeit. Gleichzeitig aber vergessen wir, dass die Grundlagen unserer Gegenwart nicht zuletzt im Mittelalter liegen und jenes Jahrtausend eine höchst lebendige

Zeit mit vielen Facetten und Entwicklungen gewesen ist. Immerhin wurde in dieser Epoche Europa urbar gemacht und der Pflug erfunden; die ersten Universitäten wurden eingerichtet, und es entstand ein dauerhaftes staatliches Gebilde wie Frankreich. Schließlich verdanken wir dem Mittelalter unseren Kalender und die arabischen Zahlen, großartige Kathedralen und blühende Städte. Auch die Freiheitsrechte der *Magna Charta Libertatum* verdankt England dem Mittelalter. Und viele Ansichten über das Mittelalter sind schlichtweg unzutreffend: Weder wurden die Menschen nicht viel älter als dreißig Jahre, sondern durchaus auch achtzig – da trügt die Statistik, weil die Kindersterblichkeit dramatisch hoch war. Auch war die Grundherrschaft kein rein mittelalterliches Phänomen. Und die Hexenverfolgung entfaltete ihre Schrecken erst in der Neuzeit. Ebenso falsch ist die weitverbreitete Ansicht, der Mensch des Mittelalters habe stumpf in der Masse vegetiert und sich nicht als Individuum gesehen, denn die Grundlagen der individuellen Selbstwahrnehmung, auf die wir heute so viel Wert legen, liegen eben gerade im Mittelalter. Und selbst der Begriff der Freiheit ist keine Errungenschaft der Neuzeit. Insofern war das Mittelalter ebenso wenig einseitig naiv wie unsere Epoche immer ausschließlich vernunftbestimmt ist.

Aber das Label »rückständig« verpassen wir ja heute schon der Zeit unserer Großeltern. Dabei vergessen wir gerne, dass uns im Gegenzug zu all den Errungenschaften immer häufiger Dinge fehlen, die unsere Großeltern oder eben das Mittelalter noch besaßen: einen schützenden und identitätsstiftenden Wertekanon beispielsweise oder die Sicherheit eines Sozial- oder Familienverbandes. Wer die Errungenschaft der individuellen Freiheit schätzt, wird auch bedauern, dass diese in einer Konsum- und Mediengesellschaft zunehmend ins Hintertreffen gerät. Und so wenig nachvollziehbar uns die jenseitige Ausrichtung des so religiös gefärbten Mittelalters heute erscheinen mag: Längst erfahren wir die problematischen Folgen einer ausschließlich auf das Diesseits gerichteten Gesellschaft.

Jedes Zeitalter hat Licht und Schatten, Verdienste und Versäumnisse. Und so hat auch das Mittelalter bei allem Schatten viel Lichtes und Heiteres zu bieten, das aus dem Obskuren heraustritt, wenn die dunkel gefärbte Brille der Moderne einmal beiseitegelegt wird. Als ausnahmslos finsteres Zeitalter und Inbegriff von lächerlichen, hoffnungslos rückständigen Zuständen verunglimpft zu werden, das hat die Epoche zwischen 500 und 1500 n. Chr. schlichtweg nicht verdient.

HÉLOÏSE UND ABAELARD
LEIDENSCHAFTLICHE LIEBESBRIEFE
AUS DEM KLOSTER?

Die Liebesgeschichte von Héloïse und Abaelard ist die wohl
bekannteste und ergreifendste des europäischen Mittelalters. Sie
ist weit über den Kreis derer hinaus bekannt geworden, die sich für
die Epoche interessieren. Die beiden begegneten sich 1116/1117,
als Héloïses Onkel Fulbert, Domkanoniker in Notre-Dame in
Paris und für die Erziehung seiner Nichte verantwortlich, Abaelard als ihren Lehrer engagierte. Der knapp Vierzigjährige aus
der Nähe von Nantes war damals bereits eine geistige Autorität,
ein ruheloser Geist, der seine chronische Neugierde zur Suche
nach der Wahrheit einsetzte. Das verschaffte ihm in den Reihen
der gestrengen Kirchenleute nicht nur Freunde. Zudem besaß
er nicht gerade den Ruf eines sittenstrengen Mannes. Abaelard
gilt als einer der Begründer der scholastischen Methode, mit
der er Vernunft und Theologie näher zueinanderbringen wollte.
In seiner Autobiografie schrieb er, er habe das Fundament des
Glaubens durch menschliche Vernunft greifbar machen wollen.
Héloïse war erst 16 oder 17 Jahre alt, als der größte französische
Scholastiker ihr Lehrer wurde, ein außergewöhnlich begabtes
Mädchen und eine gelehrige Schülerin.

Jedoch blieb es nicht beim reinen Lehrer-Schülerin-Verhält-
nis. Abaelard verliebte sich in die junge Frau, und die beiden
begannen ein Verhältnis, ja bekamen ein gemeinsames Kind und
heirateten sogar. Doch das Glück währte nur ein paar Jahre: Aus
nicht klar nachvollziehbaren Gründen entrüstete sich Héloïses

Onkel Fulbert über die Verbindung und ließ Abaelard entmannen. Zwar kam Fulbert damit nicht durch; die Täter wurden nach einem Gerichtsverfahren nicht nur ebenfalls kastriert, sondern auch geblendet, und Fulbert selbst verlor all seinen Grundbesitz. Aber das konnte die grausame Tat nicht ungeschehen machen, und vermutlich wurde Fulbert auch überraschend schnell rehabilitiert. Die Liebenden trennten sich und gingen in verschiedene Klöster: Héloïse nach Argenteuil, Abaelard nach Saint-Denis bei Paris, später in die Bretagne. Er lehrte aber weiter in Paris, und seine Vorlesungen brachten ihm später ein Ketzerverfahren ein. Er zog sich nach Cluny zurück und starb 1142 im Alter von 63 Jahren auf einer Reise nach Rom. Héloïse wurde Äbtissin in Argenteuil, wo sie sich in den Augen ihrer Zeitgenossen durch ihre vorzügliche Bildung und moralische Prinzipienstrenge auszeichnete. Sie überlebte Abaelard um mehr als zwanzig Jahre. Seit ihrer Umbettung vor fast 200 Jahren ruhen die sterblichen Überreste des Paares einträchtig nebeneinander auf dem berühmten Pariser Friedhof Père Lachaise.

Trotz ihrer Trennung blieben Héloïse und Abaelard in Kontakt. Das ist auch jenseits der berühmtesten Frucht ihrer Verbindung belegt: einer Sammlung von acht Briefen, die die beiden 17 Jahre nach ihrer Beziehung ausgetauscht haben sollen. Eine weitere wichtige Information über das Liebesverhältnis von Héloïse und Abaelard ist dessen autobiografische *Leidensgeschichte* (*Historia calamitatum*), mit der Abaelard angeblich einem Freund Trost spenden wollte, indem er ihm erzählte, mit welchen viel schlimmeren Widrigkeiten als der Adressat er in seinem eigenen Leben zurechtkommen musste. Dieser Text lässt eine Entstehungszeit um 1133/34 vermuten. Zu den Schicksalsschlägen gehört nicht nur, aber eben auch die unglückliche Liebesgeschichte mit Héloïse, sodass der Text mit weiteren Einzelheiten der berühmten Geschichte aufwarten kann.

Nicht nur wären diese Handschriften, falls authentisch, für die Zeit des 12. Jahrhundert außergewöhnlich, weil sie über das hinausgehen, was aus dieser Zeit an Selbstzeugnissen überliefert wurde. Der Mensch des Mittelalters besaß nicht in dem Maße, wie wir es heute voraussetzen, eine Selbstwahrnehmung als Individuum, und insofern ist dieses Liebespaar seiner Zeit voraus. Und da aus diesen Pergamentschriften aus dem Hochmittelalter etwas Ungewohntes hervorscheint, wurde Héloïse sogar als »erste moderne Frau« bezeichnet. Aber abgesehen davon liefern diese Briefe mit ihren Äußerungen von Gefühl und Leidenschaft das Fleisch dieser traurigen und so brutal vereitelten Liebe, während die sonst belegten Fakten nur ein spärliches Knochengerippe bieten. Auf besonderes Interesse stießen dabei Passagen der Briefe, in denen Héloïse leidenschaftlich gegen die Ehe streitet und stattdessen die freie Liebe propagiert – lieber sei sie Geliebte als Ehefrau. Da das Mittelalter mit seinem strengen Regiment bis heute als überaus keusch gilt, mussten solche Äußerungen aus der Feder einer Äbtissin Aufsehen erregen. Außerdem wäre Héloïse damit wohl die erste Frau der Geschichte, die so offen die freie Liebesbeziehung einer Ehe vorzieht. Héloïse behauptet außerdem, nicht aus religiöser Überzeugung, sondern auf Geheiß ihres Mannes Abaelard ins Kloster gegangen zu sein – das wäre für ihre Zeit nichts weniger als skandalös. Und zwischen Klostermauern kommt sie nicht los von ihrer Liebe und den Erinnerungen an lustvolle Momente: »Ich sollte über begangene Sünden seufzen und kann nur seufzen, dass sie vergangen sind.« Die briefliche Korrespondenz entwickelt sich zu einer Diskussion, in der Abaelard ihr gut zuzureden versucht, als fürchte er um das Seelenheil der Geliebten.

Diese Briefe inspirierten viele Schriftsteller, den Stoff literarisch zu verarbeiten: angefangen beim berühmten *Rosenroman* vom Ende des 13. Jahrhunderts über François Villon und Jean-

Jacques Rousseau bis zu Bertolt Brecht und Luise Rinser. Und als in den vergangenen Jahrzehnten Lebensschicksale aus dem Mittelalter ein beliebter Lesestoff wurden, gehörten Héloïse und Abaelard an vorderster Stelle zu den Schicksalen, über die man anschaulich und mitfühlend lesen konnte. Bieten sie nicht das überzeugendste Beispiel dafür, wie die Unmenschlichkeit des Mittelalters mit seinen überstrengen moralischen Vorgaben und grausamen Strafen eine reine Liebe zerstörte?

Allerdings streiten die Historiker bis heute, ob die acht Briefe und Abaelards *Leidensgeschichte* überhaupt authentisch sind – übrigens mit kaum weniger Leidenschaft, als die Héloïse der Briefe äußert. Denn von deren Authentizität hängt viel ab für die moderne Beurteilung des Mittelalters – sei es für die Geschichte der Frauen oder für die mittelalterliche Geistesgeschichte. Abaelard ist ein Kronzeuge, wenn Mediävisten darlegen, wie die Moderne im landläufig verteufelten Mittelalter vorbereitet wurde. Folglich ist es die Einmaligkeit der Briefe, die sie fragwürdig machen: Sind sie eine wertvolle Besonderheit, die das sonstige Bild ihrer Zeit ergänzen, oder sind sie gerade deshalb unglaubwürdig? Das Echtheitsproblem beginnt mit der Tatsache, dass keine Originalbriefe, sondern nur Abschriften erhalten sind. Sie finden sich in verschiedenen Handschriften, die allesamt mindestens 150 Jahre später verfasst wurden. Die Originale sind verloren – oder sie haben nie existiert.

Andere halten eine so kenntnis- wie umfangreiche Fälschung weiterhin für ausgeschlossen und vermuten, zu einem unbekannten Zeitpunkt nach Abaelards Tod habe jemand an dessen Vorlage, die später verloren ging, herumgebastelt. Das würde die Ungereimtheiten erklären, die man sich beim ursprünglichen Verfasser nicht recht erklären könnte.

Einiges konnte inzwischen immerhin geklärt werden. Selbst wenn die Briefe authentisch sind, handelt es sich dabei nicht um eine echte Korrespondenz, denn aufwendige Analysen haben ergeben, dass alle Briefe zweifelsfrei einem einzigen Verfasser zugeschrieben werden müssen. Zudem stammen sie ebenso sicher nicht aus dem frühen 12. Jahrhundert. Handelt es sich also um Abschriften von Originalbriefen, die verloren gegangen sind? Von vielen Forschern wird die Urheberschaft Abaelards inzwischen ausgeschlossen, weil es zu viele Ungereimtheiten gibt: Zahlreiche Informationen lassen sich mit der angeblichen Entstehungszeit nicht erklären, weitere Fehler bezüglich seiner eigenen Biografie hätte Abaelard selbst kaum gemacht. Der belgische Historiker Hubert Silvestre klassifizierte die Briefe daher als eine spätere Fälschung. Er hat auch eine schlüssige Erklärung parat, wie es zu dieser Fälschung kam: Sie könnte im Zusammenhang mit einer Kampagne gegen das Keuschheitsgebot der Kleriker stehen. Im Mittelalter gab es immer wieder Streit um die Frage von Zölibat und Keuschheitsgebot für Priester. Eine Lockerung dieser Vorschriften konnte sich in der römischen Kirche (im Unterschied zur orthodoxen und zur protestantischen) zwar bis heute nicht durchsetzen. Andere Meinungen darüber und mit diesen verbundene Schriften aber gab es auch im Mittelalter immer wieder. Eine Kampagne dieser Art wollte zwar weiter die Ehelosigkeit der Priester verlangen, ihnen aber sexuelle Beziehungen gestatten. In diesen Zusammenhang passt das Plädoyer von Héloïse für die freie Liebe und gegen die Ehe, die ihr und Abaelard nur Unglück gebracht habe. Weitere Indizien machen diese These zwar nicht beweisbar, aber immerhin sehr wahrscheinlich. Die Urheberschaft der Texte würde damit im Umkreis des Autors des berühmten *Rosenromans* zu suchen sein, oder bei diesem selbst: Jean de Meun.

Dass diese Erklärung der Entstehungsgeschichte der berühmten Briefe weiterhin Widerspruch hervorruft und viele auf ihre Echtheit bestehen, dürfte auch mit der Faszination zu tun haben, die von den Briefen und der Liebesgeschichte ausgeht. Das Liebespaar Héloïse und Abaelard ist sowohl unter Historikern als auch bei am Mittelalter interessierten Laien wegen seiner außergewöhnlichen Geschichte so beliebt, dass man sich von Teilen dieser Geschichte nur unwillig verabschiedet. Aber mit dem Abschied von der Echtheit der Briefe würde die ergreifende Liebesgeschichte des berühmten Paares nicht hinfällig, sondern in der Geschichte des Mittelalters nur an den passenden Platz gerückt.

ELEONORE VON AQUITANIEN
GRÖSSTE HURE DES MITTELALTERS?

Ein so schillernder Lebenslauf wie derjenige der Eleonore von Aquitanien (ca. 1122–1204) scheint zum sittenstrengen Mittelalter überhaupt nicht zu passen: Erbin des südfranzösischen Herzogtums Aquitanien, Königin von Frankreich, zusammen mit ihrem Mann Ludwig VII. auf Kreuzzug ins Heilige Land. Dort Liebhaberin ihres Onkels Raimund von Poitiers, Fürst von Antiochia, und des Sultans Saladin. Nach annullierter Ehe mit Ludwig VII. Hochzeit mit dem erheblich jüngeren Heinrich Plantagenet, mit dessen Onkel sie ein Verhältnis hatte. Die Geliebte ihres Mannes, die schöne Rosamunde, schaltet sie kaltblütig durch Gift aus. Durch Heinrich wird sie Königin von England, ist Mutter der englischen Könige Richard Löwenherz und Johann Ohneland, die sie aus Eifersucht und Machtgier zum Aufstand gegen den eigenen Vater aufstachelt. Und selbst nach ihrem Tod wird Eleonore durch die kompliziert gewordenen territorialen Ansprüche zwischen dem englischen und dem französischen Königshaus zur Unruhestifterin im englisch-französischen Verhältnis und Mitverursacherin des Hundertjährigen Krieges. Der französische Dominikaner Helinand urteilte in seiner Weltchronik einige Jahrzehnte nach ihrem Tod, Eleonore habe sich nicht wie eine Königin, sondern wie eine Dirne verhalten. Viele Chroniken verurteilen ihr ehebrecherisches Liebesleben, in dem sie selbst vor Heiden nicht haltmachte, und ihren schlechten, sogar teuflischen Charakter. Aber die

Geschichtsschreibung wandelte sich: Im 19. Jahrhundert wurde sie als typische, sinnenfrohe und leidenschaftlich liebende Südfranzösin verklärt; heute gilt sie vielen als selbstbewusste, ja emanzipierte Frau, die unbeirrt und gegen alle Zwänge ihrer Zeit ihren persönlichen Lebensweg verfolgt habe. Eine solche Darstellung der Eleonore von Aquitanien vermittelte ausgesprochen überzeugend Katherine Hepburn in dem Hollywoodfilm *Ein Löwe im Winter*. War Eleonore nun das eine oder das andere?

Aquitanien war schon in römischer Zeit als reiche Gegend bekannt. Das fruchtbare »Land der Wasser« lebte vor allem von Salz- und Weinhandel. In der Zeit seiner größten Ausdehnung unter Eleonores Großvater reichte das Herzogtum von der Loire bis zu den Pyrenäen. Berühmt wurde es außerdem für seine Troubadoure, die bei Hofe mit galanten Liebesgesängen für Kurzweil sorgten. Eleonores Vater Wilhelm X. war in Nachfolgeschwierigkeiten, nachdem sein Sohn früh verstorben war. Um den Herrschaftsanspruch der Familie zu sichern, vertraute er seine älteste Tochter Eleonore dem französischen König an. Der bestimmte sie zur Braut seines Sohnes und starb wie Eleonores Vater kurz danach. Im Sommer 1137 fand in Bordeaux die glanzvolle Trauung der 16-Jährigen mit Ludwig statt, gleich anschließend wurde Eleonore zur Königin von Frankreich und zwei Wochen später zur Herzogin von Aquitanien gekrönt. Bei diesen Entwicklungen war Eleonore noch passiver Spielball von dynastischen, politischen und kirchlichen Interessen gewesen. Auch als Königin von Frankreich spielte sie politisch keine besondere Rolle.

Das französische Königshaus besaß damals nur nominell die Herrschaft über ganz Frankreich; tatsächlich reichte seine Macht aber nicht über die Île-de-France hinaus, die französischen Kernlande um Paris. Ludwig VII. versuchte wie seine Vorgänger, seine Macht zu konsolidieren und dabei insbesondere das große und wichtige Aquitanien enger an das Königshaus zu binden.

Zur Sicherung der Macht gehörte natürlich auch ein Thronfolger, aber Eleonore schenkte Ludwig zunächst gar keine Kinder und schließlich zwei Töchter, die aber für die Thronfolge nicht infrage kamen.

Weihnachten 1145 gab Ludwig bekannt, er werde am zweiten Kreuzzug teilnehmen, um im Heiligen Land den Vorstoß muslimischer Heere zu stoppen. Vermutlich, weil es auch um ihren Onkel Raimund ging, ihr nächster Verwandter und Herrscher über das christliche Fürstentum Antiochia, entschied sich Eleonore mitzukommen. Möglicherweise war schon damals das Verhältnis der Eheleute nicht das beste, und angesichts Ludwigs Eifersucht und seines Unwillens, Raimund militärisch unter die Arme zu greifen, fielen Warnungen seiner Begleiter über eine nicht statthafte Nähe zwischen Onkel und Nichte auf fruchtbaren Boden. Hier entstand, ob berechtigt oder nicht, das Bild Eleonores als untreuer Gattin, das sie nicht mehr loswerden sollte. Ludwig zwang Eleonore, mit ihm nach Jerusalem weiterzuziehen, anstatt Raimund zu helfen, der im Jahr darauf im Kampf gegen die Muslime fiel. Das Verhältnis der Königsleute wurde durch die Frage frommer Kreuzzug oder Familienhilfe endgültig zerrüttet, und Eleonore betrieb die Auflösung der Ehe, weil sie und Ludwig zu eng verwandt seien. Sie soll außerdem geklagt haben, ihr Gatte sei eher Mönch als Mann.

1152 wurde die Ehe zwischen Ludwig und Eleonore für ungültig erklärt. Ludwig konnte sich, auch wenn er Aquitanien nun wieder verloren hatte, nach einer neuen Frau umsehen, die ihm den dringend erwünschten Thronfolger schenken würde. Eleonore hatte in der Zwischenzeit Gottfried von Anjou, Herzog der Normandie, sowie dessen Sohn Heinrich kennengelernt. In den Aussagen einiger Chroniken, sie habe noch vor ihrer Scheidung mal mit dem einen, mal mit dem anderen Ehebruch betrieben, setzten sich die Verleumdungen des Kreuzzuges fort. Aber vermutlich hatte sie sich längst entschieden, erneut zu heiraten: 1152 wurde die nunmehr 30-Jährige die Frau von Heinrich Plantagenet, 19 Jahre alt, Graf von Anjou, Maine und Tourraine, Herzog der Normandie. Es mag sein, dass Liebe im Spiel war, aber in jedem Fall suchte sie sich den Mann aus, der einem mächtigen Fürstenhaus entstammte und ihr kostbares Erbe Aquitanien vor dem französischen König schützen konnte.

Ludwig von Frankreich erkannte die zweite Ehe seiner Exfrau nicht an, während Eleonore schon bald einen Sohn und Erben für ihr Herzogtum bekam. Ihr neuer Gatte war aber nicht nur ein mächtiger Franzose, sondern auch Sohn einer englischen Königstochter und verwitweten Kaiserin, die ihre Ansprüche auf den englischen Thron an Heinrich weitergab. Nach seiner Heirat mit Eleonore zog Heinrich nach England und erreichte nach militärischen Erfolgen, dass der englische König sein Erbrecht anerkannte. Dieser Erbfall trat schon im Jahr darauf ein, und Eleonore war fortan nicht mehr nur Herzogin von Aquitanien und der Normandie sowie Gräfin von Anjou, sondern auch Königin von England – eine unerhörte Karriere, die ihr die französischen Propagandisten während des Hundertjährigen Krieges als Vaterlandsverrat auslegen sollten.

Allerdings waren auch diesmal ihre politischen Einflussmöglichkeiten, zumindest in England, beschränkt, und erneut erwies sich das Eheglück als nicht von Dauer. Trotzdem bekam Eleonore mit Heinrich insgesamt acht Kinder, von denen viele später zu Königswürden kamen. Ihre Söhne zerstritten sich 1173 über Erbschaftsfragen mit dem Vater, und Eleonore übernahm, diesmal sehr zum Unwillen der englischen Chronisten, Partei für ihre Söhne und gegen den König, ihren Mann. Das brachte ihr Gefangenschaft ein, die über ein Jahrzehnt andauern sollte. Heinrich hatte, wie allgemein üblich, derweil zahlreiche Liebschaften, darunter eine ernsthafte zur schönen Rosamund. Den

Tod dieser Königsgeliebten haben Chronisten mit dem Hausarrest Eleonores in Verbindung gebracht: Auf die verschiedensten Arten soll sie die Nebenbuhlerin getötet haben: mal durch Gift, mal mittels einer Hexe durch Giftkröten auf ihrer Brust, mal ließ sie sie beim Baden ermorden. Auch diese Geschichten sind Erfindungen und üble Nachrede.

Als Heinrich 1189 starb und Richard Löwenherz König von England wurde, verschaffte er seiner Mutter erheblichen Einfluss im Königreich. Mit seinem Bruder Johann blieb das Verhältnis schwierig, und als Richard auf dem Weg ins Heilige Land in Gefangenschaft geriet, sah sich Johann schon am Ziel seiner Wünsche: der englischen Krone. Eleonore dagegen setzte Himmel und Hölle in Bewegung, um das Lösegeld für ihren Sohn aufzutreiben. Sie bekam Richard frei, der nach England zurückkehren konnte. Nach dessen kinderlosen Tod bot sie erneut alle Kräfte auf, um ihrem jüngsten Sohn die Krone zu sichern. Trotz zeitweise chaotischer politischer Verhältnisse in England und trotz des Machtkampfes zwischen ihren Söhnen Richard Löwenherz und Johann Ohneland blieb Eleonore bis ins hohe Alter einflussreich.

Die außergewöhnliche Biografie Eleonores reizte die Chronisten schon zu ihren Lebzeiten. Zahlreiche Legenden wurden gestrickt, von der leichtlebigen und sinnenfreudigen »Königin der Troubadoure« bis zur ehrlosen Dirne, die sich sogar mit einem Heiden einlässt, von der eifersüchtigen Giftmischerin bis zur machtversessenen Mutter, die ihre Söhne in den Krieg treibt. Aber neutraler betrachtet erweist sich ihr Leben im Kern als sehr viel weniger extrem: Eleonore von Aquitanien war eine selbstbewusste, starke und tapfere Frau, die sich unter den politischen Umständen ihrer Zeit behaupten wollte. Im Vordergrund stand dabei stets die Wahrung der Interessen ihrer Heimat Aquitanien. Gleich danach folgten in Eleonores Prioritätenkatalog das Wohl

ihrer Kinder und die Sicherung ihres Erbes. Ihre beiden Ehemän-
ner hatten das stolze Herzogtum wie eine territoriale Manövriermasse behandelt, und daran waren beide Ehen gescheitert – und
nicht an einer besonders ausgeprägten, verwerflichen Leidenschaft, wie ihr die (männlichen) Chronisten nach ihrem Tod
unterstellten, weil sie alles Weibliche als gefährlich und sündig
ansahen. Eleonore teilt das Schicksal vieler Frauen, die in einer
von Männern dominierten – und dokumentierten – Politik mit-
mischten. Der Ruch der heißblütigen Ehebrecherin prägte ihr
Image über Jahrhunderte, und mit wechselnden Akzenten tra-
ten ihr angeblicher Verrat an französischen Interessen oder ihr
Ungehorsam gegen den englischen König hinzu.

DIE MONGOLENSCHLACHT BEI LIEGNITZ
SIEG ODER NIEDERLAGE?

In der europäischen Geschichte nimmt die Abwehr der Türken vor Wien 1683 einen wichtigen Platz ein – als Verteidigung des Abendlandes und seiner christlichen Tradition, als Sicherung einer eigenständigen Existenz gegen Fremdherrschaft und islamische Vereinnahmung. Ähnlich schicksalhafte Bedeutung wurde über Jahrhunderte der heute gleichwohl weniger populären Mongolenschlacht bei Liegnitz 1241 beigemessen. Immerhin hatten die Mongolen Anfang des 13. Jahrhunderts angesetzt, die gesamte bekannte Welt zu erobern und ihrer Herrschaft zu unterwerfen. Weiter westlich als Schlesien drangen sie aber nie vor, wenn sie auch nach der Schlacht bei Liegnitz noch Ungarn bezwangen und mit brutaler Terrorherrschaft für kurze Zeit in Angst und Schrecken versetzten. Ist es also nicht folgerichtig, der Schlacht bei Liegnitz den entscheidenden Anteil an der Verteidigung des Abendlandes gegen die unchristlichen Barbaren zuzuschreiben?

Die spärliche Quellenlage zur Schlacht begünstigte die Verklärung, denn verlässliche Einzelheiten darüber liefert keine einzige zeitgenössische Chronik. Erst 200 Jahre später wurde die Schlacht in den Annalen des polnischen Geschichtsschreibers Jan Długosz ausführlich beschrieben, aber dieser Bericht wird als nicht glaubwürdig eingestuft. Die Umstände der Schlacht lassen sich trotzdem einigermaßen rekonstruieren: Anfang 1241 erreichte die Schreckensnachricht Polen und das schlesische

Herzogtum: Aus Osten näherten sich unter Führung von Batu Khan, eines Enkels Dschingis Khans, mongolische Reiterheere, die bereits Moskau und Kiew erobert hatten und bald darauf auch Krakau brandschatzen würden. Das Hauptheer zog gen Ungarn; eine kleinere, gleichwohl mächtige Abteilung hatte Schlesien im Visier. Der schlesische Herzog Heinrich II. stellte sich mit seinem Heer auf der Wahlstatt bei Liegnitz den gefürchteten Mongolen entgegen. Die Eindringlinge kamen so schnell vorwärts, dass die angeforderten böhmischen Hilfstruppen nicht mehr rechtzeitig eintrafen. Heinrich ließ im heldenhaften Kampf sein Leben, seine Streitmacht ging kläglich unter. Mühelos hatten die »Tataren« den militärischen Sieg errungen, da Heinrich und seine Männer hoffnungslos in der Minderheit waren. Die Verluste waren immens, man spricht von 30 000 Toten.

Dass die »asiatischen Horden« aber nach der Schlacht trotzdem abdrehten, anstatt den freien Weg nach Westen einzuschlagen, wurde zum entscheidenden Argument für den Triumph des Christentums in dieser Schlacht. Schon bald nach der Niederlage wurde Herzog Heinrich als christlicher Märtyrer verehrt. Im 16. Jahrhundert wurde die Schlacht von Liegnitz vollends zum entscheidenden Erfolg über die Heiden stilisiert. Dass die christlichen Soldaten unterlegen waren, fiel nicht weiter ins Gewicht, hatten sie doch die Mongolen angeblich so beeindruckt, dass diese nach dem Kampf abgezogen waren. Seither gehörte es zum schmückenden Beiwerk in den Familienchroniken schlesischer und polnischer Adeliger, Kampfteilnehmer unter den Vorfahren gehabt zu haben. In der Propaganda der jeweiligen Zeit diente die Schlacht als Thema – sei es in konfessionellen Auseinandersetzungen oder in der am Ende des 18. Jahrhunderts einsetzenden nationalistisch gefärbten Geschichtsschreibung. Den Mittelpunkt bildete nach wie vor der vermeintliche Sieg über die mongolische Bedrohung des christlichen Abendlandes, nun aber reklamierten Böhmen und Polen, Ungarn und Deutsche das Hauptverdienst jeweils für sich und werteten den Anteil der anderen Nationen ab. Seinen Höhepunkt fand die propagandistische Verwertung während des Zweiten Weltkrieges, zumal der 700. Jahrestag der Schlacht in diesen Zeitraum fiel. Unverfrorener als je zuvor wurde deutscher Größe die Abwehr der Mongolen zugeschrieben und die Schlacht in Analogie gesetzt zur Lage des Deutschen Reiches im Kriegsjahr 1941. Nach dem Zweiten Weltkrieg wiederum beschrieb die polnische Geschichtsschreibung den schlesischen Herzog Heinrich II. als Polen, der mit polnischen Soldaten die Mongolen zurückgeschlagen habe. Mit anderer Nationenzuordnung urteilten Historiker der Bundesrepublik nach 1945 nicht viel anders: Hier war es der deutsche Herzog von Schlesien mit seinem deutschen Heer. Erneut geriet die Niederlage zur Petitesse, weil die »Abwehr« der Mongolen letztlich gelungen war.

Längst aber lassen sich die Ereignisse im April 1241 nüchtern einordnen: Die Rettung des Abendlandes erfolgte nicht auf der Wahlstatt bei Liegnitz, wo ja nur der kleinere Teil der mongolischen Streitmacht kämpfte. Der Abzug ist auch nicht etwa darauf zurückzuführen, dass die – ebenso deutschen wie polnischen – Truppen die Mongolen so tief beeindruckt hätten. Ziel des mongolischen Zuges war von vornherein Ungarn, das Batu Khan auch tatsächlich einnehmen konnte. Der Zug nach Schlesien diente einzig dem Zweck, den Ungarn die Nachschubwege verbündeter Länder abzuschneiden. Das gelang, und die Mongolen konnten Ungarn erobern. Dass sie sich trotzdem schon bald wieder aus Europa zurückzogen, hat zwei Gründe: Zum einen waren die Verluste groß, zum anderen zog es die mongolischen Heerführer in die Heimat zurück, um auf die Nachfolge des inzwischen verstorbenen Großkhans Einfluss zu nehmen. In der Folge zerbrach die Einheit der mongolischen Führer, die den

Westfeldzug erst ermöglicht hatte. Vier Jahrzehnte dauerte es daher, bis mongolische Reiterhorden erneut Ungarn einnehmen wollten – aber der ungarische König Béla IV. hatte seine Lektion gelernt und sein Land in der Zwischenzeit erfolgreich gewappnet.

Selbst Johann Wolfgang von Goethe zeigte sich gegenüber seinem Gesprächspartner Eckermann bereits 1825 enttäuscht über die sich abzeichnende Notwendigkeit, die Schlacht neu zu bewerten: »Diese Tapfern lebten daher bis jetzt immer in mir als große Retter der deutschen Nation. Nun aber kommt die historische Kritik und sagt, daß jene Helden sich ganz unnütz aufgeopfert hätten, indem das asiatische Heer bereits zurückgerufen gewesen und von selbst zurückgegangen sein würde. Dadurch ist nun ein großes vaterländisches Faktum gelähmt und vernichtet, und es wird einem ganz abscheulich zumute.«

DER HL. ANTONIUS
WER BESITZT DIE ECHTEN RELIQUIEN?

Im christlichen Europa des Mittelalters erfüllten die Heiligen eine viel umfassendere Funktion als heute. Das lag zum einen an der universellen Bedeutung des Glaubens – Heilige waren als stets anrufbare Begleiter des täglichen Lebens der persönliche Trost der meist einfachen Gläubigen. Gebildeten Kirchenleuten dienten sie als intellektuell-spirituelles Vorbild. Sie waren aber auch regionale oder gar nationale Identifikationsfiguren. Der Besitz ihrer Reliquien bedeutete für Kirchen und Klöster nicht nur Prestige, sondern auch wirtschaftliche Vorteile, denn Wallfahrten waren im Mittelalter ein florierender Wirtschaftszweig. Mit einem Satz: Für eine Kirche, ein Kloster oder eine Stadt war es von erheblichem Wert, die – idealerweise vollständigen – sterblichen Überreste eines möglichst bedeutenden Heiligen zu besitzen.

Angesichts dieser weit mehr als nur religiösen Bedeutung von Reliquien ist es kein Wunder, dass es immer wieder zu Betrügereien kam. Bis ins 19. Jahrhundert hinein versuchten Gauner, angebliche Heiligenüberreste zu Geld zu machen, oft mit ebenso aufwendiger wie zweifelhafter Versicherung ihrer Authentizität.

Reliquien waren aber auch ein bedeutender Machtfaktor. Das Grab des wichtigsten französischen Nationalheiligen, des Märtyrers und ersten Bischofs von Paris, Dionysius, verlieh dem Kloster Saint-Denis, damals vor den Toren von Paris gelegen, großen politischen Einfluss. In der Abteikirche von Saint-Denis wurden über viele Jahrhunderte die französischen Könige begraben. Ebenso bedeutete eine enge Beziehung zu einem wichtigen Heiligen für Fürsten einen politischen Vorteil. Besonders glücklich schätzten sich Königshäuser wie beispielsweise das ungarische oder das französische, deren Stammbaum verdiente Heilige verzeichnet.

Ein solcher bedeutender Heiliger war Antonius, ein Einsiedlermönch, der hochbetagt Mitte des 4. Jahrhunderts starb. Und bis heute reklamiert die südfranzösische Stadt Arles, in ihrer Kirche Saint-Antoine (ursprünglich Saint-Julien) lägen die sterblichen Überreste des Heiligen.

Seit dem 11. Jahrhundert galt als gesichert, dass die Reliquien des hl. Antonius in der unweit von Grenoble gelegenen Klosterkirche Saint-Antoine ruhten, die zur Benediktinerabtei Saint-Pierre in Montmajour, etwa zehn Kilometer nördlich von Arles, gehörte. Insgesamt dreimal wurde zwischen 1131 und 1307 der Schrein geöffnet, um sich der Existenz der Heiligengebeine zu versichern. Spätestens als am Ende des 11. Jahrhunderts angesichts einer Epidemie von Mutterkornbrand, deren Ursache man sich nicht erklären konnte, Menschenmassen zum Antoniusgrab pilgerten, wurden die Reliquien zu einem wichtigen Wirtschaftsfaktor. Der hl. Antonius war nämlich der zuständige Heilige für Mutterkornbrand, auch Antoniusfeuer genannt. Folglich hatte die Antoniusverehrung Konjunktur, und eine Laienbruderschaft gründete sich, die rasch wuchs und zu erheblichem Wohlstand gelangte. Zwischen diesen Antoniusbrüdern und den Benediktinern von Montmajour aber kam es zu Auseinandersetzungen, die 1247 in der Erhebung der Bruderschaft zum Mönchsorden durch Papst Innozenz IV. und 1292 in der Vertreibung der Benediktiner gipfelten. Ausgleichszahlungen wurden vereinbart, die Trennung vollzogen. Wem aber gehörten die einträglichen Antoniusreliquien? Die Frage schwelte, während um finanzielle

Regelungen und Kompensationen über zweieinhalb Jahrhunderte gestritten wurde. An deren Ende wurde von Rom die Defacto-Auflösung der Benediktinerabtei verfügt; sie wurde mit Mann und Maus dem Antoniterorden unterstellt.

Wut und Rachsucht ließen die Ex-Benediktiner, die sich mit der Zwangsvereinigung nicht abfinden wollten, zu drastischen Mitteln greifen. Sie verbreiteten das Gerücht, in Besitz der Gebeine des hl. Antonius zu sein. Diese angeblichen Reliquien wurden nach Arles verlegt, um sie vor den königlichen Truppen, die die Sache der Antoniter vertraten, in Sicherheit zu bringen. Die ehemaligen Benediktiner wollten aber nicht nur Rache üben, sondern sich auch das einträgliche Geschäft mit Reliquien und Pilgerreisen sichern.

Der Betrug war eigentlich gar nicht sonderlich erfolgreich. Die Kirche ging dagegen vor; die Belege für ihren Reliquienbesitz blieben die Benediktiner schuldig – ja sie gaben im Verlauf des Verfahrens sogar zu, den echten Antonius gar nicht zu besitzen. Ihre Kirche besaß ja auch nicht einmal einen Altar, der dem Heiligen geweiht gewesen wäre – geschweige denn eine Krypta oder Kapelle. Die Kurie in Rom verpflichtete die Ex-Benediktiner von Montmajour, alle Aktivitäten zu unterlassen, die mit dem Betrug zusammenhingen: keine Verehrung der falschen Reliquien, keine organisierten Pilgerfahrten – wer sich nicht daran hielt, dem drohte die gefürchtete Exkommunikation. Das Eingreifen Roms beeindruckte die Benediktiner aber offenbar nicht allzu sehr, denn sie verschafften sich unter Androhung von Gewalt weitere Expertisen, die die Echtheit ihrer Reliquien erneut bestätigten. Die Antoniter dagegen ließen publikumswirksam ihr Antoniusgrab öffnen, das tatsächlich noch immer die Gebeine des Heiligen enthielt.

Ende des 15. Jahrhunderts war der Streit zwischen beiden Kirchen auf seinem Höhepunkt – Antoniter wurden in Montmajour von den verfeindeten Benediktinern verprügelt, Missliebige kurzerhand eingesperrt, regelrechte Unruhen wegen der Affäre erschütterten die Region um Arles.

Der Papst musste erneut eingreifen. Er machte die Zwangsvereinigung der beiden Klöster rückgängig und schaffte einen finanziellen Ausgleich, der alle weltlichen Streitereien begrub. Nur in der Verehrung der Reliquien des hl. Antonius änderte sich nichts: Die Benediktiner von Arles blieben bei ihren Prozessionen, Wallfahrten und Heiligenfesten. Im 19. Jahrhundert noch erlaubte die Kirche der Stadt Arles, dem hl. Antonius zu huldigen, auch wenn dort zweifellos keine seiner Reliquien aufbewahrt werden.

Dabei sind sich die Historiker nicht einmal einig, ob überhaupt jemals eine Kirche oder ein Orden im Besitz der wahren Antoniusreliquien gewesen war. Der hochbetagte Heilige hatte nämlich kurz vor seinem Tod irgendwo in der afrikanischen Wüste seine Begleiter angewiesen, niemandem zu verraten, wo sie ihn begraben würden. Daran scheinen sich die beiden jungen Mönche respektvoll gehalten zu haben. Denn wie durch ein Wunder gefunden wurden die angeblichen sterblichen Überreste des hl. Antonius erst zweihundert Jahre später.

ROBIN HOOD
HAT DER WOHLTÄTIGE RÄUBER
JE EXISTIERT?

Der edle Räuber aus dem Nottingham Forest ist seit Jahrhunderten eine ebenso bekannte wie beliebte Figur. Balladen, Theaterstücke und Erzählungen widmen sich seiner Geschichte, Kinder verschlingen begeistert Bücher über seine Abenteuer. Zu seiner inzwischen weltweiten Popularität haben in unserer Zeit vor allem die Verfilmungen der Geschichte von Robin Hood beigetragen. Ob der kuschelige Fuchs in Walt Disneys Zeichentrickfilm von 1973, ein rassiger Errol Flynn im Hollywoodklassiker von 1938 oder der solide Kevin Costner in der Verfilmung von 1991 – Robin Hood ist ein ungemein positiver Held. Meist wird er nicht nur als mutiger Kämpfer für die Armen dargestellt, sondern auch als Nationalheld, der gegen die Unterdrückung der Engländer durch die normannischen Besatzer aus Frankreich kämpft. So politisch korrekt erscheint sein selbstloses Wirken, dass sogar eine Umweltschutzorganisation guten Gewissens den Namen des Gesetzlosen und ausgezeichneten Bogenschützen leicht abgewandelt annehmen konnte – und darauf vertrauen durfte, dass der Bezug jedem deutlich wird.

Robin Hood – das ist der aufrechte, die Gerechtigkeit liebende, fromme Ehrenmann und geächtete Adelige, der einem verschuldeten Ritter zur Seite springt, mit der Kirche und dem Gesetz in Konflikt gerät und mit seinen treuen Gefährten Little John und Bruder Tuck im Wald lebt. Robin, der den Armen gibt, was er den Reichen genommen hat, wird schließlich zum Mörder des Sheriffs von Nottingham – ein übler Schurke, der kein anderes als dieses Schicksal verdient hat. Von König Richard Löwenherz begnadigt, gelangt er an dessen Hof, wo er es aber nicht lange aushält. Er kehrt zurück in seine Wälder, wo er schließlich, zwanzig Jahre später, durch Verrat zu Tode kommt. Robin Hood ist trotz seiner Stellung außerhalb der Gesellschaft der Nobelmann schlechthin: frommer als die Kirchenleute, ehrenhafter als die Geschäftsleute, gerechter als die Gesetzeshüter und großzügiger als die Reichen. Er ist der Vorläufer von Jesse James und Billy the Kid, von Bonnie und Clyde, Superman und Spiderman.

Natürlich gehen wir nicht davon aus, dass Robin Hood genau so existiert hat, wie uns die Filme, Jugendbücher und Comics nahelegen. Aber gegeben hat es Robin Hood durchaus, einen wahren Kern besitzen diese unterhaltsamen Geschichten – die Legende des ritterlichen *outlaw*, der Bericht des unerschrockenen Kämpfers für sein Vaterland –, die ein romantisches Bild vom Mittelalter vermitteln. Oder etwa nicht?

In der Tat reicht die Legende von Robin Hood sehr weit zurück. Erstmals erwähnt wird sie bereits 1377, die erste schriftliche Fassung stammt aus der Mitte des 15. Jahrhunderts. Drei schottische Chronisten des 15. und 16. Jahrhunderts gaben dem Helden der Erzählung auch schon eine historische Zuordnung: Sie verlegten seine Abenteuer mal ans Ende des 12. Jahrhunderts, mal in die Mitte und auch ans Ende des 13. Jahrhunderts.

Ziehende Spielleute und wandernde Geschichtenerzähler verbreiteten die Legende und ergänzten sie nach Belieben oder Bedarf. Die vornehmlich mündliche Wiedergabe führte dazu, dass die Erzählung über die Generationen entwickelt und mit anderen Überlieferungen angereichert wurde. Mit Sicherheit kennen wir nicht mehr alle Versionen, die über das Leben des Robin Hood kursierten. Andererseits lassen sich Spuren weiterer bekannter Geschichten in den Berichten über Robin Hood identifizieren. Mit der Erfindung des Buchdrucks wurde dann der Stoff auf Papier weiter verbreitet und sein Inhalt beständiger.

Das lange Leben als Legende gab natürlich reichlich Gelegenheit für Ausschmückungen. Und so muss hier die Demontage des stolzen Helden beginnen, den wir seit unserer Kindheit so lieb gewonnen haben: In den frühen Chroniken ist Robin Hood ein bloße Lokalfigur und kein Kämpfer für die Ehre Englands. Auch zum Adligen wird er erst im 16. Jahrhundert, und zum englischen Nationalhelden im Kampf gegen die Normannen gar erst um 1800. Und selbst die wohl beliebteste Eigenschaft des Robin Hood wurde erst später hinzugefügt: Die frühen Legenden wissen nichts von einem Wohltäter, der die Reichen beraubt, um das Elend der Armen zu lindern. Dort stellt sich der Gesetzlose eher als begeisterter, blutrünstiger Kämpfer dar, der seine Gegner brutaler als nötig zur Strecke bringt: Der Sheriff wird nicht nur erschossen, sondern auch noch enthauptet; ein anderer Feind wird erschlagen, sein Haupt abgetrennt und aufgespießt umhergetragen. Die eigentliche Legende verherrlicht das gewaltsame Leben der Ausgestoßenen, die im Mittelalter den Schutz der Wälder suchten und im Streit schon mal zum Mörder wurden. So, wie das tatsächlich überaus gefährliche und beschwerliche Leben im mittelalterlichen (Ur-)Wald romantisch verklärt wird, werden die Verbrecher zu Helden gemacht, die sie gar nicht waren.

Das alles klingt recht eindeutig nach einer Legende ohne Hand und Fuß. Und wirklich hat zu Robin Hoods angeblichen Lebzeiten kein Chronist seine Abenteuer aufgeschrieben – wo sie doch spektakulär genug gewesen wären, um schriftlich festgehalten zu werden. Nirgendwo bezeugt jemand, diesen Mann gekannt zu haben. Hat es also nie einen wirklichen Robin Hood gegeben, wie häufig behauptet wird?

In alten Urkunden taucht aber wirklich eine Variante des

Namens Robin Hood auf: Ein Mann stand 1261 vor Gericht und erhielt ein Jahr später den Spitznamen Robehod – das lässt vermuten, dass der Genannte bereits einen gewissen Ruf hatte und dieser Ruf mit einem bestimmten Namen verbunden wurde. Der erste ähnlich genannte Träger ist uns aus einem Dokument von 1226 bekannt. Darin geht es um einen Geächteten namens Robert Hod – möglicherweise ist das der Mann, auf den all die Legenden zurückgehen. Andererseits kam dieser Name häufiger vor, wenn auch nicht gerade in Zusammenhang mit einem Gesetzesbrecher, der an unseren Robin Hood zumindest erinnert. Für diesen Robert Hod als den echten Robin Hood spricht außerdem, dass im Zusammenhang mit ihm von einem Mann die Rede ist, der später Sheriff von Nottingham wird – auffällig, wo doch die Legende von einem solchen Sheriff als dem Erzfeind Robins spricht. Aber ein Beweis ist auch dies nicht.

Schon Mitte des 19. Jahrhunderts verbannte ein britischer Gelehrter Robin Hood kaltblütig ins Reich der Legende. Er behauptete, der Name sei eine abgewandelte Form von »Robin of the Wood«, was in Zusammenhang mit Märchenerzählungen und Aberglauben stehe, die die Menschen damals mit dem Wald in Verbindung brachten. Aber auch dafür blieb der kluge Mann einen Beweis schuldig,

In jedem Fall erwähnen Chroniken seit dem späten 13. Jahrhundert gelegentlich »Robinhood« als Bei- oder Spitznamen. Das ist ein deutliches Indiz dafür, dass zu dieser Zeit die Legende von Robin Hood bereits bekannt war.

Es gilt also weiterhin, was der wohl beste britische Robin-Hood-Kenner James C. Holt einmal geschrieben hat: Die Frage, wer Robin Hood war, ist weit weniger bedeutsam als das beharrliche Fortleben der Legende. Über die Jahrhunderte wurde die Legende immer wieder verändert und den Bedürfnissen einer neuen Zeit angepasst. Und ein anderer Robin-Hood-Fachmann meinte, jede Generation bekomme den Robin Hood, den sie verdient. Vielleicht ist also die spannendste Frage, was aus Robin Hood noch alles werden kann.

SODOM UND GOMORRHA
DER PROZESS GEGEN DIE TEMPELRITTER?

Mit dem Welterfolg des Buches *Sakrileg* von Dan Brown sind die legendären Tempelritter eindrucksvoll ins öffentliche Bewusstsein zurückgekehrt. Ganz vergessen waren sie aber nie – seit ihrer Zerschlagung Anfang des 14. Jahrhunderts geistern sie munter durch die Welt des Okkulten, der Verschwörungstheorien und des Unerklärlichen. Der wohl beliebteste Mythos besagt, die Templer seien die Hüter des Heiligen Grals, der die letzten Geheimnisse der Welt berge. Diese Tradition begann schon zu Lebzeiten des Ordens zu Beginn des 13. Jahrhunderts mit dem *Parzival* des Wolfram von Eschenbach. Nach ihrer Zerschlagung hieß es dann, einige Tempelritter seien abgetaucht, um im Geheimen weiter ihrer heiligen Aufgabe nachzugehen. Später wurden die geheimnisvollen Freimaurer in ihre Nachfolge gestellt, weil auch in ihrer Tradition der Tempel von Jerusalem eine Rolle spielt. Schwer entschlüsselbare Symbolik in alten Kirchen wurde den Templern untergeschoben, deren Entzifferung das Welträtsel lösen werde. Seinen bisher letzten Höhepunkt fand der Mythos der Tempelritter in *Sakrileg*, wo die Templer zusammen mit den Nachfahren Jesu und Maria Magdalenas als Hüter des Heiligen Grals auftauchen. Andere Ritterorden des Mittelalters genießen keine solche Popularität – aber sie fanden auch kein so plötzliches, grausames Ende, das damals die Welt erschütterte und bis heute Spekulationen geradezu herausfordert.

Der Ritterorden der Templer wurde 1120 in Jerusalem gegründet, um die christlichen Pilger zu schützen, die nach der Eroberung Jerusalems im ersten Kreuzzug in großer Menge die Heilige Stadt besuchten. Als im Verlauf der Kreuzzüge immer mehr christliche Fürstentümer im Heiligen Land gegründet wurden, übernahmen die Templer zusammen mit anderen Ritterorden deren Verteidigung. Auch an der Rückeroberung islamischer Territorien der iberischen Halbinsel, der sogenannten Reconquista, waren die Tempelritter beteiligt. Der Orden war direkt dem Papst unterstellt; die eigentlich zweifelhafte Verbindung von Gebet und Kampf wurde durch die Idee des gerechten, also gottgefälligen Krieges begründet.

Die Templer gelangten rasch zu hohem Ansehen und wurden mit Besitztümern in Europa reich beschenkt. Daneben betätigten sie sich so erfolgreich im Bankwesen, dass die Könige von Frankreich und England dem Orden ihre Schätze anvertrauten. Die Ritter des Tempelordens galten als überaus mutige und disziplinierte Kämpfer, aber auch als tollkühn und überheblich. Vor allem zu dem anderen großen Ritterorden, den Johannitern, standen sie in ständiger Konkurrenz. Es war aber nicht nur ihre Arroganz, die sie unbeliebt machte – die Templer hatten durch ihr Geschäftsgeschick und ihre Privilegien Reichtümer angehäuft, die längst sprichwörtlich geworden waren. Vor allem die französischen Könige verließen sich auf ihre Schlagkraft genauso wie auf ihre Schatztruhen, wenn sie zum Kreuzzug ins Heilige Land aufbrachen. Der berechtigte Eindruck war entstanden, dass ohne die Templer nichts mehr ging. Und dass sie satt und selbstgerecht geworden waren und sich längst weit von ihren Prinzipien entfernt hatten, war offensichtlich. Man könnte sagen, die Templer hatten außerhalb ihrer elitären Welt ein echtes Imageproblem. Und als das Heilige Land wieder an die Muslime verloren ging, trug das zu ihrem Ansehen nicht gerade bei.

Zum Totengräber des mächtigen Ordens machte sich der französische König Philipp IV. In einer beispiellosen, bestens vorbereiteten geheimen Polizeiaktion ließ er im Morgengrauen des 13. Oktober 1307 alle Templer in seinem Herrschaftsbereich verhaften und wegen Häresie anklagen. Nahezu widerstandslos ließen sich die Ritter abführen. Der gesamte Besitz des Ordens wurde konfisziert. Papst Clemens V., eigentlich Schutzherr des Ordens, ahmte das Beispiel Philipps nach und ließ die Templer überall im christlichen Abendland verfolgen. Zwar versuchte er, die Ordensleute vor ein päpstliches Gericht zu stellen, konnte sich gegen den mächtigen Philipp aber nicht durchsetzen. Clemens war unklug vorgegangen und hatte die Entschlossenheit des französischen Königs, den er zutiefst fürchtete, bei Weitem unterschätzt. Die französische Krone führte über Jahre einen spektakulären Schauprozess im Gewand eines ordentlichen Inquisitionsverfahrens gegen die Templer. Die immer zahlreicheren Anschuldigungen reichten von Gotteslästerung über sexuelle Perversion, Kreuzbesudelung und widernatürliche Unzucht bis Götzenanbetung und Kontakt mit Ungläubigen. Die Anklage Philipps IV. – der sich als Schutzherr des Glaubens bezeichnete – ließ die Templer als Schandfleck der Christenheit erscheinen, zu deren Verteidigung sie gut achtzig Jahre zuvor doch überhaupt gegründet worden waren! Immer neue Geständnisse wurden den Rittern unter der Folter abgepresst, und der Katalog der ketzerischen Handlungen ähnelte schließlich auffällig stereotyp dem, den man aus anderen Diffamierungskampagnen des Mittelalters kennt. Obwohl die Vorwürfe erkennbar vorgeschoben waren und der Prozess politisch motiviert war, regte sich wenig Widerstand gegen die Vernichtung des Ordens; nicht einmal andere Fürsten eilten den Tempelrittern zu Hilfe. Allenfalls Schweigen drückte Ablehnung aus, aber niemand wagte es, dem französischen König offen entgegenzutreten.

Philipps Taktik ging schließlich auf, der Schuldspruch erging, und der Papst selbst ließ den Orden auf dem Konzil von Vienne 1312 aufheben. Den beachtlichen Grundbesitz sprach er den Johannitern zu. Die Ritter selbst kamen frei, wenn sie ihre angeblichen Verbrechen bekannten, wurden aber öffentlich verbrannt, wenn sie auf ihrer Unschuld bestanden. So erging es neben vielen anderen dem 23. und letzten Hochmeister des Templerordens, Jacques de Molay, über den an einem Frühlingstag des Jahres 1314 vor dem Hauptportal der Pariser Kathedrale Notre-Dame das Urteil gesprochen wurde. Ein paar Steinwürfe entfernt wurde er kurz darauf dem Feuer übergeben. Er bat noch darum, so an den Pfahl gebunden zu werden, dass er im Sterben die Türme von Notre-Dame sehen könne.

Schon die Zeitgenossen reizte der Schauprozess zu konkreten Überlegungen, was jenseits der schlagzeilenträchtigen Beschuldigungen der eigentliche Grund für das Vorgehen gegen den mächtigen Orden war. Politische und finanzielle Motive galten als ausgemacht. In der Tat hatte der französische König allen Grund, sich der Templer zu entledigen, denn er konnte ihr Geld nur zu gut gebrauchen, war er doch bei dem Orden hoch verschuldet. Ähnlich handstreichartig hatte er ein paar Jahre zuvor bereits Juden, dann italienische Bankiers aus Frankreich vertrieben und sich ihres Vermögens bemächtigt. Unter anderem wegen seiner vielen Kriege war Philipp beständig knapp bei Kasse. Ein anderes denkbares Motiv war der Wunsch Philipps, selbst Sohn und Enkel von Kreuzfahrern, seinerseits ins Heilige Land zu ziehen, um Jerusalem zu befreien. Dafür hatte er einen neuen, und zwar einzigen Ritterorden unter seiner Führung im Sinn, statt der vielen bestehenden, die als von ihm unabhängige Mächte unterschiedliche Interessen verfolgten – da waren die mächtigen Templer als Erste im Weg. Und wie so oft könnten die Tempelritter auch als Sündenbock gedient haben: um von Rezession, Inflation und Steuererhöhungen abzulenken, die Frankreich ertragen musste.

Aber mehr noch als diese Gründe könnten andere politischreligiöser Art zum Tragen gekommen sein: Die Vernichtung der Templer lässt sich nämlich durchaus als Mosaikstein in Philipps Politik einordnen, Frankreich in Europa und innerhalb der Christenheit zu einer dauerhaften Vormachtstellung zu verhelfen. Philipp, ein asketischer Witwer, der seine strengen moralischen Prinzipien unnachgiebig durchsetzte, sah sich in der Tat als *der* Vorzeigechrist. Vieles spricht dafür, dass er selbst glaubte, was den Templern vorgeworfen wurde, und sich angesichts eines schwachen Papstes zum, wie er meinte, gerechtfertigten Handeln veranlasst sah. Philipp hatte den von seinem hohen Amt sichtlich überforderten Papst Clemens V. schon seit Jahren propagandistisch bekämpft – es fehlte nicht mehr viel, das Oberhaupt der Kirche als gottlose Kreatur zu bezeichnen. Der glücklose Papst sah sich schließlich gezwungen, den besudelten Ritterorden zu opfern, um das Papsttum wenigstens einigermaßen handlungsfähig zu erhalten. Aber das misslang, und der Machtverlust des Papsttums symbolisierte sich darin ebenso wie in der »Babylonischen Gefangenschaft« der Päpste in Avignon, die unter Clemens V. begann. Aber auch Philipp konnte seine Ziele nicht weiterverfolgen – und damit diese Vermutungen bestätigen –, denn wie Papst Clemens starb er noch im Jahr des Templeruntergangs.

In seiner *Göttlichen Komödie* bezeichnete Dante die Tempelritter als Märtyrer und löste damit eine rege Diskussion über ihre Schuldfrage unter Intellektuellen aus, an der sich unter anderem Lessing, Hegel und Ranke beteiligten. Abgesehen von rationalen Erwägungen über die Gründe für diesen beispiellosen Prozess haben die Ereignisse schon im Mittelalter die Gerüchteküche in Betrieb gesetzt. Ein geheimes okkultes Treiben im Schutz der päpstlichen Privilegien wurde den Rittern unterstellt und dass es sich um machtgierige Männer gehandelt habe, die gottlos die Kirche für ihre Zwecke missbrauchten. Über die Jahre wuchsen die geheimen Schätze, die man dem Orden zuschrieb, und die okkulten Riten, die in geheimen Kellern ausgeübt wurden, fielen immer abgründiger aus. Besonders hartnäckig hat sich die Vorstellung gehalten, die Templer seien die Hüter einer Geheimlehre gewesen, die in Verbindung von Elementen aus den verschiedensten Kulturen und Religionen den Schlüssel zum Geheimnis der Welt berge. Auf diese Idee stützt sich auch Dan Browns Bestseller, der Versatzstücke von Pseudorätseln des christlichen Abendlandes zu einer zwar faszinierenden, aber unglaubwürdigen und leicht widerlegbaren Mixtur vermengt hat. Welches der genannten Motive für die Zerschlagung des Templerordens wirklich ausschlaggebend war, darin sind sich Historiker heute zwar nicht ganz einig. Aber unisono erklären und belegen sie, dass die Beschuldigungen gegen die Templer ebenso an den Haaren herbeigezogen wurden wie die verklärenden Vermutungen, die Mächtigen der Welt hätten sich 1314 einer gefährlichen Geheimgesellschaft entledigt.

GRAF DRACULA
BLUTSAUGENDER VAMPIR
AUS RUMÄNIEN?

Graf Dracula aus Transsilvanien gehört zu den berühmtesten Figuren der Literatur- und der Filmgeschichte. Seit der Erstausgabe von 1897 ist Bram Stokers Roman über den untoten Vampir Dracula in alle wichtigen Sprachen der Welt übersetzt worden und hat zahllose Autoren zu vergleichbaren Stoffen inspiriert. Die Zahl der Verfilmungen, die sich mal mehr, mal weniger werkgetreu an die Vorlage halten, ist von 200 nicht mehr allzu weit entfernt. Im rumänischen Transsilvanien boomt seit den frühen Neunzigerjahren der Dracula-Tourismus, bei dem die Besucher auf häufig unterhaltsame, seltener historische Art und Weise mit dem Vorbild für Stokers Titelheld Bekanntschaft machen. Aber hat es diesen Graf Dracula überhaupt gegeben? Und falls er je gelebt hat – war er wirklich der grausame Zeitgenosse, dem man lieber nicht persönlich begegnen möchte? Und war er überhaupt das Vorbild für den weltberühmten Grafen mit der Schwäche für frisches Blut?

Als Vorbild für Stokers Dracula gilt der walachische Fürst Vlad III. Tepes, der dadurch zum weltweit bekanntesten Rumänen der Geschichte wurde. Vlad lebte tatsächlich, nämlich im 15. Jahrhundert, und war mit Unterbrechungen rund sieben Jahre Herrscher des rumänischen Fürstentums Walachei – nicht vom benachbarten Transsilvanien, das damals zu Ungarn gehörte. Die Walachei stand zu dieser Zeit unter der Oberherrschaft des Osmanischen Reiches und war zwar nicht unabhängig, aber weitgehend selbstständig. Das Gebiet reichte etwa von den Karpaten bis zur Donau. Seinen Beinamen »Draculea« übernahm Vlad von seinem Vater Vlad II. Dracul – ob dies für »Teufel« stand oder sich einfach nur auf dessen Mitgliedschaft im Drachenorden des ungarischen Königs und späteren Kaisers Sigismund bezog, ist umstritten. Vlads III. anderer Beiname »Tepes« bedeutet »der Pfähler«, weil der walachische Fürst als besonders grausam galt und seine Feinde offenbar vorzugsweise tötete, indem er sie auf Pfähle spießen ließ. Vlad versuchte, sich durch wechselnde Bündnisse mit den Nachbarn Ungarn, Moldawien und Osmanisches Reich gegen einheimische Herausforderer zu behaupten und führte schließlich Krieg gegen die Türken. Erfolg hatte er dabei nur vorübergehend, geriet schließlich 1462 in ungarische Gefangenschaft und konnte die Macht erst 1476 zurückerobern. Schon bald aber besiegte ihn ein Rivale mithilfe der Türken und ließ ihn mitsamt seinem Gefolge erschlagen. Vlads Grab wurde bis heute nicht gefunden, an seinem vermeintlichen Bestattungsort fand man keine menschlichen Überreste.

Existiert hat ein Dracula also tatsächlich, aber ein Vampir ist Vlad Tepes nicht gewesen. Nichts in den Quellen weist darauf hin, dass er nach seinem Tod 1476 als Untoter sein Land heimgesucht hätte. Auch der Ruf besonderer Grausamkeit ist kritisch zu betrachten: Tod durch Pfählung war damals eine übliche Art der Todesstrafe, auch wenn Vlads Beiname und die Überlieferung darauf hinweisen, dass er diese Art der Bestrafung besonders oft angewandt hat. Er selbst hat diesen Beinamen jedoch nicht benutzt, sondern sich Draculea genannt. Als Pfähler wird er erst 1550 zum ersten Mal bezeichnet. Ihm wurden aber noch zahlreiche andere Grausamkeiten vorgeworfen, bis zu der Anschuldigung, er habe Mütter gezwungen, ihre eigenen Babys zu verspeisen. Das allerdings dürfte der allzu lebhaften Fantasie übelwollender Chronisten entsprungen sein. Ein erheblicher

Teil der Überlieferung stammt aus osmanischen, deutschen und anderen ausländischen Quellen, deren Urheber ein Interesse daran hatte, den Fürsten schlechtzumachen. Der viel beschworene, angeblich extrem ausgeprägte Sadismus Vlads lässt sich nicht nachweisen; eher hat er aus kühler machtpolitischer Erwägung mithilfe von Terror seine Ziele zu erreichen versucht: zur Abschreckung oder um Exempel zu statuieren. Immerhin war er permanent gefährdet und musste sich der Ansprüche diverser Thronanwärter erwehren. Seine Grausamkeiten, entschlackt von übertriebener Propaganda, erscheinen nicht viel größer als die anderer Herrscher jener Zeit. Die rumänischen Chronisten verschweigen seine Angewohnheit, Gegner pfählen zu lassen, ohnehin nicht. Dagegen beschreiben sie Vlad III. als Helden, weil er für die Unabhängigkeit von den Türken kämpfte, und scheren sich wenig um seinen übertrieben grausamen Umgang mit Gegnern und Abtrünnigen.

Der historische Dracula hat also sehr viel weniger Ähnlichkeit mit seiner literarischen Zweitausgabe als gemeinhin angenommen – aber war er dann überhaupt das historische Vorbild? Bram Stoker hat an seinem erfolgreichsten Buch fast ein Jahrzehnt gearbeitet und dafür umfassend recherchiert. Dabei ist er schon bald auf Transsilvanien und den dort verbreiteten Volksglauben mit seinen Mythen über Hexen und Vampire gestoßen.

Der walachische Fürst mit dem schlechten Ruf war aber nicht die Inspiration des Iren zu seinem Roman, denn Bram Stoker erfuhr erst im Verlauf seiner Vorbereitung von Vlad Tepes. 1890 wurde er auf den historischen Graf Dracula aufmerksam gemacht und fand in ihm eine Vorlage für den Transsilvanier, den er bereits im Kopf hatte. Daher änderte er seinen Plan: Statt »Wampir« hieß der blutsaugende Graf fortan ebenso Dracula wie das Buch, dessen Titel ursprünglich »Der Untote« hatte lauten sollen. Dass Stoker die Handlung in Transsilvanien ansiedelt, liegt nicht an

mangelnden geografischen Kenntnissen, sondern war die bessere Wahl. Transsilvanien hatte damals bereits den passenden Ruf
als rückständiges, geheimnisvolles und unergründliches Land, in
dem einfache, zutiefst abergläubische Menschen wohnen. Die
Walachei konnte mit einer solchen Reputation nicht aufwarten.
Auch wenn man die Grausamkeiten des historischen Dracula
nicht kritisch relativiert, fehlen dem angeblichen Vorbild auch
andere Eigenschaften der Romanfigur, vor allem dessen Kulti-
viertheit.

Die Figur des Dracula ist daher ein klassisches Schriftstel-
ler-Patchwork. Stoker recherchierte umfassend und verwendete diverse Aspekte und Details, die er für sein Buch und dessen
Helden verwendete. Im 18. und 19. Jahrhundert hatten Vampire
geradezu Konjunktur; viele Schriftsteller von Goethe über Cole-
ridge bis Byron bezogen sich darauf. Auch okkulte Vorstellungen
waren ein beliebtes Thema, und Stoker studierte alle möglichen
Mythen und Aberglauben für sein Buch, um seine Titelfigur mit
den passenden Eigenschaften auszustatten. Der historische Fürst
Vlad III. Tepes ist also nur ein Muster im faszinierenden Patch-
work, aus dem Bram Stoker die berühmte Romanfigur Dracula
gebildet hat.

AMERIKAS ENTDECKER
WEM GEBÜHRT DIE EHRE?

Aus heutiger Sicht ist das Jahr 1492 das vielleicht wichtigste der Weltgeschichte. Der Begriff »Globalisierung« ist schon vor der Jahrtausendwende zum Schlagwort des 21. Jahrhunderts geworden – es steht für die Entwicklung hin zu einer »kleiner werdenden Welt«, in der Wirtschaft, Kultur und Politik mit all ihren Folgerungen immer internationaler werden und die Menschen weltweit betreffen. Das bekannteste Beispiel dafür ist die globale Erderwärmung, das große Menschheitsthema unserer Zeit. Ebenso können aber auch Konflikte rasch ein globales Ausmaß annehmen. Die Globalisierung des 21. Jahrhunderts kennzeichnet – zumindest bis auf Weiteres –, dass sie vornehmlich westlich geprägt ist. Und diese Globalisierung westlicher Prägung nahm ihren Ausgang mit der sogenannten Entdeckung Amerikas durch Christoph Kolumbus. Das heißt zwar nicht, dass Handelsbeziehungen wie zwischen Europa und Asien oder interkulturelle kriegerische Auseinandersetzungen wie die Kreuzzüge keine Bedeutung gehabt hätten. Das Jahr 1492 aber markiert den Aufbruch zu einer westlichen dominierten Welt. Nicht umsonst gilt dieses Jahr vielen als Beginn der neuzeitlichen Epoche.

Aber wo liegt die Bedeutung der Reise des wagemutigen Seefahrers aus Genua, der im September 1492 mit nur drei Schiffen von den Kanarischen Inseln startete, um nach langjähriger enttäuschender Ablehnung seines Plans im Auftrag des spanischen Königspaars den Seeweg nach Indien zu finden und stattdessen in der Karibik landete? Gebührt Kolumbus wirklich der Ruhm des Entdeckers, oder waren andere früher in Amerika? Und wieso wurde der »neue« Kontinent nicht nach Kolumbus benannt, wenn er doch sein Entdecker war?

Zunächst einmal ist die Vorstellung der Entdeckung Amerikas ausgesprochen westlich und letztlich überheblich. Als europäische Seefahrer im Atlantik vor Europa unbewohnte Inselgruppen wie die Kapverden, Madeira oder die Azoren betraten, konnten sie sich mit Fug und Recht als Entdecker bezeichnen, weil sie sich als die ersten Menschen wähnten, die einen Fuß auf diese Inseln setzten. Amerika aber war längst bewohnt, und daher waren es streng genommen die Indianer, die den Kontinent vor mehr als 10000 Jahren entdeckt und besiedelt hatten, nachdem sie auf dem damals noch existierenden Landweg von Europa herübergekommen waren.

Wenn wir jedoch von derart prinzipiellen Erwägungen großzügig absehen und uns auf die Entdeckung Amerikas für die Menschen des christlichen Zeitalters konzentrieren – ist dann Kolumbus unser Mann?

Kolumbus war nicht der erste Europäer, der nach Amerika kam. Um das Jahr 1000, also rund fünf Jahrhunderte vor Kolumbus, segelte bereits Leif Erikson, der Sohn Eriks des Roten, von Grönland aus, das die Wikinger zwei Jahrzehnte zuvor entdeckt hatten, in Richtung Westen und landete an der Nordostküste Nordamerikas. Wo genau das war, ist umstritten, aber höchstwahrscheinlich sahen sich die Wikinger im Norden Neufundlands um. Dort wurden in den Sechzigerjahren ihre Siedlungsreste ausgegraben. Die Informationen darüber sind jedoch spärlich – wir wissen lediglich von der Existenz dieser Siedlungen, aber auch von ihrer vermutlich nur wenige Jahrzehnte später erfolgten Aufgabe. Zudem war den Wikingern aus Skandinavien ebenso wenig wie Christoph Kolumbus klar, dass sie einen bisher unbekannten

Kontinent entdeckt hatten. Möglicherweise erfuhr der Genuese auf seiner Reise nach England, Irland und Island 1477 von diesen Fahrten der Wikinger, aber das ist völlig ungewiss.

Insofern können also die Wikinger als die eigentlichen Entdecker Amerikas für Europa gelten. Aber dass wir so wenig über ihre Unternehmungen in Neufundland wissen, zeigt auch, wie bedeutungslos ihre Entdeckung für die »Alte Welt« letztlich blieb. Das gilt ebenso für weitere mögliche Fahrten von Europa nach Amerika vor Kolumbus, deren Authentizität umstritten ist – sie blieben folgenlos. 1492 dagegen waren die Europäer in einer günstigen Situation, um über ihren Kontinent hinauszugreifen: Sie waren vom Stand der Wissenschaft, der Wirtschaft und der Technik her gesehen ebenso in der Lage, aus dieser Entdeckung etwas zu machen, wie sie die politischen, ideologischen und ideellen Voraussetzungen besaßen, sich den neuen Kontinent einzuverleiben. Kurz gesagt: Das Entdeckungsfieber ergriff Europa.

Der Biochemiker und Nobelpreisträger Albert Szent-Györgyi definierte einmal eine Entdeckung als »etwas zu sehen, was schon jeder gesehen hat, aber zu denken, was noch niemand dachte«. Zwar hatte noch nicht jedermann Amerika gesehen, als Kolumbus in der Karibik von Bord ging, aber er war nicht der erste Europäer auf amerikanischem Boden. Und trotzdem trat mit Kolumbus Amerika in die Weltgeschichte ein – mit allen positiven und auch negativen Folgen. Und weil das Jahr 1492 den Aufbruch Europas in die Moderne markiert und die Geschichte der Welt für alle Zeiten veränderte, hat der italienische Seefahrer den Titel des Entdeckers Amerikas eben doch verdient. Da kann man großzügig darüber hinwegsehen, dass Kolumbus zeitlebens davon überzeugt war, den Seeweg nach Indien gefunden zu haben. Diesen Irrtum büßt der Genueser damit, dass er die Rolle als Taufpate der »Neuen Welt« nicht übernehmen durfte. Der Name Amerika geht auf den Florentiner Seefahrer Amerigo

Vespucci zurück, der nach seinem Landsmann und ebenfalls im Auftrag der spanischen Krone den Atlantik befuhr und, im Unterschied zu Kolumbus, als Erster erkannte, dass es sich bei dem Festland am anderen Ende des Atlantiks nicht um Asien handelte, sondern um einen bisher unbekannten Kontinent. Aber immerhin hat ein südamerikanisches Land als Namensgeber den Entdecker Amerikas erwählt, und zahlreiche Länder des amerikanischen Kontinents begehen alljährlich feierlich die Ankunft des Christopher Kolumbus in der Neuen Welt.

KANNIBALEN
MYTHOS AUS PROFILNEUROSE?

Immer wieder befällt ein Schrecken das beschauliche Leben der westlichen Welt, wenn Medien von kannibalischen Handlungen berichten. Heutzutage beziehen sich solche Meldungen meistens auf Fälle vor unserer Haustür – seien es hungernde Opfer eines Flugzeugabsturzes, die sich zum Verzehr getöteter Passagiere gezwungen sehen, seien es Fälle von Menschenfresserei zum perversen Lustgewinn. Schön-schaurig wird das Ganze, wenn der Feinschmecker und Massenmörder Hannibal Lecter im Film seiner Lieblingsbeschäftigung nachgeht und sich an vollendet zubereitetem Menschenfleisch labt. Noch viel länger hat die Szene aus *Robinson Crusoe*, in der der Gestrandete seinen künftigen Gefährten Freitag vor Menschenfressern rettet, unseren Horizont geprägt. Denn abgesehen von modernen Extremfällen sind Kannibalen in unserer Vorstellung vormoderne Völker, die meist aus rituellen Gründen, aus Rache oder zu Nahrungszwecken andere Menschen verspeisen.

Der Begriff »Kannibale« stammt aus der Zeit des Entdeckers Kolumbus. Als der 1492 Indien erreicht zu haben glaubte und stattdessen auf einer Insel in Mittelamerika gelandet war, berichteten ihm die Einheimischen, ihre Nachbarn seien Menschenfresser. Aus deren Name »Kariben« leitet sich die Bezeichnung Kannibale ab.

Nach der Entdeckung Amerikas faszinierten Berichte aus der Neuen Welt die neugierigen Europäer. Von sagenhaften Schätzen, unbekannten Pflanzen und unendlicher Grausamkeit war die Rede. Außer dem begehrten Gold war es vor allem die Nachricht von menschenfressenden Stämmen und deren Handlungen, die bei den kultivierten Europäern auf reges Interesse stieß. Die Menschen der Alten Welt waren im 16. Jahrhundert nun einmal kaum weniger sensationslüstern als die Fernsehzuschauer des 21. Jahrhunderts. Der amerikanische Kontinent hatte sein Image weg. Für die allegorische Darstellung des vermeintlich barbarischen Kontinents bemühten Künstler fortan bevorzugt eine nackte Menschenfresserin als Sinnbild Amerikas.

Die Kunde von menschenfressenden Völkern gibt es nicht erst seit der Entdeckung Amerikas. Schon in der Antike machten Berichte von fremden Völkern außerhalb der eigenen Kultur Kannibalismus zum Thema. Der griechische Geschichtsschreiber Herodot beschreibt solche Völker am Rande der Welt in Asien, sein mittelalterlicher Kollege Adam von Bremen machte sie weit im Norden aus. In der griechischen Mythologie ist es Orpheus, der den Menschen verbietet, ihresgleichen zu verspeisen, und ihnen mit Ackerbau und Schrift Kultur beibringt. Homer lässt Odysseus dem menschenfressenden Kyklopen entrinnen, und im Alten Testament droht Gott den ungehorsamen Menschen, er werde sie zu Kannibalen machen. Allen diesen Berichten liegt ein einheitliches Muster zugrunde: Barbarische Völker ohne Kultur haben keine Hemmungen zu tun, was zivilisierte Völker als Tabu begreifen, nämlich Artgenossen zu essen.

Das Mittelalter setzte diese Tradition fort. Allerdings wurden nun auch Bevölkerungsgruppen des eigenen Sichtkreises kannibalischer Praktiken verdächtigt: So wie den frühen, noch geächteten Christen grausame Riten vorgeworfen worden waren, beschuldigten sie nun, zu Macht und Ansehen gekommen, ihrerseits andere Gruppen, Tabus wie das des Kannibalismus zu brechen: Ob Heiden, Juden, Ketzer oder Hexen – alle werden als

Menschenfresser stigmatisiert. Gerade das angstbesetzte Mittelalter schrieb allem Fremden stereotyp bestimmte Eigenschaften zu, die als besonders sündhaft galten. Selbst im Streit zwischen Katholiken und Protestanten um den rechten Glauben zur Zeit von Reformation und Glaubenskriegen wurde der Kannibalismusvorwurf mit Vorliebe bemüht.

Mit den Erzählungen von menschenfressenden Völkern in der Neuen Welt tauchten also keine gänzlich neuen Nachrichten auf. Sowohl den Verfassern der Berichte als auch ihren Lesern waren die Schreckensbilder wohl vertraut – und sie passten vorzüglich in den Gegensatz von Gut und Böse beziehungsweise von Zivilisation und Barbarei. Kolumbus wusste, was die antiken Schreiber über die schrecklichen Völker »am Rande der Welt« erzählt hatten, vieles davon vermeinte er bei seiner Fahrt wiederzuentdecken. Augenzeuge kannibalischer Handlungen wurde Kolumbus jedoch nicht, aber – von den Berichten anderer abgesehen – er und seine Männer stießen in den Hütten von Einheimischen immerhin auf Menschenknochen.

Es waren zunächst aber nicht Aufzeichnungen von Amerikareisenden, die in Europa eine breite Leserschaft über Menschenfresser in der Neuen Welt informierten, sondern Berichte von Autoren, die gar nicht selbst dort gewesen waren. Immer voreiliger wurden die Urteile und immer sensationslüsterner die Darstellungen, von denen viele im Auftrag der spanischen Krone erstellt wurden. Der bloße Fund menschlicher Knochen diente ebenso als Beweis für Menschenfresserei wie unüberprüfbare Berichte angeblicher Kannibalenexzesse. Das eine wurde als Beweis für das andere bemüht, ohne dass je kannibalische Handlungen beobachtet werden konnten. Das hielt die Autoren im fernen Europa aber nicht davon ab, die Gräueltaten detailliert zu beschreiben. Dabei fällt auf, wie sehr sich die Erzählungen ähneln und dass bestimmte Versatzstücke stereotyp immer wieder auftauchen.

Einer kritischen Untersuchung halten die Berichte über mittel- und südamerikanische Menschenfresser nicht statt. Zahlreiche Fachleute haben darauf hingewiesen, dass wirkliche Belege fehlen und die Motivation für die Schauergeschichten in Europa entstand: Die überlieferten Texte über barbarische Völker am Rand der Welt galten unbestritten als wahr, weil ihre antiken Verfasser über jeden Zweifel erhaben schienen. Schon deshalb war klar, dass Seefahrer irgendwann auf Kannibalen stoßen würden. Im Spanien des 16. Jahrhunderts diente die vermeintliche Existenz der Menschenfresser außerdem als überzeugendes Argument in der durchaus notwendigen Rechtfertigung von Eroberung und Unterdrückung der Neuen Welt. In Fortsetzung dieser Tradition wurde Portugiesisch-Amerika, das heißt Brasilien, zum Land der Kannibalen schlechthin.

Vor allem der Namenspatron des neuen Kontinents, Amerigo Vespucci, hat mit seinen Schriften, die insgesamt als weitgehend unseriös eingestuft werden, den Kannibalenmythos weiter verbreitet. Er behauptete, unter Kannibalen gelebt und ihre Praktiken beobachtet zu haben, verwendete aber dieselben formelhaften Versatzstücke wie seine Vorgänger und schmückte sie lediglich gekonnt aus. Vespucci wiederum wurde nicht nur viel gelesen, sondern von nachfolgenden Reiseschriftstellern eifrig kopiert – am profitablen Markt für Reiseliteratur wollten viele verdienen.

Für die einheimische Bevölkerung erwies sich der Kannibalismusvorwurf als verhängnisvoll. Wer tabulos Menschen verspeiste, hatte mindestens Fremdherrschaft und Versklavung verdient, wenn nicht die Vernichtung. Insbesondere die vermeintlichen Kannibalenstämme sollten versklavt werden, um sie die Goldgier der Europäer befriedigen zu lassen. Gut und Böse bei den Völkern Südamerikas entsprach in der Wahrnehmung immer mehr der Unterscheidung Kannibale-Nichtkannibale – so als die

spanische Krone in der ersten Hälfte des 16. Jahrhunderts oder
König Sebastian von Portugal in einem Gesetz von 1570 die Versklavung von Kannibalen ausdrücklich erlaubten. Das ließ viel
Spielraum, denn bestritten die Urbewohner die Kannibalismus-
vorwürfe, konnte man sie flugs zu Lügnern erklären.

Im 19. Jahrhundert dann rückte die Urgeschichte die Vorfahren der europäischen Völker ins allgemeine Interesse – und
wieder wurden kannibalische Praktiken ausgemacht. Die Vorstellung von Kannibalismus war längst zu einem Wandermythos
geworden. Heute zeigen Ausgrabungsstätten überall auf dem
Kontinent angebliche Belege für Menschenfresserei in grauer
europäischer Vorzeit. Bei kritischer Untersuchung der Befunde
drängen sich aber erhebliche Zweifel auf, denn die Erkenntnisse
sind keineswegs zwingend. Statt eindeutiger Beweise sind es nur
Indizien, die stets auch andere Erklärungen zulassen: Meistens
dürfte es sich um Grabfunde handeln, deren Eigentümlichkeiten
sich mit Bestattungsriten völlig zufriedenstellend erklären lassen.
Genauso lassen sich die vermeintlichen Kannibalismusbelege
der frühen Amerikareisenden in den Behausungen der Einheimischen als Kriegstrophäen oder Ahnenreliquien identifizieren.
Auch die Forscher des 19. Jahrhunderts waren offenbar von ihren
eigenen Erwartungen so vorgeprägt, dass sie ohne kritische
Prüfung bestätigt sahen, was sie ohnehin zu wissen glaubten:
Vorzivilisatorische Völker waren Kannibalen. Komplexe Bestattungsriten und symbolische Handlungen traute man den »primi-
tiven« Völkern dagegen nicht zu.

Die Existenz von Kannibalismus jenseits perverser Gelüste
oder zum bloßen Überleben gilt für viele Wissenschaftler bis
heute als gesichert, obwohl die Belege dafür weder eindeutig
sind noch einer kritischen Untersuchung standhalten. Dem Volk
der Fore in Neuguinea wird noch immer zugeschrieben, ihre
Verstorbenen aufzuessen, um die auffällige Verbreitung einer

der Creutzfeldt-Jacob-Krankheit ähnlichen Hirnerkrankung zu erklären, die sich ebenso gut auf einen speziellen Bestattungsritus zurückführen lässt. Zu attraktiv ist offenbar der Mythos Menschenfresser. Brasilianische Künstler haben auf die Verunglimpfung ihrer Vorfahren in den Zwanzigerjahren auf ihre Art reagiert: Der Schriftsteller Oswald de Andrade forderte in seinem *Anthropophagischen Manifest*, sich die europäische Kultur einzuverleiben und zu eigenen Ergebnissen zu verdauen. Für eine andere Art von Menschenfresserei fehlen dagegen sowohl in Südamerika als auch anderswo auf der Welt wirklich stichhaltige Beweise.

DIE BORGIA-DYNASTIE
SEX AND CRIME IM VATIKAN?

Die lange Geschichte des Papsttums hat immer wieder reichlich Stoff für Gerüchte und Skandalgeschichten geliefert – die berühmte Legende der angeblichen Päpstin Johanna ist eine davon. Natürlich hat es in den 2000 Jahren römisch-katholischer Kirche viele Verbrechen und Verfehlungen gegeben. Berichte darüber waren beliebte Mittel im Kampf zwischen rivalisierenden Kräften in Rom oder bei den Gegnern des Papsttums, und dabei scherte man sich wenig um ihren Wahrheitsgehalt. Im Mittelpunkt der umfassendsten, hartnäckigsten und bekanntesten Legende über sündhafte Vorkommnisse und dämonisches Treiben im Papstpalast steht die Familie Borgia. Bis heute ist die vermeintliche Wahrheit über die Skandalfamilie auf dem Heiligen Stuhl ungeheuer populär.

Die Familie Borgia stellte mit Kalixt III. (1455–1458) und Alexander VI. (1492–1503) in der zweiten Hälfte des 15. Jahrhunderts zwei Päpste. Der Aufstieg der Familie während der Renaissance ließ aus der spanischen Landadelsfamilie Borja die ebenso glanzvolle wie berüchtigte Dynastie Borgia werden, deren römische Karriere mit dem Tod Alexanders VI. ihren Höhepunkt schon wieder überschritten hatte.

Im Zentrum der Überlieferung einer angeblich zutiefst verderbten Familie steht Kalixt' Neffe Rodrigo, der 1456 Kardinal und 1492 Papst Alexander VI. wurde. Er war zwar in der Tat kein keuscher Mann, aber das waren die wenigsten hochgestellten

Kirchenleute jener Zeit. An ihrer Außendarstellung begannen die römischen Päpste erst nach der Reformation zu arbeiten. Trotzdem war Rodrigo/Alexander beim Volk von Rom ausgesprochen beliebt. Dort stieß man sich an seiner Lebensführung nicht sonderlich, weil er diskret war. Die Zeit war nachsichtig in fleischlichen Dingen, und der Papst musste seine illegitimen Kinder, darunter die berühmten Lucrezia und Cesare Borgia, nicht verstecken. Auch ihre Mutter wurde nicht verschwiegen, sondern noch auf ihrem Grabstein als Mutter der Papstkinder gerühmt.

Wie sein Onkel Kalixt III. kümmerte sich Alexander fürsorglich um die Versorgung seiner zahlreichen Kinder und die Zukunft seiner Familie mit Pfründen und kluger Heiratspolitik. Darin war er in der Tat skrupellos, weil er seine Familie für auserwählt hielt. Sein Sohn Cesare wurde bereits mit achtzehn Jahren Kardinal, seine Tochter Lucrezia (1480–1519) wurde als Objekt dynastischer Geschäfte für Prestige und für den weiteren Aufstieg der Familie gleich dreimal verheiratet. Die Vorstellung, sie sei eine Art frühneuzeitliche enthemmte Messalina gewesen, wie der britische Historiker Edward Gibbon schrieb, hat sich von den schillernden Erzählungen über die Familie Borgia bis heute am hartnäckigsten gehalten.

Als Machtkampf und Postengeschacher waren die meisten Papstkonklaven Quelle von Gerüchten und Beschuldigungen. Bei der Wahl Rodrigos zum Papst kam wie schon bei seinem Onkel hinzu, dass erneut ein Spanier das Amt errang, das die Italiener für einen der ihren beanspruchten. Rodrigo war außerdem reich und selbstbewusst und sprach auch nach mehr als drei Jahrzehnten in Rom weiterhin Spanisch. Das konnte den strengen italienischen Klerikern natürlich nicht gefallen. Tatsächlich hatte Rodrigo seine Wahl, wie es durchaus üblich war, mit Zugeständnissen und Zusagen klug eingefädelt. Das war nichts Neues, aber die

Borgia setzten durchaus einen Höhepunkt im römischen Macht-
poker um das Papstamt. Dennoch sind Berichte, die von schwer
beladenen Mauleseln erzählen, die die Bestechungsgelder aus
dem Borgia-Palast schleppten, ebenso erfunden wie der angebliche Pakt Rodrigos mit dem Teufel, der ihm für den Preis seiner
Seele zu seinem Pontifikat verhalf. Trotzdem wurde verbreitet,
Rodrigo habe seine Wahl so oder so erkauft und residiere daher
unrechtmäßig in der Engelsburg.

Während seines Pontifikats wurden Rodrigo zahlreiche Kar-
dinalsmorde unterstellt, die er aber höchstwahrscheinlich weder
begangen noch in Auftrag gegeben hat. Auch für seine zügel-
losen Ausschweifungen gibt es keine Beweise – vielmehr war
Papst Alexander VI. sowohl einer der konservativsten als auch
frömmsten Päpste seiner Epoche. Und er war ein machtvoller
Papst, der den Kirchenstaat stärkte und in der europäischen
Politik erfolgreich mitmischte. Weil aber die großen Familien
Italiens von einem mächtigen Papst aus Spanien abhängig waren,
hatten sie Grund, den Ausländer auf dem Stuhl des heiligen
Petrus wenigstens propagandistisch zu bekämpfen.

Aber Alexander VI. verschaffte sich Macht und Ansehen,
sodass Forderungen nach Aberkennung seines Amtes selbst beim
mächtigen und frommen König von Frankreich, der fast immer
für ein Ränkespiel mit der Kurie zu haben war, keine Unterstützung fanden. Die Propaganda gegen die Borgia führte einst-
weilen der Dominikaner Savonarola weiter, der vom plötzlich
fromm gewordenen Florenz aus den verderbten Papst attackier-
te. Dann erhielt die Gerüchteküche durch Nachrichten neue
Nahrung, deren Hintergründe Außenstehenden unklar blieben:
Lucrezias erster Mann Giovanni Sforza floh über Nacht aus Rom,
und Papstsohn Juan Borgia verschwand unerklärlicherweise. Als
Juan tot aus dem Tiber gezogen wurde, verdächtigte man seinen Bruder Cesare des Mordes, weil er nun den Kardinalshut

ablegen und ein weltliches Leben beginnen konnte, um so den Fortbestand der Familie zu sichern. Auch weitere spektakuläre Todesfälle wurden den Papstkindern ohne Beweise vorschnell in die Schuhe geschoben. Dabei lässt sich Cesare nur ein Mord zweifelsfrei nachweisen, den er aber nicht eigenhändig beging, sondern in Auftrag gab: Er ließ seinen Schwager Alfonso von Aragon erdrosseln.

Lucrezia zog sich kurz vor dem Tod ihres Vaters nach Ferrara zurück und führte dort ein alles andere als lasterhaftes Leben. Aber mit ihrem Weggang aus Rom 1502 wurde die Verleumdungskampagne erst richtig entfesselt. Mit allen Details ausgeschmückt, wurde die Kunde einer monströsen Orgie verbreitet, die der Papst noch zusammen mit Lucrezia am Abend vor Allerheiligen veranstaltet haben soll: Für einen regelrechten Hexensabbat wurden fünfzig Dirnen in den Palast geladen, um Alexander und seine Tochter mit sexuellen Darbietungen aller Art zu unterhalten. Von allerlei sexuellen Perversionen war die Rede – bis hin zur Blutschande mit seiner Tochter Lucrezia, um die der Heilige Vater mit ihrem Bruder Cesare konkurriert habe. Die Kampagne gipfelte schließlich in der haltlosen Behauptung, die Mutter von Alexanders 1498 geborenem Sohn Giovanni sei in Wahrheit Lucrezia.

Letzter Höhepunkt der Borgia-Legende ist der Tod Alexanders VI., dessen angeblich skandalöses Leben am Ende seines Pontifikats besonders aufmerksam beachtet wurde. Der Legende nach fand der sündige Papst keinen friedlichen Tod, sondern starb ausgerechnet an dem Gift, das er einem unliebsamen Kardinal verabreichen wollte, und stand eine ganze Woche lang Todesqualen aus. Tatsächlich erlag Alexander, der trotz seines Alters ausgesprochen rüstig war, unerwartet der Malaria. In Berichten von der Augustnacht des Jahres 1503 ist von viel Krach und unerträglichem Gestank die Rede, von grässlichen Begleiterscheinungen, als die Sendboten der Hölle die verdammte Seele des kirchlichen Oberhauptes seiner heiligen Umgebung entrissen.

Der Ursprung der Verleumdungen über die Borgia geht auf den Aufstieg dieser spanischen Familie in Rom zurück, der bei rivalisierenden italienischen Familien Unmut erregte. Schon Kalixt III., erster spanischer Papst seit mehr als einem Jahrtausend, machte sich unbeliebt, als er mit seiner Personalpolitik an der römischen Kurie die einheimischen Familien brüskierte. Günstlingswirtschaft war bei Päpsten nichts Außergewöhnliches, aber Kalixt bevorzugte Landsleute und Verwandte – in den Augen der Römer die Falschen.

Die eigentliche Borgia-Legende lässt sich sowohl auf frühere Dämonenerzählungen zurückführen, die über das Papsttum der ersten Jahrhunderte im Umlauf waren, als auch auf Aberglauben und Propagandaschriften im Zeitalter von Hexenverfolgung und Inquisition. Ins Zentrum dieser Berichte geriet Lucrezia, weil solche Monstrositäten nach christlicher Vorstellung von einer Frau ausgehen mussten. Die Ausgestaltung der Legende übernahm kurz nach dem Tod Alexanders der päpstliche Zeremonienmeister Johannes Burkhard. Im tagespolitischen Geschehen, das den stolzen Städten Mailand und Neapel die Unabhängigkeit raubte, diente die böse Legende des ausländischen Papstes, um die Schmach Italiens zu erklären. Alexanders Nachfolger Julius II. kamen diese Verleumdungen sehr gelegen. Er hatte noch eine Rechnung mit den Borgia offen, weil er 1492 im Konklave gegen Rodrigo Borgia nicht angekommen war, und diskreditierte die spanischen Emporkömmlinge nach Kräften.

Später verschwand diese Geschichte allmählich, weil sie zum einen nicht mehr für Propagandazwecke gebraucht wurde und zum anderen ein Urenkel Alexanders, der General des Jesuitenordens Francisco de Borja, heiliggesprochen wurde. Ein

Weiteres erreichte die katholische Zensur. Im protestantischen Europa erfuhr die Legende zwar literarische Verarbeitung, aber geringes Interesse. Konjunktur hatte der Stoff erst wieder in der Romantik des 19. Jahrhunderts, der es weniger um eine Kampagne gegen die Kirche ging als um die Auseinandersetzung mit der Renaissance. Wichtigste Wiederentdecker waren der Franzose Alexandre Dumas, der mit dem ersten längeren Borgia-Roman auch Historiker beeinflusste, sowie Victor Hugo. Hugo zeigte Lucrezia in einem Theaterstück als missgünstige Giftmischerin und begeisterte sein Publikum. Der Komponist Gaetano Donizetti machte aus Hugos Vorlage eine Oper, die bis heute gespielt wird. Schauplatz des ersten Bildes ist Venedig, wo Lucrezia Borgia nie gewesen ist.

Ein wenig historische Gerechtigkeit erfuhr die Borgia-Dynastie Ende des 19. Jahrhunderts, als eine kritische Geschichtswissenschaft sich endlich die tatsächlichen Quellen vornahm. Der deutsche Historiker Ferdinand Gregorovius bemühte sich, das Bild von Lucrezia Borgia zurechtzurücken. Eine differenzierte Sicht auf die Dynastie der Borgia ganz ohne schaurige Legenden ließ aber noch mehr als ein halbes Jahrhundert auf sich warten. Im populären Geschichtsbild erweist sich die Legende von Sex and Crime im Vatikan eben als ungeheuer zählebig.

UNTERGANG DER SPANISCHEN ARMADA
TODESSTOSS GEGEN EINE WELTMACHT?

Das Jahr 1588 wird häufig als Wendepunkt in der Geschichte angesehen. Grund dafür ist der fehlgeschlagene Versuch Spaniens, England zu erobern. Weit über das englische Geschichtsbewusstsein hinaus gilt diese Niederlage der spanischen Armada als entscheidender Sieg Englands, weil sie den Abstieg der spanischen Vorherrschaft auf dem europäischen Kontinent und darüber hinaus eingeläutet habe. Und entsprechend trage dieses Jahr der Regierungszeit Elisabeths I. den Keim zum Aufstieg Englands zur Weltmacht in sich. Aber war das Ergebnis der Seeschlacht von Gravelines am 8. August 1588 wirklich ein Sieg für England und eine Niederlage für Spanien? Und bedeutete dies den Niedergang der spanischen Vormacht und den Beginn des englischen Aufstiegs?

Die europäische Geschichte ist über die Jahrhunderte eine Geschichte vom stets gefährdeten Gleichgewicht der Staaten des Kontinents und dem Versuch einzelner Staaten, diese Balance außer Kraft zu setzen, um Europa in einer Vormachtstellung zu dominieren. Während das Mittelalter vor allem vom Ringen zwischen weltlicher und geistlicher Macht, zwischen Papst und Kaiser, gekennzeichnet war, prägte den Machtkampf in der Frühen Neuzeit zunächst die Auseinandersetzung zwischen katholischen und protestantischen Mächten und später besonders der Kampf um die Vorherrschaft in der Neuen Welt.

Spanien war im 16. Jahrhundert *die* europäische Großmacht

und mit seinen Kolonialbesitzungen die Weltmacht schlechthin –
umso mehr als Philipp II. seit 1580 in Personalunion auch über
Portugal und seine Kolonien herrschte. Spanien verstand sich als
»katholischstes« aller Länder und war das Bollwerk der Gegenreformation. England dagegen war protestantisch, und Elisabeth I.
hatte spätestens mit der Hinrichtung ihrer katholischen Rivalin
Maria Stuart 1587 alle Hoffnungen zunichtegemacht, ihr Land
könne in absehbarer Zeit in die Arme Roms zurückkehren. In
den Niederlanden, damals überwiegend in spanischem Besitz,
kamen sich Spanien und England ins Gehege, weil Elisabeth die
widerspenstigen Provinzen Holland und Zeeland unterstützte.

Philipp II. von Spanien, ein mächtiger und selbstbewusster,
aber auch tiefreligiöser Mann, beschloss in den 1580er Jahren,
gleich drei Fliegen mit einer Klappe zu schlagen: Mit einer Invasion Englands wollte er das Königreich gewaltsam auf den rechten Weg des katholischen Glaubens zurückbringen und gleichzeitig die englische Unterstützung für die niederländischen
Protestanten nachhaltig unterbinden. Außerdem konnte er so
den wachsenden englischen Ambitionen in Übersee den Gar-
aus machen. Unter Elisabeth I. entwickelte sich in England der
Wunsch nach Kolonien und danach, Spanien als bisher vorherr-
schende Seemacht zu übertrumpfen. Das hatte ebenso mit dem
Renommee zu tun, das sich aus dem Ruf einer starken Seemacht
ableitete, wie mit wirtschaftlichen Erwägungen, denn der sich
entwickelnde Welthandel versprach reiche Gewinne. Im Herbst
1585 wurden die spanischen Pläne konkret, und nach einigen
Verzögerungen – unter anderem durch einen englischen Über-
raschungsschlag gegen spanische Kriegsschiffe im Hafen von
Cádiz – sollte das ehrgeizige Unternehmen 1588 beginnen. Da
war England seit immerhin über fünf Jahrhunderten nicht mehr
von außen erobert worden.

Eine beispiellos hochgerüstete Armada von 130 Schiffen mit

weiterer Unterstützung durch Galeeren und Handelsschiffe stieß im Mai in See – die größte Flotte, die je in nordeuropäischen Gewässern gesichtet worden war. 20 000 Soldaten und über 2400 Kanonen sollten unter überaus erfahrenen Befehlshabern den Erfolg der Invasion gewährleisten. Ein Teil dieser Soldaten kam von der flandrischen Armee und sollte im Ärmelkanal zur Flotte stoßen. Schwerpunkt der Planungen war die Invasion zu Lande, eskortiert von der Armada, die auf der Themse nach London segeln sollte. Schwierige Wetterverhältnisse verzögerten die Fahrt, sodass die spanische Armada erst Ende Juli vor der englischen Küste eintraf. Die Engländer waren aber vorbereitet, und die Invasion misslang. Die spanische Armada musste schwer geschwächt abdrehen und nach Spanien zurückkehren. Philipps ehrgeiziger Plan war gescheitert.

In den Jahrhunderten danach wurde die »Abwehr« der Spanier in England zu einem Mythos verklärt. Verherrlicht wurde die Kaltblütigkeit des Befehlshabers Sir Francis Drake, der in aller Ruhe eine Kegelpartie zu Ende spielte, bevor er dem Feind gegenübertrat. Königin Elisabeth kam eigens an die Küste, um ihren Männern beizustehen und in einer flammenden Rede ihren Kampfesmut anzustacheln. Die Konfrontation wurde zum Freiheitskampf gegen das despotische Spanien stilisiert, ja zum Sieg des rechtschaffenen Protestantismus über den überheblichen und verderbten Katholizismus. Jahrestage wurden gebührend begangen und gelegentlich Forderungen geäußert, der 8. August solle Nationalfeiertag werden. Ungezählte Dichter Englands haben den Ruhm ihres Landes auf bewegter See glorifiziert. Und weit über England hinaus setzte sich die Ansicht durch, England habe über Spanien triumphiert und damit den Niedergang der einstigen Weltmacht zugunsten des eigenen Aufstiegs eingeläutet.

Aber diese einfachen und populären Wahrheiten entsprechen ganz und gar nicht den Tatsachen. Zunächst einmal hat England die Schlacht nicht siegreich entschieden. Schlachtentscheidend war vielmehr das Wetter, das sich selbst für die unbeständigen Bedingungen im englischen Kanal ungewöhnlich extrem gebärdete. Die Engländer machten es den spanischen Schiffen zwar nicht leicht, aber sie versenkten nur wenige von ihnen. Dass ihre Schiffe wendiger waren, hätten die erstklassigen Befehlshaber der Spanier bei günstigeren Wetterbedingungen mühelos ausgleichen können. Als die bestens gerüstete spanische Armada aber vom Wetter zum Abdrehen gezwungen wurde, ließen heftige Stürme viele ihrer Schiffe an den Klippen von Irland und Schottland zerschellen. Das Vorhaben musste aufgegeben werden, und der Rest der Flotte kehrte unverrichteter Dinge nach Spanien zurück. Diese Tatsache verleitete die englische Propaganda dazu, die göttliche Vorsehung zu bemühen. Königin Elizabeth gab Münzen in Auftrag, die den Spruch trugen: »Gott blies, und sie wurden zerstreut«.

Dass England sich trotz aller Propaganda nicht in Sicherheit wiegte, zeigt die Befürchtung, die Spanier würden alsbald zurückkehren. Man erwartete dies unmittelbar nach der Schlacht, bis klar war, dass die Armada nach Spanien zurückgesegelt war; und dann ging man von weiteren Versuchen Philipps aus. Auch wenn die Invasion misslungen war, hatten die Spanier doch eindeutig bewiesen, dass England verwundbar war. Der Plan, Soldaten überzusetzen und England mit Bodentruppen zu besetzen, war gut durchdacht, denn die englischen Streitkräfte hätten dem Vormarsch der Spanier zu Lande nicht viel entgegensetzen können. Die Zeitgenossen sahen Spanien auch gar nicht geschwächt aus dem Konflikt hervorgegangen, zumal Philipp II. umgehend wieder aufrüstete und noch bessere Schiffe bauen ließ. Er plante in der Tat weitere Invasionsversuche, die allerdings abermals am Wetter scheiterten. Schließlich wurde der militärische Erfolg in den Niederlanden wichtiger als eine Besetzung Englands.

1588 begann auch nicht der Abstieg Spaniens von der Weltmachtstellung; diese Entwicklung setzte erst Jahrzehnte später ein und hatte andere Ursachen als die misslungene Invasion Englands. Seinen »messianischen Imperialismus«, wie es ein Historiker nannte, sah Spanien erst mit dem Ausgang des Dreißigjährigen Krieges 1648 als gescheitert an, der die Gegenreformation beendete und Spaniens militärisches Renommee empfindlich beschädigte. Epidemien, Missernten, Wirtschafts- und Finanzprobleme schwächten das Land im Inneren. Hinzu kamen dynastische Turbulenzen, bis nach dem Spanischen Erbfolgekrieg (1701–1713/14) die spanische Vorherrschaft in Europa endgültig gebrochen war.

Auch der Aufstieg Englands zur Seemacht steht nicht in Verbindung mit der Niederlage der spanischen Armada, denn er ließ noch hundert Jahre auf sich warten. Nüchtern betrachtet war der spanische Invasionsversuch für das späte 16. Jahrhundert ein zwar spektakuläres, aber weder außergewöhnliches noch übermäßig bedeutsames Ereignis.

DIE AUSWANDERER DER MAYFLOWER
FROMME GLAUBENSFLÜCHTLINGE?

Mythen und Legenden von Völkern und Ländern über ihren Ursprung können eine große gesellschaftliche oder politische Rolle spielen – sei es für das Zusammengehörigkeitsgefühl, territoriale Ansprüche oder zur Rechtfertigung von Kriegen. Das gilt mindestens ebenso wie für das alte Europa für jüngere Staaten wie die USA, auch wenn letztere einen multiplen Ursprung haben und nur indirekt auf eine so lange Geschichte zurückgreifen können wie die Völker Europas. Nicht zuletzt wegen dieser kürzeren Geschichte und zur Förderung eines Zusammengehörigkeitsgefühls bei seinen Bürgern so unterschiedlicher Herkunft schuf sich auch der nordamerikanische Staat einen Gründungsmythos. Er wird in US-amerikanischen Schulbüchern verbreitet und beginnt bei den sogenannten Pilgervätern, die auf der Mayflower England 1620 verließen und in Cape Cod in Neuengland eine Kolonie gründeten. Der Mythos besagt, dass die 101 Passagiere der Mayflower in der Neuen Welt politische und religiöse Freiheit suchten, dass die Puritanereinwanderung für die Kolonisierung Neuenglands maßgeblich war und dass sie ehrbare, arme Leute waren, die in Europa keine Perspektive mehr sahen. Die religiöse Sicht der Puritaner, in Amerika zu Gottes Gefallen eine Art neuen Garten Eden aufzubauen, hat das US-amerikanische Selbstverständnis zutiefst geprägt. Daraus erklärt sich das religiöse Pathos, das die USA bis in die große Politik hinein immer wieder ergreift. Und nicht zuletzt gelten die Pilgerväter der Mayflower als Vorläufer der nordamerikanischen Demokratie.

Die Mayflower der Pilgerväter war nicht das erste Schiff, das englische Siedler nach Neuengland brachte. Frühere Siedlungen waren jedoch mehr oder weniger gescheitert. Die Siedler der Mayflower hatten mehr Erfolg und Glück, als sie Plymouth gründeten und sich an die Arbeit machten. Zum Dank für die Ernte, die sie 1621 einbrachten, feierten sie mit Mais und Truthahn den ersten amerikanischen Thanksgiving Day.

Nach den Unterschriften der ersten Vereinbarung, die 41 Männer der Mayflower-Passagiere noch auf hoher See ausarbeiteten, waren die Pilgerväter unterschiedlicher Herkunft. Als sie diesen »Mayflower Content« unterschrieben, setzten elf von ihnen ein »Mr« vor ihren Namen. Folglich waren sie nicht nur bessergestellt als die Mehrheit der anderen, sondern legten auch Wert auf diese Unterscheidung. Auf diesem Schiff stellten die Pilgerväter weder die Mehrheit noch waren sie arm, denn dann hätten sie die kostspielige Auswanderung gar nicht finanzieren können. Die Armen unter den Passagieren waren Abhängige, die ihrem Herrn mehrere Jahre dienen mussten, bevor sie sich eine eigene Existenz aufbauen durften. Außerdem waren die Pilgerväter und ihre Familien streng genommen keine Flüchtlinge, die wegen ihres Glaubens unterdrückt wurden. Vielmehr wollten sie mit der anglikanischen Kirche nichts mehr zu tun haben, weil sie sie für nicht reformierbar hielten. Deswegen waren sie schon zwölf Jahre vorher nach Holland gegangen, wo aber ein Teil aus wirtschaftlichen und kulturellen Gründen unzufrieden war und sich daher entschloss, nach Amerika zu gehen.

Die Vereinbarung, die die Pilgerväter während der Überfahrt ausarbeiteten, wurde später als Ursprung der amerikanischen Demokratie verklärt. Auch das ist eine unberechtigte Mystifizierung, denn die Erklärung diente eher gegenteilig dem Zweck, die Geschicke der zu gründenden Kolonie in die Verantwortung derer zu legen, die klare religiös-politische Vorstellungen hatten, auf welchen Grundlagen die neue Kolonie funktionieren sollte. Daran mussten sich fortan auch diejenigen Einwanderer halten, die gar nicht mit bestimmten religiösen Vorstellungen aufgebrochen waren. Das entspricht nicht gerade demokratischen Gepflogenheiten; und mit unliebsamen Siedlern, die dem Alkohol und anderen weltlichen Freuden allzu ungeniert zusprachen, verfuhren die Pilgerväter später nicht gerade zimperlich.

Als eigentlicher Keim Neuenglands kann die Mayflower-Siedlung Plymouth ebenfalls nicht gelten, denn sie ging schon Ende des 17. Jahrhunderts in der menschenreicheren Kolonie Massachusetts auf. Insgesamt ist die historische Bedeutung der Pilgerväter der Mayflower in Wahrheit also sehr viel kleiner als im historischen Gedächtnis der Vereinigten Staaten.

Ähnlich gemischt in ihrer Motivation waren die Passagiere der anderen Auswandererschiffe, die in den 1630er Jahren nach Neuengland kamen. Die Religion war nur ein Grund unter vielen. Stärker noch wogen für die meisten Anwerbung, wirtschaftliche oder persönliche Gründe, und auch Abenteuerlust oder Aufstiegshoffnungen waren dabei. Das geht aus Briefen und Lebenserinnerungen der Auswanderer klar hervor. Historiker vermuten, dass religiöse Aspekte, die im 17. Jahrhundert eine wichtige Rolle spielten, durchaus ein Anstoß zur Auswanderung gewesen sein können, dass aber Glaubensüberzeugungen nicht der ausschließliche Grund waren, die damals so gefürchtete Überfahrt in die Neue Welt anzutreten.

Tatsächlich waren die Puritaner unter den Einwanderern des 17. Jahrhunderts ohnehin eher in der Minderheit, auch wenn Geschichtsfolklore, Schulbücher und das historische Gedächtnis der USA etwas anderes vermitteln. Selbst bei der sogenannten »Great Migration« der 1630er Jahre stellten die Puritaner, anders als meist behauptet, nicht die größte Gruppe der Einwanderer. Auch hier bildeten einfache Arbeiter und Abhängige die Mehrheit der Neuankömmlinge, die nur in Ausnahmefällen aus religiösen Gründen auswanderten.

Aber selbst die Puritaner waren nicht ausnahmslos Glaubensflüchtlinge, die sich aus religiöser Repression zur Emigration aus England gezwungen sahen. Sie wurden wie andere Auswanderer auch mit häufig überzogenen Versprechungen bewogen, ihr Glück in der Neuen Welt zu versuchen, zumeist aus den gleichen wirtschaftlichen Erwägungen wie andere Immigranten auch.

Bemerkenswert an der Geschichte Neuenglands im 17. Jahrhundert ist, dass die englischen Siedler überwiegend strengere religiöse Regeln für das Gemeinwesen aufstellten, als sie sie aus England gewohnt waren. Staat und Kirche waren viel enger miteinander verbunden als im Mutterland. Die Trennung von Staat und Kirche war kein Grundanliegen der Einwanderer – ein weiterer Irrtum im historischen Gedächtnis. Diese Vorstellung setzte sich erst viel später durch und fand 1791 Eingang in die US-Verfassung, die aber einzelstaatliche Regelungen erlaubte.

Auch die Glaubensfreiheit bezog sich im kolonialen Neuengland nicht auf jeden Einzelnen, sondern auf die Gemeinschaft: Die Führer der Kolonien stellten eigene Regeln auf und sahen sich nicht an das englische Beispiel gebunden. Diese Regeln galten dann aber für alle Angehörigen der jeweiligen Kolonie gleichermaßen. Blasphemie oder Ehebruch wurden beispielsweise in Massachusetts mit der Todesstrafe geahndet, dort wurden die ersten Quäker verfolgt und einige von ihnen sogar gehängt.

Wie andere nationale Mythen gehen diese Gründungsmythen zwar auf historische Ereignisse und Entwicklungen zurück, haben aber durch die Vereinfachung an Wahrheitsgehalt verloren. Sie wurden schon wenige Jahrzehnte nach der Ankunft der Mayflower in Plymouth aufgebaut und seither gepflegt –

als Selbstversicherung, als Stärkung in der schwierigen Aufbauphase, aber auch als Abgrenzung gegenüber anderen, nicht zuletzt den einheimischen Indianern und den afrikanischen Sklaven. Deren erzwungene Zuwanderung nach Nordamerika fehlte über Jahrhunderte völlig im historischen Gedächtnis der Amerikaner. Dieses fehlerhafte Geschichtsverständnis ist aber ebenso im Wandel begriffen wie die Einschätzungen der Historiker, die seit einigen Jahrzehnten die Gründungsmythen der USA recht unverdrossen auf ihr historisches Maß zurechtstutzen.

GALILEO GALILEI
EIN MÄRTYRER FÜR DIE WISSENSCHAFT?

Ein ebenso beliebtes wie dankbares Thema für Kritiker der katholischen Kirche ist ihr Verhältnis zur Wissenschaft. Auch wenn die Kirche Darwins Lehre von der Evolution längst anerkennt, geht ein Aufschrei durch die aufgeklärte Welt, sobald irgendwo ein unbedeutender Kleriker publicityträchtig den Standpunkt der fundamentalistischen Kreationisten verteidigt, die vom Schöpfungsverlauf der Bibel nicht abrücken wollen. Noch immer gilt die katholische Kirche als wissenschaftsfeindlich eingestellt, weil sie die freie Forschung als Bedrohung ihrer Lehre verstehe. Hat nicht die römische Inquisition Galileo Galilei (1564–1642) zum Schweigen gebracht, weil er auf seiner Erkenntnis bestand, die Erde drehe sich um die Sonne und nicht umgekehrt? Und hat es nicht mehr als 350 Jahre gedauert, bis ein Papst den Irrtum der Kirche zugab und Galileo rehabilitierte?

Der Inquisitionsprozess gegen den florentinischen Hofmathematiker und berühmten Wissenschaftler Galileo Galilei 1633 gilt bis heute als herausragendes Beispiel für den Konflikt zwischen Glauben und Wahrheit, zwischen Kirche und Wissenschaft. Galileo erscheint als aufrechter, unbeugsamer Held der Wahrheit; die Kirche dagegen als despotische Macht, die unerbittlich unterdrückt, was ihre Lehre und damit ihren Machtanspruch untergräbt. Somit gilt Galileo vielen als Mensch ganz nach dem modernen Geschmack, im Unterschied zur hoffnungslos rückwärtsgewandten Kirche. Das populäre Bild der

Affäre stellt die grausame Inquisition in den Mittelpunkt, weil sie Galileo nach Rom zitierte, in Kerkerhaft nahm und folterte. Bilder zeigen einen geschundenen Galileo in Ketten vor hochmütigen Inquisitoren. Seit dem 17. Jahrhundert wurde der Stoff immer wieder literarisch verarbeitet, und unsere heutige Sicht auf Galileo und den Prozess ist nicht zuletzt von Bertolt Brechts Stück *Leben des Galilei* (1938) beeinflusst. Was aber ist dran am Bild des Vaters der modernen Wissenschaft, den die Kirche unbarmherzig unterdrückt?

Galileo gehört völlig zu Recht und unbestritten zu den Begründern der modernen Wissenschaft. Allerdings liegen seine Verdienste eher in den Disziplinen Physik und Mathematik als auf dem Gebiet der Astronomie, auch wenn diese der Gegenstand des Prozesses und seines dort verhandelten Buches *Dialog über die beiden maßgeblichen Weltsysteme* war. Das Schwergewicht unter den Astronomen dieser Zeit war aber Johannes Kepler. Die Theorie, dass nicht die Erde, sondern die Sonne das Zentrum des Universums sei und sich bewege, anstatt statisch zu sein, war seit der Antike immer wieder einmal aufgebracht und verworfen worden, bis Nikolaus Kopernikus sie 1543 mit neuen Argumenten wieder ins Spiel brachte. Bedenken, die These könne die Kirche in Aufruhr bringen, hatte Kopernikus die Veröffentlichung seiner Theorie bis ins hohe Alter immer wieder verschieben lassen, und Galileo verhielt sich zunächst ähnlich vorsichtig. Nicht zu unterschätzen im Streit um die Planetenordnung ist aber ebenso das Argument des gesunden Menschenverstands. Heute können wir uns beispielsweise erklären, wieso keine Zentrifugalkraft die Objekte von einer rotierenden Erde schleudert, aber das war noch während der Renaissance eine offene Frage. Und überdies bestätigte der Augenschein, dass die Sonne sich bewegte, denn sie ging morgens auf und abends unter. Außerdem besaß die Bibel als göttliche Offenbarung unumschränkte Autorität, und darin war von der Bewegung der Sonne ebenso die Rede, wie die Einzigartigkeit der Schöpfung dafür sprach, dass die Erde das Zentrum der Welt war. Hier hatte Gott Pflanzen, Tiere und Menschen erschaffen, was sonst sollte also der Mittelpunkt der Welt sein? Das war schwer vorstellbar – und ohne stichhaltigen Beweis allemal.

Bis 1609 ging Galileo bei seiner Lehrtätigkeit in Pisa, wo er den Schiefen Turm für seine physikalischen Experimente nutzte, und Padua nicht auf die Thesen des Kopernikus ein. Aber dann führten ihn Entdeckungen der Jupitermonde, der Beschaffenheit der Mondoberfläche und der Sonnenflecken mit Hilfe der neuen Erfindung Teleskop zu der Überzeugung, dass Kopernikus recht gehabt hatte. Was er sah, bestätigte dessen These, dass sich die Erde bewegte – nur ließ es sich weiterhin nicht beweisen. Galileo führte zwar die Gezeiten an, die von der Bewegung der Erde ausgelöst seien. Er musste sich aber fragen lassen, warum sich dann Ebbe und Flut nicht an den Zwölf-Stunden-Rhythmus hielten – wir wissen heute, dass Galileo tatsächlich falschlag. Wie auch immer, es dauerte nicht mehr lange, und der Physiker aus Florenz wurde zu den Befürwortern der kopernikanischen These gezählt. Deswegen galt er für die Kirche noch lange nicht als inakzeptabel, im Gegenteil zählten hochrangige Kirchenvertreter zu seinen Förderern, darunter Jesuiten und der spätere Papst Urban VIII. Inzwischen zu einiger Berühmtheit gelangt, wurde Galileo aber nicht nur mutiger, sondern auch zunehmend überheblich und ungeduldig mit seinen Kritikern, die ihm vorwarfen, die biblische Autorität zu missachten.

Galileos Widersacher brachten die Angelegenheit 1616 vor die Inquisition, die aber keine Veranlassung sah, Galileo wegen Ketzerei zu belangen. Kopernikus' Buch wurde vorübergehend auf den Index verbotener Bücher gesetzt, aber mit einigen Veränderungen bereits 1620 wieder zugelassen. Die Lehre des Kopernikus war also nicht verboten, wohl aber zweifelhaft, weil weder bewiesen noch mit der Bibel vereinbar. Darum durfte sie nur als Hypothese behandelt werden, woran sich auch Galilei zu halten hatte, wie ihm der Vertreter der Inquisition, Kardinal Bellarmin, zu verstehen gab. Die Kirche wandte sich also weniger gegen die Wissenschaft an sich als gegen die Folgen unbewiesener Thesen für die Auslegung der Bibel. Das mag man aus heutiger Sicht belächeln, aber um theologische Meinungsverschiedenheiten wurden zu jener Zeit erbitterte Auseinandersetzungen geführt, weil sie das Leben damals unmittelbar berührten. Zur Zeit der Gegenreformation und im Vorfeld des Dreißigjährigen Krieges befand sich die katholische Kirche ohnehin in der Defensive – konnte man es den Kirchenführern da verübeln, dass sie keine unbewiesene Theorie anerkennen wollten, die eine Neuauslegung der Bibel nötig gemacht hätte? Schließlich musste sich Rom der Vorwürfe von protestantischer Seite erwehren, der Heiligen Schrift nur unzureichend zu folgen. Daher hatte das Konzil von Trient Mitte des 16. Jahrhunderts die Autorität der Bibel für Glauben und Moral ausdrücklich bestätigt.

Zum eigentlichen Inquisitionsverfahren gegen Galileo kam es erst 1633, nachdem der Gelehrte seinen *Dialog* veröffentlicht hatte. Galileo hatte zwar verschiedene Vorkehrungen getroffen, damit das Buch nicht zu einer Konfrontation mit der Kirche führte. Vor allem wollte er die Erdbewegung als reine Hypothese und sein Buch nicht als Parteinahme für eine Theorie, sondern als Informationsschrift verstanden wissen. Auch deshalb war es als Dialog dreier venezianischer Adliger verfasst, die die widerstreitenden Theorien gegeneinander abwägen, ohne am Ende einer ausdrücklich den Vorzug zu geben. Aber bei aller Vorsicht lief der *Dialog* doch recht eindeutig auf ein Plädoyer für die kopernikanische Theorie hinaus. Das offene Ergebnis des Dialogs war zu offensichtlich fabriziert, zumal Galileos Sympathie für Kopernikus' Theorie kein Geheimnis war. Inzwischen hatte er mehr als einmal den Eindruck vermittelt, er wolle den Theologen vorschreiben, wie sie die Heilige Schrift am besten auslegen sollten. Die Entrüstung so manchen Kirchenmannes war durchaus nachvollziehbar: Galileo schien sich in Bibelfragen für kompetenter zu halten als die Fachleute. Seiner Beliebtheit unter konservativen Klerikern dürfte das nicht gerade zuträglich gewesen sein.

Das Heilige Offizium, Vorläufer der heutigen Glaubenskongregation, zitierte den fast siebzigjährigen, kranken Galileo aus Florenz nach Rom, wo er sich für die Inquisition zur Verfügung halten sollte. Er landete aber nicht etwa in den Verliesen des Vatikans, wie allzu gern behauptet, sondern durfte mit Dienerschaft als Hofgelehrter des Großherzogs der Toskana ganz standesgemäß in dessen römischer Botschaft residieren. Während der Vernehmungen selbst erhielt er eine eigens geräumte Wohnung im Gebäude der Inquisition, und um das leibliche Wohl durfte sich die florentinische Botschaft kümmern. Diese Vorzugsbehandlung erklärt sich aus den guten Beziehungen zu Papst Urban VIII., den Galileo noch in dessen Zeit als Kardinal kennengelernt hatte, aber auch aus der generellen Wertschätzung des berühmten Gelehrten. Und sie zeigt, dass die Inquisitoren keineswegs einen ausgekochten Ketzer vor sich zu haben glaubten, der erbarmungslos verfolgt werden musste.

Trotzdem verlief der Prozess nicht so, wie Galilei es sich erhofft haben mochte. Er fühlte sich zwar ganz auf der Seite des Rechts und der Kirche, weil er in seinen Augen die Lehre des Kopernikus nicht verteidigt, sondern nur dargestellt hatte. Das Gutachten der Inquisition sah das jedoch anders. Nicht nur ergreife Galilei Partei für Kopernikus, er glaube wohl auch an die Lehre von der Erdbewegung, so die Kritik. Galileo versuchte sich herauszureden, seine Eitelkeit des Wissenschaftlers habe ihn übers Ziel hinausschießen lassen. Er hoffte wohl, man würde es ihm als lässlichen Fehler durchgehen lassen. Allerdings war aus den Untiefen des päpstlichen Archivs ein Dokument von 1616 aufgetaucht, das Galileos Situation verschärfte. Dem unterschriftslosen Papier zufolge hatte er nämlich gelobigt, die kopernikanischen Thesen nicht nur nicht zu verteidigen, sondern gar nicht erst zu diskutieren. Galilei besaß ein anderslautendes Dokument des damaligen Inquisitors, nach dem er die Thesen durchaus diskutieren durfte, solange er nicht dafür Partei ergriff – die Aktenlage war also widersprüchlich. Die Inquisitoren verfolgten daher diesen formellen Anklagepunkt nicht weiter, und es schien, als würde Galileo mit einer bloßen Bußstrafe davonkommen.

Nun aber regte sich in der römischen Kurie angesichts des milden Umgangs mit Galileo Widerstand, dessen Ursprung nicht mehr bestimmt werden kann. Jedenfalls schloss sich der Papst dieser strengeren Haltung an, und die Inquisition verlangte von dem Beschuldigten einzugestehen, dass er unerlaubterweise Werbung für Kopernikus gemacht hatte, was Galileo auch bereitwillig tat. Unmissverständlich gab er zu Protokoll, er halte nach längerer Unsicherheit die gewohnte Lehre von der unbeweglichen Erde und der sich bewegenden Sonne für die richtige. Am 22. Juni 1633 erging im römischen Dominikanerkonvent Santa Maria sopra Minerva nicht weit vom Pantheon der Urteilsspruch, der bezeichnenderweise nicht von allen Inquisitoren unterzeichnet worden war. Galileo wurde als »der Häresie verdächtig« eingestuft. Er wurde unter lebenslangen Hausarrest gestellt, sein *Dialog* wurde verboten – als begehrte Bückware stieg sein Preis übrigens alsbald auf das Zwölffache. Über die Thesen des Kopernikus durfte er sich nicht mehr äußern, konnte aber weiter wissenschaftlich arbeiten.

Aus den Prozessakten geht im Übrigen nicht hervor, dass

Galileo gefoltert wurde – das hätte die obligatorische Vorunter-
suchung angesichts seines Alters und Gesundheitszustandes
höchstwahrscheinlich ohnehin ausgeschlossen. Angedroht wurde
diese Verhörmethode immer, weil es vorgeschrieben war – und
durchaus wirkungsvoll. Ebenfalls unhistorisch ist der oft bemühte
Satz, den Galileo im Aufstehen trotzig gemurmelt haben soll,
nachdem er sein Urteil auf Knien entgegengenommen hatte:
»Eppur si muove! – Und sie bewegt sich doch!« Nicht nur fehlt
dafür jeder Beweis – eine solche Äußerung, auch noch so leise
ausgesprochen, hätte Galilei den Kopf kosten können, weil sie
seine öffentliche Abschwur null und nichtig gemacht hätte. Das
aber entspricht ganz und gar nicht Galileos Strategie von Anfang
an, sich so unbeschadet wie möglich aus der Affäre zu ziehen.
Das Zitat ist vielmehr ein Detail im lieb gewonnenen Bild des
Wissenschaftlers, der sich unter der Knute der Kirche nur zähne-
knirschend und innerlich unbeugsam fügt.

Natürlich wirkt dieser Prozess wie jeder Inquisitionsprozess
auf den modernen Menschen unerhört. Der historische Blick
muss aber berücksichtigen, dass zu dieser Zeit die Autorität der
Kirche kein bloßer Machtfaktor und eigentlich überholt, sondern anerkannt war. Der Einzelne achtete ganz überwiegend die
Deutungshoheit der Kirche über das Wesen der Welt.

Daneben lohnt sich über den direkten Konflikt mit Galileo
hinaus der Blick auf den Kontext. Dazu gehört neben dem Wettstreit zwischen katholischer und protestantischer Kirche um die
Auslegung der Bibel der innere Kampf zwischen progressiven und
konservativen Klerikern. In der europäischen Zerreißprobe um
die rechte Konfession mit ihren weltlichen Dimensionen hatte
sich Papst Urban VIII., ein ausgesprochener Machtmensch, mit
außenpolitischen Entscheidungen innerkirchliche Probleme ein-
gehandelt. Schon deshalb konnte der Papst sich keine Schwäche
erlauben und den Florentiner Wissenschaftler nicht ungescho-

ren davonkommen lassen. 1633 kam Galileo nicht so leicht aus der Sache heraus wie 1616, aber er kam heraus. Die Behandlung durch die Inquisition war nicht nur respektvoll, sondern auch erheblich milder und umsichtiger als zumeist behauptet.

Der Prozess gegen Galileo Galilei war also kein unerbittlicher Schauprozess, in dem die Kirche die Wahrheit blutig unterdrückte. Da Kopernikus' Thesen damals noch nicht bewiesen waren, lässt sich die Affäre Galileo auch nicht zu einem Konflikt zwischen Glauben und Wahrheit stilisieren. Ein Ruhmesblatt war er trotzdem nicht, was wohl jeder Kirchenmann bestätigt und Papst Johannes Paul II. bald nach seinem Amtsantritt 1978 veranlasste, den Physiker nach und nach vollständig zu rehabilitieren. Vom Index verbotener Bücher waren Galileos Schriften schon 1835 gestrichen worden. Auf der anderen Seite war auch Galileo nicht der unerschrockene Streiter für eine freie Wissenschaft, als der er bis heute gerne dargestellt wird. Er hat von vornherein versucht, sich nicht mit der Kirche anzulegen, und schließlich, als er doch vor die Inquisition zitiert wurde, bereitwillig eingelenkt. Er bot sogar an, sein Buch durch eindeutige Ergänzungen klar von dem Vorwurf zu befreien, es propagiere Kopernikus' These von der Erdbewegung. Den Titel des aufrechten Wissenschaftlers darf wohl eher der prinzipientreue Protestant Johannes Kepler für sich beanspruchen. Galileo hingegen trieb erheblichen Aufwand, um einer Konfrontation mit der Kirche aus dem Weg zu gehen. Was ihn schließlich vor die Inquisition brachte, war seine selbstgerechte Überheblichkeit, mit der er aufgrund eigener wissenschaftlicher Überzeugungen glaubte, den Theologen vorschreiben zu können, wie sie die Bibel auszulegen hätten.

LUDWIG XIV.
»DER STAAT BIN ICH«?

Ludwig XIV., Sonnenkönig und Bauherr von Versailles, ist neben Napoleon der wahrscheinlich bekannteste aller französischen Herrscher. Ob im Positiven oder Negativen, Ludwig gilt als der vorzügliche Vertreter des Absolutismus – der monarchischen Regierungsform, in der alle Macht vom Herrscher ausgeht. Überall in Europa ahmten größere und kleinere Fürsten seine Regierungsart nach, sei es äußerlich mit dem Bau repräsentativer Paläste und der Unterhaltung eines prachtvollen Hofes oder politisch mit einem absoluten Machtanspruch. Ludwigs XIV. angeblicher Ausspruch, »L'État c'est moi – Der Staat bin ich« wird bis heute als Essenz der Regierungsauffassung des Absolutismus verstanden. Der Herrscher ist Zentrum der Macht und maßgebliches Gesetz, er ist außer Gott nur noch seinem Gewissen verantwortlich. Aber hat Ludwig XIV. von Frankreich diesen Satz auch tatsächlich gesagt?

Nach dem Tod von Kardinal Mazarin übernahm Ludwig XIV. die Alleinregierung – dargestellt in einem berühmten Gemälde der Grande Galerie von Versailles, auf dem der König symbolisch für die Staatsgeschäfte ein Steuerrad in der Hand hält. Ludwig regierte als absoluter Monarch ohne die Beteiligung der Stände, entmachtete Parlamente und oberste Gerichtshöfe, disziplinierte den widerspenstigen Adel. Er ließ Versailles bauen, das weniger als Bühne bloßer Prachtentfaltung gedacht war denn als programmatischer Ausdruck für seinen Herrschaftsanspruch.

Der Ausspruch »L'État c'est moi« scheint also bestens geeignet, die Regierungszeit Ludwigs XIV. zu charakterisieren. Aber war Ludwig über seinen absoluten Anspruch hinaus so selbstherrlich und überheblich, dass dieser Satz auch seiner Selbstwahrnehmung entsprach?

Ludwigs Memoiren, die er für die Erziehung des *dauphin*, des französischen Thronfolgers, erstellen ließ und persönlich bearbeitete, sind eine Art frühes politisches Testament. Sie strotzen zwar von Selbstlob, von Überheblichkeit distanziert sich der König jedoch. Über das Verhältnis zu seinen Untertanen schreibt er, ihre Achtung und ihr Gehorsam seien kein freiwilliges Geschenk. Vielmehr sei es »das Entgelt für die Gewährung von Gerechtigkeit und Schutz, die sie von uns erwarten. Wie sie uns ehren sollen, sollen wir über sie wachen und uns vor sie stellen«.

Ludwig betont außerdem, er benötige den Rat anderer und ihren Widerspruch, auch wenn er alle Entscheidungen schließlich alleine treffe – ein Grundsatz, den er während seiner langen Regierungszeit auch befolgte. Er empfiehlt seinem Nachfolger keine überhebliche Haltung ohne Achtung vor anderen, sondern Zurückhaltung und dass er sein Wort halte. Der Weg zum Ruhm sei der der Vernunft. Bei aller Herrlichkeit und Pracht, die Ludwig entfaltet, und aller Selbstgewissheit seiner Position als absoluter Monarch ist Ludwig ein Gegner despotischer Willkürherrschaft und sieht sich mit Regeln und Pflichten konfrontiert. Staatsräson heißt das oberste Prinzip, dem sich auch der Monarch zu unterwerfen hat; seinem Volk hat er beispielsweise durch eine sittenhafte Lebensführung ein Vorbild zu sein. Auch in anderen seiner Schriften bezeichnet sich Ludwig als den Untertanen und Gott verpflichtet.

Passt es also zu diesem König, dass er bei allem absoluten Selbstverständnis vom Gottesgnadentum einen solchen Ausspruch tut und damit nahelegt, er könne unumschränkt alles tun, was ihm beliebt? Im Sinne einer »abstoßenden Selbstvergötterung«, wie ein Historiker einmal schrieb, und sich den Staat schlichtweg einverleibend? Das klingt unwahrscheinlich, zumal der Überlieferung nach Ludwig diesen Satz als junger König und vor der Übernahme der Alleinregierung geäußert haben soll.

Ludwig war 1655, als sechzehnjähriger König, in Jagdkleidung und mit Reitgerte vor dem widerspenstigen Pariser Parlament erschienen, das sich neuen Steuerabgaben für den Krieg gegen Spanien widersetzte. Mit seinem selbstbewussten Ausspruch soll er alle Einwände der anwesenden Herren vom Tisch gefegt haben.

Die historischen Quellen belegen in der Tat diesen ungewöhnlichen Auftritt des Königs im Parlament ohne die übliche Vorankündigung und in unpassender Jagdbekleidung. Ebenfalls anders als sonst sprach nicht Kardinal Mazarin in seinem Namen, sondern der König selbst. Ludwig trat selbstbewusst bis überheblich auf und verbot dem Parlament weitere Beratungen. Nicht ganz klar ist jedoch, ob Ludwigs Äußerungen von ihm selbst stammen oder von Mazarin vorformuliert waren. Was aber kein Augenzeuge des Vorfalls erwähnt, ist der berühmt gewordene Ausspruch »L'État c'est moi« – auch nicht für einen späteren Zeitpunkt der Regierung Ludwigs. Aber auch wenn Ludwig diesen Satz offenbar nie gesagt hat und er auch nicht seinem monarchischen Selbstverständnis entsprach, trifft er auf die tatsächliche Regierungspraxis durchaus zu. Er muss also weder aus der Geschichte Ludwigs XIV. noch aus der Geschichte des Absolutismus vollständig getilgt werden.

FREIMAURER
IM GEHEIMORDEN ZUR WELTHERRSCHAFT?

Vor allem im debattenreichen 18. Jahrhundert gründeten sich zahlreiche »Geheimgesellschaften«, deren bekannteste zweifellos die der Freimaurer ist. Während viele andere Organisationen ins Leben gerufen wurden, eine Zeit lang existierten und wieder verschwanden, gibt es die Freimaurer bis heute. Weil sie diskret und verschwiegen sind, haftet den Freimaurern noch immer das Label des »Geheimordens« an. Von dort ist es nur ein kleiner Schritt zu der Überzeugung, da würde im Verborgenen von anstößigen Ritualen bis zur Planung von Attentaten alles Mögliche oder Unmögliche durchgeführt oder ausgeheckt. Hartnäckig halten sich daneben Gerüchte über den Auftrag, den sich die Freimaurer bei ihrer Gründung gegeben haben sollen und seither im Geheimen umzusetzen versuchen: Nichts weniger als die Weltherrschaft würden sie anstreben – ein Verdacht, der seit ihrer Gründung im frühen 18. Jahrhundert bis in die Gegenwart immer wieder erhoben wird. Was also hat es mit den Freimaurern auf sich, und was ist dran am Plan der Weltherrschaft?

Zunächst führt das Wort »geheim« auf eine ganz falsche Fährte. Es bedeutet nämlich für den Wortgebrauch des 18. Jahrhunderts in den meisten Fällen nicht mehr als »privat« oder »nichtstaatlich«. Damals existierte kein Versammlungsrecht, wie unsere Demokratien es kennen. Die geheimen Gesellschaften arbeiteten diskret und wurden vom Staat nur akzeptiert, wenn sie unpolitisch blieben und sich bei der absolutistischen Obrigkeit nicht durch unerwünschte Aktivitäten unbeliebt machten. Heute sind die Logen der Freimaurer amtlich eingetragene Vereine, auch wenn Traditionen und Rituale hochgradig symbolisch geblieben sind und von Außenstehenden als geheimnisvoll oder gar okkult verstanden werden. Dabei betreiben die Freimaurer heute Öffentlichkeitsarbeit, laden zu öffentlichen Veranstaltungen ein und sind sogar im Internet vertreten. In den freien Gesellschaften der westlichen Welt verbergen die Mitglieder ihre Zugehörigkeit auch längst nicht mehr.

Als verdächtig wird häufig wahrgenommen, dass Freimaurer kein großes Aufheben aus sich und ihrer Zugehörigkeit machen. Früher war dies angesichts der Anfeindungen von vielen Seiten eine Notwendigkeit; heute liegt es wohl eher daran, dass die im Allgemeinen männlichen Mitglieder ihr Freimaurertum eher als private Sache betrachten, die keine Öffentlichkeit braucht. Wenn sie jedoch für die Allgemeinheit handeln, dann tun sie es, ohne allzu sehr auf ihren Hintergrund einzugehen, weil das ihrem Selbstverständnis widerspräche.

Die erste Großloge der Freimaurer wurde 1717 in London gegründet. Sie stellte sich dabei in die Tradition der Werkmaurergilden des Mittelalters und der Renaissance und gab sich mit den sogenannten »Alten Pflichten« eine Verfassung, die die Mitglieder zu einem ethisch einwandfreien Lebenswandel, zu Toleranz gegenüber anderen Menschen, Religionen und Weltanschauungen verpflichtet. Nach und nach gründeten sich Logen in anderen Ländern, und unter ihren Mitgliedern finden sich zahlreiche wichtige Männer aus Politik, Philosophie, Kunst und Wissenschaft – von Goethe bis Mozart und Montesquieu, von Herder bis George Washington und Gustav Stresemann. Insofern ist der Einfluss der Freimaurer auf die Geschicke der Welt nicht unwesentlich gewesen, weil viele Impulse von Freimaurern ausgingen – allerdings als Einzelpersonen und nicht im Auftrag eines Geheimordens. Vor allem in Frankreich waren viele Freimaurer unter den wichtigsten Köpfen von Aufklärung, Liberalismus, Humanismus und Demokratie; in Italien arbeiteten sie im 19. Jahrhundert für die Einigung des Landes.

Während aufgeklärte Herrscher wie Friedrich der Große von Preußen oder Franz I. von Österreich Mitglieder waren, beäugten die spätabsolutistischen Fürsten Europas die Freimaurer höchst argwöhnisch. Die alte Ordnung sah weder die Mündigkeit aller Untertanen noch ihre Gleichheit vor, folglich musste sie durch die freigeistige Ausrichtung der Freimaurer gefährdet sein. Ebenso fühlte sich die katholische Kirche angegriffen, zumal die Freimaurer im protestantischen England gegründet worden waren. Der Papst exkommunizierte die Freimaurer; in kirchlichen Kreisen setzte sich die Auffassung durch, man habe es mit einer Art neuer Ketzersekte zu tun, die es ganz generell auf die katholische Kirche abgesehen habe. Ob in Spanien, Frankreich oder Deutschland – zahllose Kampfschriften und Pamphlete gegen die Freimaurer erschienen, in denen schon bald Juden und Freimaurer zusammengebracht wurden, die gemeinsam an einer Weltverschwörung arbeiten würden. Dies wurde durch das Toleranzideal der Freimaurer begünstigt, das die Mitgliedschaft aller Schichten, Nationen und Religionen erlaubt.

Diese Abwehr liberaler, freiheitlicher, toleranter Vorstellungen verstärkte sich durch die Französische Revolution 1789. Besonders in Deutschland war die Furcht vor einer importierten Revolution groß, und die Propaganda machte mal die Freimaurer, mal den militanten bayrischen, schon 1785 verbotenen Illuminatenorden zu Drahtziehern der Französischen Revolution. Der Begriff »Freimaurer« wurde zum Schimpfwort der Gegner von Revolution und Aufklärung.

Verschwörungsvorwürfe gegen die Freimaurer hatten immer wieder Konjunktur, wenn politische, gesellschaftliche oder wirtschaftliche Entwicklungen unwillkommen waren. Das konnte Napoleon sein, der mithilfe der Freimaurer aus dem Exil seine Herrschaft wiedererlangen wollte, oder die von den Freimaurern ins Leben gerufene Sozialistische Internationale; ebenso wurden Freimaurer als Schuldige am deutschen Liberalismus des 19. Jahrhunderts oder am Ersten Weltkrieg ausgemacht. Auch die Ablehnung von Modernisierung und Industrialisierung im 19. Jahrhundert äußerte sich unter anderem in der Beschwörung der »freimaurerischen Gefahr«.

Nun ist unüberlegte Abwehr eine verbreitete Reaktion auf unliebsame oder unverständliche und daher unheilvoll erscheinende Entwicklungen. Was nicht sein darf, kommt entweder von außen oder vom Fremden, Andersartigen inmitten der Gesellschaft – das hatten sowohl die frühen Christen in Rom als auch die europäischen Juden des Mittelalters sehr schmerzhaft erfahren müssen, und dieses Muster hat bis heute Bestand. Nicht zufällig also wurden Juden und Freimaurer gleichgesetzt, was in der haltlosen Theorie der »jüdischen Weltverschwörung« der sogenannten *Protokolle der Weisen von Zion* und der NS-Propaganda gipfelte, die Juden und Freimaurern unterstellten, im Verbund die Weltherrschaft anzustreben. So unbegründet diese Verschwörungstheorien auch sein mögen, werden sie bis heute doch immer wieder bemüht.

Wie haltlos die Beschuldigungen sind, erweist sich schon daran, dass sie je nach Bedarf aus der historischen Mottenkiste geholt werden. Beweise dafür wurden nie geliefert, und selbst die mageren Indizien lassen sich nur dann ausmachen, wenn man sie von vornherein im Sinne der Vorwürfe fehlinterpretiert. Einer Weltverschwörung widersprechen die Ideale der Freimaurer; ihre Diskretion hat andere Gründe. Und schließlich ist das Freimaurertum keine international gesteuerte, zentralistische Organisation. Vielmehr sind die Großlogen unabhängig, wenn sie sich auch gemeinsamen Idealen verpflichtet fühlen, sich gegenseitig anerkennen und kooperieren.

Wenn man also all die kruden Theorien und Beschuldigungen weglässt, bleibt vom geheimnisumwobenen Orden der Freimaurer eine zwar verschwiegene, aber ganz und gar nicht zweifelhafte Gemeinschaft von Freigeistern und Humanisten, die sich seit fast drei Jahrhunderten um Toleranz, Menschlichkeit und Aufklärung bemüht. Da ist vom Drang zur Weltherrschaft keine Spur und von Verschwörung allenfalls in dem Sinne einer »Verschwörung zum Guten«, wie ein deutscher Freimaurer einmal geschrieben hat. Nicht mehr und nicht weniger.

WELTSPRACHE DEUTSCH
AN EINER STIMME GESCHEITERT?

Nach dem Zweiten Weltkrieg ist Englisch zur Weltsprache Nummer eins aufgestiegen. Mit Englisch kommt man in weiten Teilen der Welt meistens problemlos zurecht und hat erheblich bessere berufliche Aufstiegschancen als mit anderen Sprachen. Zwar hat in den letzten Jahrzehnten die andere große Weltsprache Spanisch zugelegt, konnte Englisch aber bisher nicht den Spitzenplatz streitig machen. Weitere europäische Sprachen von Weltrang sind Portugiesisch und Französisch und schließlich Deutsch, das vor allem in Europa eine wichtige Rolle spielt.

Trotzdem hält sich hartnäckig die Ansicht, Deutsch sei eigentlich nur ganz knapp daran gescheitert, an Stelle von Englisch die wichtigste Sprache der Welt zu werden. An einer einzigen Stimme nämlich sei Ende des 18. Jahrhunderts eine Abstimmung im US-Kongress gescheitert, die Deutsch zur Landessprache der Vereinigten Staaten gemacht hätte. Weil der Anteil der deutschen Einwanderer groß und ihr Einfluss daher erheblich gewesen sei, sei die Abstimmung nur haarscharf zugunsten von Englisch ausgegangen. Und pikanterweise sei es ausgerechnet ein Deutschstämmiger gewesen, der mit seiner Stimme für das Englische seiner Muttersprache die Weltkarriere vermasselt hätte. Aber stimmt diese Geschichte von der Fast-Karriere der deutschen Sprache in den Vereinigten Staaten und der Welt?

Die ersten Deutschen sind vermutlich schon Anfang des 17. Jahrhunderts nach Nordamerika gekommen, als in der Kolonie Virginia die Siedlung Jamestown gegründet wurde. Gesichert ist das jedoch nicht, da die deutschen Einwanderer wegen der sprachlichen Ähnlichkeit immer wieder als »Dutch« bezeichnet wurden und daher von niederländischen Siedlern schwer zu unterscheiden sind. Sicher ist dagegen, dass mit Peter Minuit/ Minnewit aus Wesel am Rhein der erste Gouverneur von New York, das damals noch Neu-Amsterdam hieß, ein Deutscher war.

Die meisten deutschen Einwanderer zog jedoch die sechste britische Kolonie in Nordamerika an: Pennsylvania. Das Jahr 1683, als mit der Concord die »deutsche Mayflower« Philadelphia erreichte und dreizehn Familien aus Krefeld Germantown gründeten, gilt als der Beginn der deutschen Einwanderung. Nach der offiziellen Volkszählung von 1790 waren unter der US-Bevölkerung von rund vier Millionen zwischen acht und neun Prozent Deutschstämmige. Damit bildeten sie die größte Gruppe der nicht englisch sprechenden Einwanderer.

Deutsch hatte es von Anfang an schwer, sich in Nordamerika zu behaupten, da aufgrund der angelsächsischen Einwanderung von Anfang an die englische Sprache dominierte. Andere Sprachen konnten sich nur dort behaupten, wo ihre Träger einen großen Anteil der Bevölkerung ausmachten. So verhielt es sich bereits im 18. Jahrhundert in Pennsylvania, wohin seit 1730 immer mehr Deutsche kamen. Trotzdem stellten die deutschen Einwanderer nicht die Bevölkerungsmehrheit in Pennsylvania: Mehr als ein Drittel der Einwohner machten sie nie aus. In einigen Countys von Pennsylvania aber waren tatsächlich bis zu drei Vierteln der Bevölkerung deutschsprachig.

Die Geschichte der knappen Entscheidung über Englisch als US-Nationalsprache ist also schon deshalb falsch, weil auf die gesamten Vereinigten Staaten bezogen die deutschen Einwanderer immer eine Minderheit waren, die ihre Sprache nie gegen die angelsächsische Mehrheit hätten durchsetzen können. Aber wie verhielt es sich in Pennsylvania? Eine gemäßigte Form der Deutsch-Legende besagt denn auch, es habe dort eine Abstimmung über die Amtssprache gegeben. Weil Englisch und Deutsch gleich viele Stimmen erhielten, habe ausgerechnet die Stimme des Vorsitzenden den Ausschlag für Englisch gegeben: die des deutschstämmigen Frederick August Mühlenberg.

Frederick August Mühlenberg (1750–1801) gehörte zu einer bedeutenden Familie Pennsylvanias. Sein Vater Heinrich Melchior war 1742 nach Nordamerika gekommen und begründete die lutherische Kirche der USA. Die Familie stellte außer Theologen auch einen General des Unabhängigkeitskrieges und mehrere Politiker, zu denen auch Frederick Mühlenberg gehörte.

Mühlenberg war nicht nur in Pennsylvania als mehrmaliger Parlamentspräsident ein bedeutender Mann, sondern nach der Unabhängigkeit auch langjähriger Kongressabgeordneter in Washington und der erste Sprecher des US-Repräsentantenhauses. Die Dokumente der zahlreichen Gremien, in denen der einflussreiche Mühlenberg Mitglied war, geben aber keinerlei Hinweise darauf, dass er die unrühmliche Rolle gespielt hat, die ihm zugeschrieben wurde. Mehr noch, kein einziges Mal hat das Parlament von Pennsylvania darüber abstimmen müssen, ob Deutsch die Amtssprache Englisch ablösen solle. Mühlenberg traf jedoch einmal eine unpopuläre Entscheidung in einer ganz anderen Sache, die ihm viel Kritik einbrachte und das Ende seiner Karriere als Kongressabgeordneter besiegelte. Daraus muss sich das Gerücht gebildet haben, dass die *Germans* von Pennsylvania nur knapp mit dem Vorhaben gescheitert seien, ihre Muttersprache zur Nummer eins in ihrem Staat zu machen.

Es gab in Pennsylvania immer wieder Versuche, die deutsche Sprache aufzuwerten. Am weitesten für eine Gleichberechtigung des Deutschen ging eine Entscheidung der gesetzgebenden Versammlung von Pennsylvania von 1778, ihre Protokolle nicht nur in Englisch, sondern in Kopien gleicher Zahl auch in Deutsch zu veröffentlichen. Später wurde das Verhältnis auf 2:1 zugunsten des Englischen verschoben. Ähnlich verfuhren auch andere US-Staaten mit einer größeren Minderheit deutschstämmiger Siedler. Seit der amerikanischen Revolution wurden an den Gerichten von Pennsylvania außerdem deutsche Dolmetscher beschäftigt. Dort, wie beispielsweise auch in Ohio, setzten Deutschstämmige dann im 19. Jahrhundert durch, dass Deutsch als zweite Unterrichtssprache neben Englisch gepflegt werden durfte. 1836/37 stärkten in Philadelphia Deutschstämmige ihre Sprache in Pennsylvania erneut: Dort konnten künftig rein deutschsprachige Schulen gegründet werden; wichtige Gesetze wurden neben Englisch weiterhin in Deutsch veröffentlicht.

Darüber hinaus wurden aber keine maßgeblichen Regelungen zugunsten der deutschen Sprache getroffen – geschweige denn eine Abstimmung anberaumt, bei der die englische nur ganz knapp den Sieg über die deutsche Sprache davongetragen hätte.

Abgesehen von den Mehrheitsverhältnissen waren die deutschen Einwanderer ohnehin keine einheitliche Gruppe: Sie gehörten ganz unterschiedlichen Glaubensrichtungen an und kamen außerdem aus einem zersplitterten Land mit zahllosen Kleinstaaten. Das begünstigte eine rasche Assimilierung, sodass die meisten Familien schon Ende des 18. Jahrhunderts zweisprachig waren und sich auf Deutsch im familiären Zusammenhang beschränkten.

FÜRST POTEMKIN
BLOSS EIN KULISSENSCHIEBER?

Begriffe und Redewendungen mit historischem Bezug sind keine Seltenheit, und je gängiger ihr Gebrauch, desto hartnäckiger setzt sich ihr vermeintlich historischer Gehalt im allgemeinen Bewusstsein fest. Das gilt ganz besonders für die Redewendung von den »Potemkinschen Dörfern«. Wann immer eine zweifelhafte Behauptung oder vorgebliche Tatsache mit der Präsentation von unechten Fassaden belegt werden soll, hinter denen bei näherer Betrachtung gar nichts steckt, wird früher oder später diese Formulierung bemüht: Wer Potemkinsche Dörfer vorführt, ist ein Hochstapler.

Der Hintergrund der Redewendung ist dabei noch einigermaßen bekannt: Fürst Potemkin, Günstling der Zarin Katharina II. (1729–1796), soll auf einer Inspektionsreise der russischen Kaiserin bloße Häuserfassaden und als schwere Gefechtsschiffe getarnte Holzbötchen aufgestellt haben, um die Monarchin über den wahren Zustand ihres Landes und seiner militärischen Schlagkraft zu täuschen. Aber werden diese Darstellung und die verunglimpfende Redewendung den Tatsachen und der Person Potemkins gerecht?

Potemkin (1739–1791) ist vor allem als einer der zahlreichen Liebhaber und Favoriten der Zarin bekannt. Er ist durch die Gunst Katharinas nach der Ausschaltung des Zaren, an der er beteiligt war, rasch aufgestiegen. Potemkin war seit 1776 Reichsfürst und wurde schließlich Generalfeldmarschall. Als Generalgouverneur Neurusslands war er für die neuen russischen Südprovinzen zuständig und ein Verfechter einer gegen das Osmanische Reich gerichteten Expansionspolitik. Für diesen Zweck sollten seine Provinzen massiv besiedelt, gefördert und ausgebaut werden.

Die Verleumdung des Fürsten wegen seiner angeblichen Fassaden aus Pappmaschee geht auf eine Reise in die Schwarzmeerprovinzen zurück, die die russische Zarin im Frühjahr 1787 zusammen mit dem österreichischen Kaiser Joseph II., ihrem Verbündeten, unternahm. 1774 und 1783 hatte Katharina Russland im Süden erweitert und damit das Osmanische Reich herausgefordert. Mit der sogenannten »Taurischen Reise«, jahrelang vorbereitet, prachtvoll inszeniert und mit großem Gefolge unternommen, wollte Katharina in einer Triumphfahrt Macht und Größe Russlands zeigen – dabei waren außer dem beständig missmutigen Joseph II. auch die Botschafter Frankreichs und Englands. Die Reise führte von Kiew auf dem Dnjepr zur Krim und durch mehrere neu gegründete Städte bis nach Sewastopol. Sie wurde zu einem Triumph der Zarin sowie ihres Statthalters und Reiseleiters Potemkin, die den Mitreisenden und schließlich der europäischen Öffentlichkeit blühende Landschaften und ein starkes Russland präsentierten.

Fürst Potemkin hatte im Süden der heutigen Ukraine eine umfassende Aufbaupolitik betrieben und dafür auch Ausländer angesiedelt, um die Entwicklung des Gebietes voranzutreiben. Dabei war er auch durchaus erfolgreich, denn schon nach wenigen Jahren konnte er seine Zarin zu dieser Reise einladen. Den hohen Herrschaften wurden schöne Bauwerke und Parks gezeigt, ganze Dörfer waren neu gebaut worden, und in den Städten zeugten zahlreiche Baustellen von reger Bautätigkeit. Die Krönung des Besuches aber war, schon wegen der wirkungsvollen Machtdemonstration, die Präsentation der neuen Schwarzmeerflotte in Sewastopol. Das militärische Muskelspiel wurde durch Manöver zu Lande und zu Wasser ergänzt. Vor allem die stattliche Flotte verfehlte bei Joseph II. nicht ihr Ziel: Ihr gegen die Türken gerichtetes Bedrohungspotenzial lag für ihn auf der Hand, zumal er als Verbündeter Katharinas einen russischen Feldzug gegen die Türkei verhindern wollte.

Das böse Wort von den Potemkinschen Dörfern stammt aber nicht von einem der Reiseteilnehmer, sondern von einem sächsischen Diplomaten am russischen Hof, Georg von Helbig. Er schrieb anonym eine Biografie des Fürsten Potemkin, die Anfang des 19. Jahrhunderts in verschiedenen Sprachen erschien. Die Geschichte der angeblichen Hochstapelei Potemkins kursierte bereits als bösartiges Gerücht am Hof, und Helbig schmückte sie noch ordentlich aus: Nicht nur von ganzen Fassadendörfern und Schiffen aus morschem Holz ist da die Rede, sondern auch von Massen bedauernswerter Leibeigener, die von einem Ort zum nächsten getrieben wurden und die Bewohner der falschen Dörfer mimen mussten: »Man glaubte in einiger Entfernung Dörfer zu sehen, aber die Häuser und Kirchenthürme waren nur auf Breter gemalt. Andere nahegelegene Dörfer waren erst erbauet worden, und schienen bewohnt zu seyn. Die Einwohner waren oft vierzig Meilen weit herbey getrieben worden. Abends mussten sie ihre Wohnungen verlassen, und des Nachts in der größten Eil andere Dörfer erreichen, die sie abermals nur auf einige Stunden, und nur so lange bewohnten, bis die Kaiserin vorbeigefahren war. (…) Heerden Vieh wurden in der Nacht von einem Orte zum anderen getrieben, und oft bewunderte sie die Monarchin fünf bis sechsmal.« Gigantische Summen Geldes habe Potemkin veruntreut, behauptete Helbig und gab damit bösartigen Hofklatsch wieder, blieb Beweise dafür aber schuldig.

Katharina selbst, aber auch ihre französischen Reisebegleiter äußerten sich entrüstet, als sie von den verleumderischen

Gerüchten hörten, und bestritten ihren Wahrheitsgehalt vehement.

Dennoch wurden sie von anderen fortgesetzt und ausgeschmückt: Eben jene Bauern, die Potemkin durchs Land getrieben hatte, um der Zarin zu imponieren, habe er gleich anschließend ohne jedes Erbarmen kläglich verhungern lassen. Hungersnöte hat es zu dieser Zeit zwar tatsächlich gegeben, aber sie stehen nicht im direkten Zusammenhang mit Potemkins Politik. Auch die Behauptung, es seien Staatsgelder veruntreut worden, widerlegt der Blick in die russischen Haushaltsabrechnungen. Und die Zweifel an den Leistungen Potemkins waren völlig unbegründet. Ins gleiche Horn stieß kurz nach Katharinas Tod ihr ehemaliger Leibarzt Adam Weikard, ein Mediziner aus Fulda, und bald darauf auch der Theaterautor August von Kotzebue. Weikards Bericht fällt nicht so drastisch aus wie der Helbigs, aber trotzdem kommt er immer wieder auf das Blendwerk Potemkins zurück, für den der Mediziner offenbar wenig Sympathie aufbringen konnte: »Es versteht sich, dass an jenen Seiten, wo die Kaiserin durchgeführt wurde, Wälle, Mauern, Thore, Pallisaden alles im vortrefflichsten Zustande war. An anderen Gegenden war manchmal noch kein Stein am Thore, oder es war auch wohl ein Stück Wall wieder eingefallen. Grosse, welche sich im Pompe herum führen lassen, bekommen nie ihr Land zu sehen, wie es wirklich ist, sondern wie man will, dass sie es sehen sollen.«

Aber Potemkin hatte durchaus ganze Arbeit geleistet. Zwar wurden seine höchst ehrgeizigen und kostspieligen Pläne nicht im vollen Umfang umgesetzt. Und auch wenn er mit einiger Wahrscheinlichkeit und verständlicherweise hier und da Unfertiges als vollendet präsentiert haben dürfte und zweifellos jede Station der Reise aufwendig herausgeputzt wurde, um die Zarin und ihre Reisegesellschaft zu beeindrucken, so war für die Teilnehmer doch unübersehbar, was sich binnen weniger Jahre im Süden des Reiches getan hatte. Das bestätigten auch andere Reisende, die in späteren Jahren den Süden der Ukraine bereisten und von Potemkins kolonisatorischen Leistungen höchst beeindruckt waren. Und im Krieg gegen die Türken, der schon bald nach der »Taurischen Reise« begann, erwiesen sich die Werke Potemkins als alles andere als von Pappe – immerhin siegte Russland über die Türkei nicht zuletzt durch Potemkins starke Flotte und seine befestigten Städte.

Katharina II., die deutsche Prinzessin aus Anhalt-Zerbst, die zur mächtigen Alleinherrscherin Russlands aufstieg und das Russische Reich erheblich vergrößerte, faszinierte schon ihre Zeitgenossen. Nach ihrem Tod wurde ihr Leben von zahlreichen Schriftstellern beschrieben, mal mehr, mal weniger substanzreich, mal mehr, mal weniger sensationsorientiert. Eine wichtige Rolle spielte dabei das Liebesleben der Frau, die kaltblütig ihren Mann ausgeschaltet hatte, um Russland selbst zu beherrschen. Für Zeitgenossen und Nachwelt hatte sie sich damit in die fatale Abhängigkeit wechselnder Günstlinge begeben, die ihre weibliche Schwäche hemmungslos ausnutzten und sie für ihre Zwecke benutzten. Ein Weiteres bewirkten die massiven Vorurteile des aufgeklärten Europas gegenüber Russland, in den Augen westlicher Beobachter ein zerrissenes Land voller Gegensätze. In der Tat trat auf der berühmten »Taurischen Reise« der Gegensatz zwischen Prunk und Pomp des reisenden Hofes und dem Elend der einfachen Bevölkerung für die Mitreisenden klar zutage. Und dieser Kontrast, der Westeuropäer immer wieder entsetzte, dürfte zu der vereinfachten Einschätzung geführt haben, dass nichts an Potemkins Werk echt und schlichtweg alles von Pappe war.

Die Berichte der missgünstigen Männer Helbig, Weikard und Kotzebue finden bis heute in die meisten dieser Lebensbeschreibungen Eingang. Und die Redewendung der Potemkinschen Dörfer wird trotz ihres unhistorischen Hintergrundes auch weiterhin ihre Beliebtheit behalten.

FRANZÖSISCHE REVOLUTION
KEIN STURM AUF DIE BASTILLE?

Alljährlich im Sommer zelebriert Frankreich seinen Nationalfeiertag. Der Präsident der stolzen Republik nimmt auf den
Champs-Élysées eine Militärparade ab, und das Volk feiert in
zahlreichen Festen und Bällen meist unter freiem Himmel den
Tag, an dem das revolutionäre Volk das gefürchtete Staatsge-
fängnis Bastille stürmte: am 14. Juli 1789. Der Historiker Jules
Michelet schrieb 1847 von der heroischen Tat, von der Unein-
nehmbarkeit der Festung, von der allgemeinen Erleuchtung,
die im Volk von Paris den gewagten Entschluss hervorrief, die
Bastille zu erobern: »Die ganz Welt kannte und haßte die Bastille. Bastille und Tyrannei waren in allen Sprachen zwei gleich-
bedeutende Wörter. Alle Nationen glaubten sich befreit auf die
Nachricht von ihrer Zerstörung.« 1880 wurde der 14. Juli zum
französischen Nationalfeiertag erklärt.

Die Erstürmung der Bastille hat ihren Platz im Gedächtnis
der Welt als das Schlüsselereignis der Französischen Revolution,
als die Erhebung der Massen das Zeitalter der Moderne einläu-
tete. »Zu den Waffen, Bürger!«, beschwört denn auch die *Mar-
seillaise*, die französische Nationalhymne. Aber so universell die
Bedeutung der Französischen Revolution auch sein mag und so
symbolhaft dabei der Fall der Bastille, so fehlerhaft ist das Bild,
das wir von diesem Ereignis am 14. Juli haben.

Zusammengefasst sieht dieses Bild ungefähr so aus: Am 14. Juli
begann die Revolution, als fast 1000 Pariser Bürger die Festung

Bastille stürmten, weil sie wie keine andere Einrichtung der Stadt das verhasste Regime verkörperte. Fast einhundert Menschen kamen ums Leben, weil aus der Bastion fünfzehn Kanonen erbarmungslos auf das Volk abfeuerten, ebenso viele wurden verletzt. Aber die Aufständischen ließen sich nicht beirren, nahmen die Bastille ein und befreiten aus den modrigen Kellerverliesen die zahlreichen Insassen – allesamt unschuldige Opfer des Königs und Despoten. Die heroischen Erstürmer wurden vom Volk als Helden gefeiert und erhielten fortan eine Ehrenrente für ihren ruhmreichen Einsatz für die Sache der Revolution. Dieses Bild passt gut in die Überlieferung von einem Tag, der Geschichte machte – immerhin nicht nur für Frankreich, sondern mit erheblicher Ausstrahlung bis heute und in die ganze Welt. Nur ist dieses Bild alles andere als akkurat, denn die Ereignisse des 14. Juli verliefen zwar durchaus dramatisch, aber erheblich weniger heldenhaft.

Zunächst war die Bastille 1789 längst nicht mehr der gefürchtete Kerker, als der sie in die Geschichte eingegangen ist. Dort waren eher vornehme Gefangene untergebracht, die innerhalb der Festungsmauern ein recht angenehmes Leben führen konnten. Die einfachen Einwohner von Paris fürchteten daher auch andere Gefängnisse viel mehr. In der Bastille gab es über die Jahre eine ganze Reihe berühmter Häftlinge, darunter der Marquis de Sade und Voltaire, der dort zwei seiner Werke verfasste. Diese beiden prominenten Gefangenen stehen für die zwei Gruppen von Insassen der Bastille: politische Gefangene wie Voltaire, dessen Schriften der Zensur nicht passten, und Adlige wie der Marquis, dessen wüster Lebenswandel Anstoß erregte. Die meist wohlhabenden Gefangenen konnten in der Bastille standesgemäß wohnen – sie lebten mit Dienerschaft in anständigen Zimmern und durften sich frei bewegen. Sie erhielten Besuch von Freunden und sogar Ehefrauen, wurden mit guten Mahlzeiten und mit zahlreichen Annehmlichkeiten versorgt. Es gab sogar Ausgangsregelungen für die Insassen, und die Länge der Strafen betrug meist weniger als ein Jahr. Und es galt keineswegs als ehrenrührig, in der Bastille einzusitzen. Die geringe Zahl der befreiten Insassen erklärt sich im Übrigen auch aus der Tatsache, dass in den Jahren vor der Revolution die Willkür der französischen Justiz stark abgenommen hatte.

Zum Mythos der Bastille haben gerade in den Jahrzehnten vor der Revolution vor allem eben diese Intellektuellen unter den Insassen beigetragen, weil sie das Gefängnis zum Symbol der staatlichen Despotie erhoben, in dem ein erbarmungsloses, menschenunwürdiges Regiment herrsche.

Die gefürchteten Kellerverliese durften allerdings schon seit über einem Jahrhundert nicht mehr benutzt werden. Die Bastille hatte einst zur Pariser Stadtbefestigung gehört. Acht Türme von 23 Metern Höhe und dicke Mauern überragten den breiten Wassergraben, dazu gehörte eine dreieckige Bastion. Weil die Stadt längst über ihre alten Grenzen hinausgewachsen war, wirkte die steinerne Bastion wie ein merkwürdiges Relikt inmitten der rundherum entstandenen Wohnbauten.

Die Bastille war daneben alles andere als unüberwindbar, denn sie war in den vorangegangenen Jahrhunderten mehrmals nach kurzer Belagerung eingenommen worden. Eine abgeriegelte Festung war die Bastille ebenfalls nicht: Ihr Vorhof war in das Stadtviertel integriert, dort gab es vom Lokal bis zum Perückenmacher und Parfumhändler allerlei Läden. Selbst mit den fünfzehn Kanonen hatte es längst keine martialische Bewandtnis mehr – sie wurden nur noch bei festlichen Anlässen zu Salutschüssen eingesetzt.

Auch ohne die Revolution waren die Tage der Bastille gezählt. Weil das Gefängnis kaum noch genutzt wurde und sein Unterhalt viel zu teuer war, war ein Abriss längst geplant. Es gab bereits verschiedene Pläne für eine neue Bebauung des Areals, von denen einer nach dem Abriss auch rasch umgesetzt werden konnte.

Die Erstürmer der Bastille hatten es daher gar nicht in erster Linie auf die Befreiung der Gefangenen abgesehen, denen man sich wahrscheinlich ohnehin kaum verbunden fühlte. Fast wäre unter den Befreiten der Festung der Marquis de Sade gewesen, und dem Adligen mit höchst zweifelhaftem Lebenswandel brachten die Aufständischen wohl kaum viel Sympathie entgegen. Der Marquis war aber kurz zuvor ins Irrenhaus verlegt worden, weil er mit dem Ruf »Sie töten die Gefangenen hier drinnen!« die Bevölkerung vor dem Gefängnis aufzuwiegeln versucht hatte.

Der eigentliche Anlass für das Interesse an der Bastille waren ihre fünfzehn Kanonen. Der bekanntermaßen sanftmütige Gouverneur der Bastille de Launay hatte am Morgen eine Bürgerdelegation empfangen, die ihn aufforderte, die Kanonen herauszugeben, weil sie die Bevölkerung in Paris in Sorge versetzten. De Launay lehnte ab, weil er dazu nicht befugt sei, er habe die Kanonen aber aus den Schießscharten der Türme ziehen lassen. Er erlaubte der Delegation sogar, die Türme zu inspizieren, und wies seine Männer an, nicht zu schießen. Die Unterhändler gaben sich damit zufrieden und zogen nach einem gemeinsamen Glas Wein von dannen. Dann aber folgte eine zweite Delegation, die ohne Absprache mit der ersten die Übergabe der Festung verlangte.

Nicht zufrieden war die durch die Ereignisse der vorangegangenen Tage aufgeputschte und spätestens seit der Plünderung des Hôtel des Invalides am Morgen bewaffnete Menschenmasse vor der Bastille. Sie verlangte nach mehr und drängte auf den zugänglichen ersten Innenhof. Ein ehemaliger Soldat gelangte in den zweiten Hof und zerschlug die Ketten der Brücke, sodass diese nach unten schlug. Die eigentliche Festung war jedoch durch eine weitere Zugbrücke geschützt. Die Menge rückte vor, der Gouverneur gab Schießbefehl, das Ergebnis waren Tote und Verwundete und der Rückzug der Angreifer. Sie vermuteten, der Gouverneur habe sie absichtlich in einen Hinterhalt gelockt. Das verbreitete sich wie ein Lauffeuer, und die anwachsende, immer wütender werdende Menge sah sich veranlasst anzugreifen. Jetzt ging es nicht mehr um bedrohende Kanonen auf den Türmen oder ein mögliches Waffenlager in der Bastille. Jetzt ging es ums Prinzip, und plötzlich war die Bastille das Symbol, das dieses Ereignis zum wichtigsten der frühen Revolution machte: ein Symbol für die despotischen Machthaber.

Die Führer der Bürgermiliz ließen erneut verhandeln, worauf der Gouverneur der Bastille wiederum einging, denn er wollte ganz offenbar ein Blutbad vermeiden. Bevor es aber dazu kommen konnte, fielen trotz weißer Fahnen auf beiden Seiten Schüsse von der Festung. Als übergelaufene Soldaten mitsamt Artillerie zu den Belagerern stießen, schien die Sache endgültig ausgemacht: Die Bastille musste fallen. Die Kanonen und die offensichtliche Entschlossenheit der Menschen veranlasste den Gouverneur der Bastille, seinen letzten Trumpf auszuspielen: Er verlangte freien Abzug und drohte damit, sich und seine Männer andernfalls mitsamt aller Vorräte an Schießpulver in die Luft zu sprengen. In der Annahme, dies sei bestätigt, öffneten Soldaten das Tor. Die Menge drang ein, entwaffnete die Besatzung der Bastille und nahm die Soldaten fest. Dann suchte man die Gefangenen.

Der Thüringer Wilhelm von Wolzogen, der sich zur Zeit der Revolution zu Architekturstudien in Paris aufhielt, hat die Ereignisse des 14. Juli in seinem Tagebuch beschrieben: »Bisher hatte man immer geglaubt, daß dieses eines der festesten, unzugänglichsten Forts seie und nur durch unaufhörliches Bombardement könnte eingenommen werden; der Karakter, den es hatte, war schon hinreichend, diese Ideen zu bekräftigen. Allein gewohnt, nirgends Widerstand zu finden, auch in der Hoffnung, daß die, die darin lägen, ihre Partie ergreifen würden, rückte ohne alle Ordnung, ohne allen Plan ein Trupp bewaffneter Bürger heran. Der Gouverneur M^{sr} de Launay steckte die weiße Fahne auf, ließe aber doch einige Kanonenschüsse mit gehacktem Blei tun; die aber kein Schaden waren, da die Leute zu nah schon waren unter den Kanonen. In der Bastille lagen die Invaliden, die schossen mit Flinten aus den Löchern; doch tate auch dies nicht viel Schaden.«

Einen Sturm hatte es also gegeben, aber wie heroisch kann man ihn nennen angesichts weitgehend ausbleibender Gegenwehr und der Tatsache, dass die Notwendigkeit zur Gewaltanwendung gar nicht mehr bestand? An der Bastille haben Gerüchte und ein gerade eben bewaffneter, entfesselter Mob die Entwicklung bestimmt, wie es während der Revolution noch öfter der Fall sein sollte. Bilanz der Aktion: Sieben Soldaten wurden erschlagen, der Kommandant der Bastille trotz seiner einlenkenden Haltung vom blutrünstigen Mob gelyncht.

Aber in der Hauptsache geht die historische Meinung trotz alledem nicht fehl: Die Einnahme der Bastille besaß für diese Frühphase der Revolution großen Symbolwert. Ihre Wirkung war nachhaltig: Der König lenkte ein, erfüllte Forderungen der Aufständischen und akzeptierte die Nationalversammlung als ernst zu nehmende Größe.

Insgesamt hatte der Augenzeuge Wilhelm von Wolzogen somit wohl nicht ganz unrecht mit seiner Einschätzung der Erstürmung der Bastille, die er noch am selben Tag in sein Tagebuch schrieb: »Die Einnahm der Bastille wird gewiß in Europa Lärmen verursachen; und man wird den Franzosen dieses zur Ehre anrechnen und als einen großen Beweis ihres Mutes. Wenn man aber weiß, daß sie dieses taten, um nur die Canonen daraus zu haben, um nur Gewalttätigkeit auszuüben, wenn man weiß, daß der Plan, die Gefangenen zu befreien, dieses Gebäude zu demolieren, erst nachher entstanden und also auf sie bei der Einnahme nicht wirken konnte: so fällt dieses Lob weg.«

MARIE-ANTOINETTE
»SOLLEN SIE DOCH KUCHEN ESSEN«?

Wohl keine französische Königin ist so sehr gehasst worden wie Marie-Antoinette, Tochter der Kaiserin von Österreich Maria Theresia und Frau des glücklosen Königs Ludwigs XVI., beide hingerichtet während der Französischen Revolution 1793. Meist beschränkt sich die Kenntnis über Marie-Antoinette auf einen einzigen Satz, der in aller Kürze auszudrücken scheint, wie überheblich, weltfremd und verwöhnt die Königin gewesen sei – und wie ignorant, was die Nöte ihres Volkes betraf. Auf den vorsichtigen Hinweis eines Höflings, angesichts Missernte und Versorgungsproblemen habe das Volk kein Brot, soll Marie-Antoinette nur zynisch geantwortet haben: »Dann sollen sie doch Kuchen essen!« Vor allem in Frankreich, aber auch in Deutschland brachten Generationen von Geschichtslehrern ihren Schülern bei, Marie-Antoinette sei ein verwöhntes, leichtfertiges Luxusweibchen gewesen, das mit zahllosen Hofintrigen den schwachen König zu falschen Entscheidungen gebracht habe.

Schon vor der Französischen Revolution war Marie-Antoinettes Situation in Frankreich nicht gerade einfach. Sie war 1770 aus Wien an den französischen Hof gekommen, im Zuge einer dynastischen Verbindung nach jahrhundertelanger Feindschaft zwischen Frankreich und Österreich, wenn auch nicht als erste Habsburgerin, die Königin von Frankreich wurde. Erst seit ein paar Jahrzehnten bestand ein Bündnis mit Österreich, und die Hochzeit des französischen *dauphin* mit der habsburgischen

Kaisertochter sollte Frankreich außenpolitisch stärken. Aber die junge Österreicherin wurde mit Argwohn aufgenommen und hatte es schwerer als andere Gattinnen französischer Könige, sich zu behaupten. Manchen schien der politische Nutzen der Verbindung für Österreich viel größer – schließlich gelang dem Kaiserreich damit ein Coup gegen den Erzfeind Preußen. Hinzu kam, dass das Herrschergeschlecht der Habsburger über dem der Bourbonen stand, die Frankreich regierten. Das konnte den stolzen bis überheblichen französischen Adligen nicht recht sein.

Bereits vor ihrer Hochzeit geriet das Brautpaar in ein beständig wachsendes Netz von Intrigen. Da gab es die verschiedensten Interessen: Französische Adlige, die der königlichen Verbindung mit einer Habsburgerin nichts abgewinnen konnten; österreichische Diplomaten, die für Maria Theresia spionierten und die junge Ehe in ein bestimmtes Licht setzten; Hofleute, Minister und andere, die aus allen möglichen Gründen und auf allerlei Weise Einfluss gewinnen wollten. Die Ansichten über Marie-Antoinette und Ludwig sind bis heute nicht zuletzt von diesen Zeugnissen intriganter Menschen geprägt. Noch bevor Ludwig König wurde, kamen außenpolitische Entwicklungen hinzu: Frankreich fühlte sich Polen verbunden, sodass die polnische Teilung von 1772, von der Maria Theresia profitierte, Marie-Antoinettes Situation in Paris nicht gerade leichter machte. Ebenso trug zu den Vorbehalten am Hof bei, dass Ludwig als König einen eigenen Regierungsstil und eine ungewohnte Bescheidenheit an den Tag legte und Marie-Antoinette als Königin selbstbewusst die rigide Etikette des Hofes von Versailles entstaubte. Beides stieß auf Ablehnung bei vielen, die Einfluss besaßen und deren Stimme Gehör fand, selbst wenn das Gesagte gar nicht den Tatsachen entsprach. »L'Autrichienne – die Österreicherin«, wie sie seitdem am Hof und später vom Volk abfällig genannt wurde, war unwiderruflich in Misskredit geraten. Dabei fühlte sich Marie-Antoinette seit ihrer Hochzeit als Französin und handelte durchaus im Sinne ihrer neuen Heimat – so wie ihre Mutter ihr eingeschärft hatte, hielt sie sich aus der Politik lange Zeit völlig heraus. Marie-Antoinette war lebenslustig und selbstbewusst; Ludwig dagegen rechtschaffen, bemüht und fleißig, aber alles andere als charismatisch – beide machten sich Feinde auch unter denen, auf die sie angewiesen waren.

Hinzu kam, dass Marie-Antoinette ihrer vermeintlichen Hauptaufgabe, Thronfolger zu produzieren, erst nach sieben Jahren nachkam – reichlich spät in den Augen vieler Beobachter. Die Kinderlosigkeit des jungen Paares erklärt sich leicht aus der prüde-bigotten Erziehung der beiden; den verklemmten Eheleuten fiel es schwer, einander nahezukommen. Erst drei Jahre nach der Hochzeit, bei der Marie-Antoinette ohnehin gerade einmal vierzehn Jahre alt gewesen war, wurde die Ehe vollzogen.

Nicht nur höfische Intriganten, selbst Marie-Antoinettes Bruder Joseph, der österreichische Kaiser, ließ sich noch nach seinem Besuch in Frankreich von seinen geltungssüchtigen Gesandten einreden, Ludwig sei schwach und von seiner Frau beherrscht und lasse sich deswegen zu folgenreichen politischen Fehlentscheidungen hinreißen.

Volksstimmung gegen die Königin wurde schon vor der Revolution gemacht; das erste gedruckte Pamphlet erschien bereits 1773. Es bezog sich auf die für Frankreich angeblich unheilvolle österreichische Herkunft Marie-Antoinettes. Bald begannen auch regelrechte Verleumdungskampagnen, die der Königin ein ausgeprägtes außereheliches Liebesleben unterstellten. Mal ist von wechselnden Liebhabern die Rede, mal von sexueller Unersättlichkeit oder ihren angeblichen lesbischen Neigungen. Dem Thronfolger wurde die standesgemäße Abkunft abgesprochen, weil Ludwig XVI. angeblich impotent war. Die schmutzige sogenannte Halsbandaffäre, mit der Marie-Antoinette gar nichts zu tun hatte, diente als willkommener Anlass für weitere Verleumdungen.

Auch in der vergleichsweise ruhigen Phase der Revolution, als die königliche Familie unter strenger Bewachung im Pariser Palais des Tuileries residierte und hoffen konnte, in einer konstitutionellen Monarchie zu überleben, gingen die schmutzigen Kampagnen gegen die Königin weiter. Die alten Vorwürfe und Verleumdungen wurden allesamt aufgewärmt, neu dagegen war die Beschuldigung, Marie-Antoinette versuche den König, der sich längst in seine nunmehr rein konstitutionelle Rolle gefügt hatte, zur Niederschlagung der Revolution zu überreden. Besonders perfide war der Anklagepunkt vor dem Revolutionsgericht 1793, Marie-Antoinette habe die Pamphlete selbst in Auftrag gegeben, um Mitleid für sich zu erregen.

Dieser Schauprozess nach der Hinrichtung ihres Mannes hatte zum Ziel, das Bild einer Frau zu zeichnen, die ihren schwachen Mann beherrscht, insgeheim für ihren Bruder, den Kaiser von Österreich, spioniert, ihm Geld geschickt und Frankreich verraten habe. Daneben wurde ausgiebig ihr angebliches lasterhaftes Leben dargestellt – bis hin zum absurden Vorwurf der Blutschande mit ihrem inzwischen achtjährigen Sohn. In dem Prozess ersetzten Behauptungen Beweise, und die aufrechte, souveräne Haltung der Königin gegenüber ihren Anklägern und ihre überzeugende Widerlegung der Anklagepunkte wurden ignoriert. Marie-Antoinette folgte ihrem Mann in den Tod.

Das verzerrte Bild der habsburgischen Prinzessin und französischen Königin hatte nach der Revolution Bestand. Der Rufmord an der Königin ging auch nach ihrem Tod weiter. Die Restauration nach 1815 zeichnete Ludwig als schwachen König, den eine hochmütige Königin beherrscht hatte – um so zur Entlastung des Königshauses das Versagen Ludwigs XVI. zu erklären.

Die Erste Republik machte eher den König als Schuldigen aus, auch wenn dessen beide Vorgänger an den Ursachen für die Revolution den wesentlicheren Anteil hatten. Man zitierte hämisch seinen knappen Tagebucheintrag vom 14. Juli 1789, als in Paris die Bastille fiel: »Nichts« habe der ignorante König geschrieben – was auch stimmt. Nur handelte es sich um das Jagdtagebuch des Königs, und an jenem Tag hatte eben keine Jagd stattgefunden. Was sich in Paris tat, wusste Ludwig durchaus, und er versuchte nach Kräften, Einfluss zu nehmen. Eine differenzierte Beurteilung erfuhr auch die Königin vorerst nicht, das berühmte Kuchenzitat galt weiterhin als echt. Das ist es allerdings nicht, stammt es doch aus der Zeit Ludwigs XIV., genauer von dessen Frau Maria Theresia, einer spanischen Habsburgerin. Bereits zwei Jahrzehnte vor der Thronbesteigung Marie-Antoinettes konnte sich Jean-Jacques Rousseau auf diese Redewendung beziehen.

Bis heute sind Marie-Antoinette und Ludwig XVI. den Interpretationen entgegengesetzter Parteien ausgeliefert, den monarchistisch orientierten und den Republikanern. Ein ausgewogenes Bild kann da kaum gezeichnet werden – ja, es ist nicht einmal wünschenswert. Erst in jüngster Zeit widerfährt der Tochter Maria Theresias, die auf dem Schafott des revolutionären Terrorregimes unter Robespierre starb, in Frankreich häufiger Gerechtigkeit.

HÄUPTLING SEATTLES REDE
DREISTE ÖKO-FÄLSCHUNG?

In den umweltbewegten Achtzigerjahren hatten Indianerweisheiten Hochkonjunktur, die das kostbare Erbe von Mutter Natur gegen die umweltzerstörerische Kraft der modernen Industriegesellschaft verteidigten. Von Postern, Aufklebern und Plaketten mahnten Sprüche voller Sanftmut und Weitsicht zu einem verantwortungsvollen Umgang mit der Natur und ihren Ressourcen, weil andernfalls die Menschheit den eigenen Lebensraum zerstöre und ihre eigene Zukunft gefährde.

Zu diesen gern zitierten Indianerweisheiten gehörte auch die Rede des Häuptlings Seattle. Ihr spiritueller Duktus entsprach ganz dem Stil der Umweltbewegung. Hinzu kam der prophetische Charakter der Rede, die bereits 1854 vor dem US-Präsidenten Pierce gehalten wurde. So weit die Überlieferung der umweltbewegten Jahre Europas Ende des 20. Jahrhunderts.

Der 41. Bundesstaat Washington im Nordwesten der USA wurde erst 1889 offiziell gegründet, Indianerstämme bewohnten das Land aber schon vermutlich 11 000 Jahre lang. Sie mussten seit den 1850er-Jahren nach und nach dem Expansionsdrang der Vereinigten Staaten weichen. Schon vorher waren Europäer dort gewesen, auf der Suche nach der legendären Nordwestpassage oder auf einträglicher Pelzjagd. 1805 schickte US-Präsident Jefferson die Lewis-Clarke-Expedition, um die Gegend zu erforschen, es folgten Siedler und Missionare. Kritisch wurde die Lage für die einheimischen Stämme endgültig, als 1853 Isaac I.

Stevens mit 35 Jahren Gouverneur des Washington-Territoriums wurde. Er betrieb die Landnahme der weißen Siedler besonders ehrgeizig und rücksichtslos, zumal er auch mit dem für die Entwicklung der Region so bedeutsamen Eisenbahnbau betraut war. Stevens rief alsbald die Indianerstämme zusammen und teilte ihnen mit, sie müssten in Reservate ziehen. Mehr oder weniger unfreiwillig wurden sieben Verträge abgeschlossen, die noch ein Jahrhundert später zu Konflikten führten, weil die Garantien für die Indianerstämme sich als leere Versprechungen erwiesen hatten. Zu diesem Zeitpunkt lebten die Indianer längst in Reservaten, wogegen einige Stämme sich noch erfolglos zu wehren versucht hatten.

Zu den Indianerstämmen der Küste Washingtons, die vor allem vom Fischfang lebten, gehörten neben Lummi, Swinomish und anderen auch die Suquamish. Nach ihrem Häuptling Seathl taufte der Stadtgründer, ein Goldgräber aus Illinois, die Stadt Seattle. Der Häuptling hatte die Weißen freundlich empfangen, musste aber gleichwohl mit seinem Volk den neuen Siedlern weichen. Die Küstenindianer ließen sich auf die Verdrängung durch die Weißen ohne größeren Widerstand ein, weil ihre Reservate auf ihrem angestammten Land lagen – es waren die Indianer des Landesinneren, die sich den Plänen des ehrgeizigen Gouverneurs widersetzten. Die Küstenindianer tauchen wegen dieser Friedfertigkeit und ihres mangelnden Widerstandes in der Geschichtsschreibung kaum auf, im Unterschied zu den Yakima und anderen Stämmen, die gegen die Weißen Krieg führten.

Dass dieser Suquamish-Häuptling Seathl bei den Verhandlungen mit Gouverneur Stevens die Küstenindianerstämme vertreten und im Vorfeld der Unterzeichnung des Vertrages von Port Elliott im Januar 1855 eine Rede gehalten hat, ist sicher. Nur ist der Inhalt dieser Rede höchst umstritten.

Zunächst war die Rede nicht an den US-Präsidenten adressiert und wurde auch nicht in dessen Anwesenheit gehalten. Der Häuptling sprach vielmehr anlässlich der Unterzeichnung jenes Vertrages, der das Schicksal der Indianer der Küste besiegelte, zu Gouverneur Stevens. Überliefert ist auch, dass Häuptling Seattle eine halbe Stunde lang sprach. Der Inhalt seiner Rede ist dagegen nicht zweifelsfrei dokumentiert.

Die früheste Überlieferung des Inhalts der Rede stammt aus dem Jahr 1887, also mehr als drei Jahrzehnte nach dem Ereignis selbst. Damals schrieb ein weißer Augenzeuge auf, was Seattle vor dem Gouverneur sagte. Allerdings ist bereits diese Version kritisch zu beurteilen, weil Seattle in seiner Muttersprache redete. Offenbar verstand der Augenzeuge zwar die Indianersprache, einen Salish-Dialekt, aber wie authentisch die englische Wiedergabe ist, lässt sich nicht mehr klären. Da der Protokollant den Häuptling persönlich kannte, spricht viel dafür, dass er den Gehalt seiner Rede einigermaßen authentisch wiedergegeben hat, wenn auch nicht als zuverlässiges Protokoll.

Wie vorsichtig der Wahrheitsgehalt der Nachschrift auch zu bewerten ist – sie ist die wichtigste Quelle für den Inhalt der Rede. Allerdings geht es in dieser ältesten Überlieferung der Rede in keinem Wort um Umweltgefahren, wenn auch ein möglicherweise authentischer Satz entsprechend ausgelegt werden kann: Seathl sagte, »Jeder Teil dieses Landes ist meinem Volk heilig«, aber das bezog sich weniger auf die Bewahrung einer intakten Umwelt als auf die Tatsache, dass die verehrten Toten der Indianer auf diesem Land begraben waren. Die Rede Seathls ist vielmehr eine traurige Reflexion des Schicksals der Indianer Nordamerikas, die dem Expansionsdrang der Weißen weichen müssen. Sie ist auch ein Plädoyer für den Respekt der Weißen vor den Toten der Indianer: Denn nach Überzeugung der Indianer werden sie das Land auch dann noch bevölkern, wenn ihre Stämme längst ausgestorben sind. Und darüber, dass die Ureinwohner Nordamerikas gegen die Weißen keine Chancen hatten, gab sich Seathl keinen Illusionen hin. Er starb 1866 im Reservat seines Volkes unweit der Stadt, die nach ihm benannt wurde.

Der Protokollant, der die Rede des Häuptlings 1887 im *Seattle Sunday Star* veröffentlichte, stellte dem Redetext ein Porträt des Häuptlings voran, den er offenbar sehr bewunderte. Danach besaß Seathl Würde und Charisma und strahlte Autorität aus, wenn er sein übliches Schweigen unterbrach und das Wort ergriff. Zudem genoss er bei den Weißen hohes Ansehen. Diese positive Charakterisierung des edlen, würdigen Häuptlings mag auch daher kommen, dass viele Einwohner Seattles ganz und gar nicht auf der Seite ihres Gouverneurs waren, wenn es um die Belange der Indianer ging, sondern sich offen widersetzten.

Diese verspätete Abschrift der Rede des Häuptlings Seathl erfuhr mehrere Redaktionen. Sie wurde von dem amerikanischen Literaturwissenschaftler William Arrowsmith in den Sechzigerjahren in ein Englisch gebracht, das der Sprache der Indianer näher sein soll als die von klassischer Bildung geprägte bisherige Version. Inhaltlich hat Arrowsmith aber nichts verändert.

Jene Version der Rede hingegen, die die westliche Umweltbewegung so gerne zitierte, ist entschieden zweifelhaften Ursprungs. Sie hat nämlich nur noch wenig Ähnlichkeit mit der Version des Mannes, der bei der Rede anwesend war und den Häuptling und die Umstände des Vertrages kannte.

Die heute bekannteste und erheblich verfälschte Version der Rede des Häuptlings Seathl wurde durch den Umweltschutzfilm *Home* von 1972 bekannt, der unter anderem in deutschen Schulen gezeigt wurde. Darin wird Häuptling Seathl romantisch als Visionär verklärt. Für die Umweltbewegung war diese Fassung so attraktiv, weil hier ein vermeintlicher Prophet der Umweltzerstörung des 20. Jahrhunderts sprach, obwohl diese zu seiner Lebenszeit in Nordamerika noch gar nicht absehbar war. In der

Folge veränderte sich auch der angebliche Ursprung, bis schließlich ein ganz anderer Text einem angeblichen Brief entstammte, den Seathl an den amerikanischen Präsidenten Pierce geschrieben haben soll.

Nachweislich authentisch sind also keine dieser Worte Seathls, und mit fortschreitender Redaktion des Stoffes entfernten sie sich immer mehr von ihrem Ursprung. Aber sie bedienten eine verbreitete Auffassung, die sich nicht nur auf Indianer bezieht: dass die Naturvölker der Erde in völligem Einklang mit ihrer natürlichen Umwelt leben und daher eine noch nicht von Industrialisierung, Kapitalismus und westlicher Lebensart korrumpiertes Verhältnis zu Mutter Erde und ihren Ressourcen hätten.

AMERIKANISCHER BÜRGERKRIEG
FÜR DIE ABSCHAFFUNG DER SKLAVEREI?

Unabhängigkeitserklärung und Bürgerkrieg sind zweifellos die wichtigsten Ereignisse in der frühen Geschichte der USA. Während sich in der Unabhängigkeitserklärung dreizehn britische Kolonien Nordamerikas 1776 vom englischen Mutterland lossagten, kämpften im Bürgerkrieg (1861–65) die nördlichen und die südlichen Staaten der USA gegeneinander. Aber worum genau ging es in diesem Krieg, der über 600 000 Menschenleben forderte und den Süden zu weiten Teilen verwüstete? Ging es um die Freiheit der schwarzen Sklaven, um die Abschaffung der Sklaverei? Die Befreiung von vier Millionen Sklaven war immerhin eines der wichtigsten Ergebnisse des Krieges und wird auch am häufigsten damit in Verbindung gebracht. Ergebnis und Zielsetzung eines Krieges müssen aber nicht notwendigerweise identisch sein.

Über das Thema Sklaverei war in den Jahrzehnten vor dem Bürgerkrieg der Norden der USA mit den sklavenhaltenden Südstaaten immer wieder in Konflikt geraten. Seit der allmählichen Abschaffung der Sklaverei im britischen Empire gab es, zumindest offiziell, nur noch in Brasilien, Kuba und den US-Südstaaten Sklaven. Je mehr die Südstaaten deshalb in die Defensive gerieten, desto störrischer hielten sie daran fest und versuchten, diese »besondere Einrichtung« der Sklaverei, wie sie schön gefärbt genannt wurde, zu rechtfertigen. Wirtschaftlich sahen sie sich darauf angewiesen, weil die agrarische Struktur und die Anbaumethoden im Süden enorm viel Arbeitskraft banden.

Laut Bundesverfassung waren die Einzelstaaten in der Sklavenfrage unabhängig. Die Auseinandersetzung innerhalb der USA bezog sich daher nicht auf die Frage, ob die Sklaverei insgesamt, also auch im Süden, abgeschafft werden sollte. Uneinig war man vielmehr über ihre Ausdehnung auf die territorialen Neuerwerbungen im Westen. Immer wieder kam es in dieser Frage zum Streit, der zu Kompromissen führte, die dann meist wieder gebrochen wurden. Dabei war die Haltung gegenüber der Sklaverei auch im Norden alles andere als einheitlich; dort waren mit den Abolitionisten die Verfechter der sofortigen und völligen Abschaffung der Sklaverei in allen Staaten durchaus in der Minderheit. Eine Mehrheit wollte sicherstellen, dass das System der Sklaverei nicht weiter ausgedehnt und damit irgendwann ausgerottet wurde. Die Gleichberechtigung aller Bevölkerungsgruppen stand deshalb aber noch lange nicht auf der Tagesordnung.

Nord- und Südstaaten hatten sich aber nicht nur wegen dieser Frage einander entfremdet, sondern ganz allgemein, weil sich der Norden durch Industrialisierung und mehr Zuwanderung erheblich schneller entwickelte. Im traditionellen Süden erhielt die Vorstellung Zulauf, eine Abspaltung würde dem eigenen Charakter eher gerecht als die Existenz in der Union, in der der bevölkerungsreichere und wirtschaftsstärkere Norden immer mehr den Ton angab. Man wollte mit Baumwollanbau und Sklavenhaltung den gewohnten Weg weitergehen, anstatt sich am Norden zu orientieren. Mit der Wahl des erklärten Gegners der Sklaverei, Abraham Lincoln, zum Präsidenten schien dies aber nicht mehr möglich. Ende 1860 sagte sich mit South Carolina der erste Staat von der Union los. Es folgten bald darauf Mississippi, Florida, Alabama, Georgia, Louisiana und Texas, die sich in den »Konföderierten Staaten der USA« zu einem Staatenbund zusammenschlossen. Weitere acht »Sklavenstaaten« weiter nördlich verhielten sich abwartend. Die Nordstaaten marschierten nach Süden, und ein erbarmungsloser Krieg nahm seinen Anfang.

Für die Union und Präsident Lincoln ging es bei Ausbruch des Krieges trotz allem nicht um das Thema Sklaverei, sondern um den Erhalt der Union. Die abtrünnigen Staaten hätten nicht das Recht, sich von der Union loszusagen, und müssten daher mit Gewalt zurückgeholt werden. Deshalb sprach man im Norden vom »Rebellionskrieg«, während der Süden das Recht auf Unabhängigkeit reklamierte und sich in einen Verteidigungskampf getrieben sah. Auf die Bezeichnung Bürgerkrieg als versöhnlichen Kompromissbegriff verständigte man sich erst in der Nachkriegszeit. Die Südstaaten hingegen führten ihrer Auffassung nach eine, wie es der US-Historiker James McPherson bezeichnet hat, »vorgezogene Konterrevolution«: Sie wollten ihr System der Sklaverei erhalten und unabhängig werden, bevor die Union ihnen in einer Revolution die Befreiung der Sklaven aufzwang. So gesehen ging die Konterrevolution daneben und löste die Revolution erst aus, gegen die sie gerichtet war.

Die Sklaverei blieb zwar wie vor dem Krieg ein zentrales Thema, zumal sich darin wie in keinem anderen Streitpunkt die unterschiedlichen Ansichten der Nord- und Südstaaten abbildeten. Weil das Thema im Norden umstritten blieb, lavierte Präsident Lincoln in der Sklavenfrage, um nicht einen Teil seiner Anhänger zu verprellen. Zunächst erwartete die Öffentlichkeit der Nordstaaten, dass in einem kurzen Krieg der Süden »zurückgeholt« würde, aber nicht, dass als Konsequenz daraus die Sklaven der Südstaaten frei werden würden. Auch wenn Lincoln die Sklaverei moralisch verurteilte, sagte er: »Mein vorrangiges Ziel in diesem Kampf ist die Rettung der Union und nicht, die Sklaverei zu retten oder abzuschaffen. Wenn ich die Union retten könnte, ohne einen einzigen Sklaven zu befreien, würde ich es tun; und wenn ich sie retten könnte, indem ich alle Sklaven befreie, würde ich es tun; und wenn ich sie retten könnte, indem ich nur einige befreie und andere nicht, würde ich auch das tun.«

Der ausschlaggebende Grund der Nordstaaten, Krieg gegen den Süden zu führen, war die Sklaverei also nicht. Ihre Abschaffung wurde gleichwohl im Verlauf des Krieges zum erklärten Ziel der Union. Die radikalen Abolitionisten gewannen überraschend schnell an Einfluss, und die Zukunft der Nation schien immer mehr an die Sklavenfrage gekoppelt. Die Öffentlichkeit der Nordstaaten erlebte 1862 einen bemerkenswerten Stimmungsumschwung zugunsten der völligen Abschaffung der Sklaverei, wohinter aber wohl weniger der plötzliche Wunsch nach Gleichbehandlung aller Bevölkerungsgruppen stand als der nach Abschaffung eines überkommenen Systems, das die Südstaaten verkörperten. Als die Nordstaaten nach anfänglichen Niederlagen militärisch stark genug geworden waren und der Erlass nicht als Schwäche ausgelegt werden konnte, verfügte Lincoln 1862 die »Emancipation Proclamation«, die die Sklaven der aufständischen Staaten der Konföderation befreite. Erst sie machte die Befreiung der Sklaven zum erklärten Kriegsziel, auch wenn in den bereits eroberten Staaten vorerst alles beim Alten blieb. Militärisch und für das Image der Union im Ausland war die Proklamation enorm hilfreich. Der endgültige Sieg des Nordens 1865 ermöglichte schließlich eine Verfassungsänderung zugunsten der Afroamerikaner: Der dreizehnte Zusatz zur US-Verfassung schaffte die Sklaverei in den ganzen Vereinigten Staaten ab. Welch historischen Wandel das bedeutete, zeigte sich, als der Entwurf den Kongress mit der notwendigen Zweidrittelmehrheit passierte. Beobachter jubelten und lachten, einer schrieb in sein Tagebuch, er fühle sich seitdem wie in einem neuen Land. Unter den Jubelnden waren viele Schwarze, die kurz zuvor das Parlament nicht einmal hatten betreten dürfen. Aber selbst in dieser historischen Stunde hatten sie im Kampf um Gleichberechtigung nur einen, wenn auch wichtigen, Etappensieg erreicht.

Die Abschaffung der Sklaverei ist in der Tat eines der wichtigsten Ergebnisse des amerikanischen Bürgerkrieges, obwohl sie 1861 ebenso wenig Kriegsziel der Union war wie die Sklavenhaltung der Südstaaten ein Kriegsgrund. Als zentrales Thema erlangte sie im Verlauf des Krieges allerdings immer größere Bedeutung.

Über die Ursachen, die zum Bürgerkrieg geführt haben, sind die Historiker aber bis heute uneins; die Untersuchungen zum Bürgerkrieg sind schier unüberschaubar. Selbst US-Präsident Abraham Lincoln, der auf der Seite der Nordstaaten den Krieg führte, war nach dem Sieg über den Süden vorsichtig mit seiner Einschätzung: 1865 sagte er im US-Kongress, es sei zu Beginn der Auseinandersetzungen allen klar gewesen, dass die Sklaverei »irgendwie« die Ursache gewesen war. Irgendwie? Auch wenn Wissenschaftler sich darüber einig sind, dass die Sklaverei zu den Ursachen des Krieges gehört, streiten sie doch darüber, wie groß ihr Anteil war und welche anderen Gründe noch zum Tragen kamen. War der Krieg nicht ohnehin unumgänglich, weil Nord und Süd sich auseinanderentwickelt hatten? Und auch wenn die Sklaverei unbestritten ein wichtiger Wirtschaftsfaktor war, waren nicht andere ökonomische Aspekte entscheidender? Mit guten Argumenten lässt sich dieser Krieg als eine Art Entscheidungskampf um die Industrialisierung und Modernisierung der USA bezeichnen. Und wie bedeutsam waren kulturelle und gesellschaftliche Unterschiede zwischen den beiden Teilen der damaligen Vereinigten Staaten? Einiges spricht dafür, dass das Land zu zerrissen war, um vor der Zukunft bestehen zu können, mithin also ein klärender Bürgerkrieg bei allem Schrecken

ebenso unausweichlich wie notwendig war. Oder haben verantwortungslose Politiker das Land in einen vermeidbaren Krieg
getrieben?

Wie in vielen anderen historischen Entwicklungen bietet der
amerikanische Bürgerkrieg reichhaltiges Material für den Streit
der Wissenschaftler darüber, ob es überwiegend um Moral und
Ideale, persönliche Interessen der politischen Klasse oder wirtschaftliche Fragen ging. Was die Frage der Sklavenbefreiung
betrifft, so war bis vor einigen Jahrzehnten klar: Sie ist Abraham
Lincoln zu verdanken. Inzwischen sind die Ansichten darüber
differenzierter – bis hin zu der Deutung, die Sklaven hätten sich
selbst befreit. Denn erst ihre massenhafte Flucht vor ihren Süd-
staatenherren in den freien Norden und der Wehrdienst von fast
200 000 schwarzen Soldaten für die Sache der Union habe die
Lincoln-Regierung gezwungen, das Thema anzupacken. Unabhängig von der feinen Unterscheidung zwischen Kriegsgrund
und Kriegsziel, zwischen Ergebnis und Verdienst, der Bürgerkrieg war 1865 die Voraussetzung für die Befreiung der US-amerikanischen Sklaven.

KAUTSCHUK
WELTMACHT GROSSBRITANNIEN
BEKLAUT BRASILIEN?

Um 1900 war Kautschuk ein ebenso unverzichtbarer und begehrter Rohstoff wie heute das Erdöl. Seit der Entdeckung der Vulkanisation, die aus dem Baumsaft den stabilen und vielseitig einsetzbaren Werkstoff Gummi macht, waren immer mehr Anwendungen entwickelt worden. Aber erst die Erfindung des Automobils und des Luftreifens in den 1880er Jahren hatten die Nachfrage beflügelt. Ohne Kautschuk lief in der industrialisierten Welt nichts mehr, sodass zu Beginn des 20. Jahrhunderts der Kautschukmarkt boomte wie kein anderer Rohstoffmarkt und an der Londoner Börse Kautschukaktien heiß begehrt waren. Über Jahrzehnte war Brasilien hauptsächlicher Nutznießer dieses Booms gewesen, denn der Großteil des Kautschuks auf dem unersättlichen Weltmarkt stammte aus den Tiefen des riesigen Amazonas-Regenwaldes, der Heimat des wichtigsten Kautschukbaumes *Hevea brasiliensis*. Prächtigster Ausdruck der immensen Reichtümer, die die sogenannten Kautschukbarone im Bundesstaat Amazonas anhäuften, ist bis heute die Stadt Manaus mitten im Regenwald mit ihrem Opernhaus, das mehr Luxus entfaltete als so manche Oper europäischer Hauptstädte. Der Reifenmarkt wuchs, der Kautschuk wurde immer teurer, und ein Ende des brasilianischen Kautschukbooms schien nicht in Sicht.

Plötzlich aber tauchte auf dem Markt asiatischer Kautschuk auf, angeboten von britischen Händlern und Plantagenbesitzern aus den britischen Kolonien in Südostasien. Der neuartige Plantagenkautschuk überschwemmte den Markt, und er war sowohl billiger als auch besser als der wilde Kautschuk aus dem Amazonasbecken, dem er deshalb alsbald den Rang ablief. Innerhalb weniger Jahre brach die Nachfrage nach brasilianischem Kautschuk zusammen, war die Glückssträhne der Kautschukbarone beendet und Manaus in einen tiefen Dornröschenschlaf versunken. Großbritannien dagegen errang für Jahrzehnte die Kontrolle über den Weltmarkt für Kautschuk. Erst nach dem Zweiten Weltkrieg, als die Herstellung synthetischen Kautschuks wirtschaftlich geworden war, fand auch dieser zweite Boom sein Ende. Aber bis heute ist ein Drittel des Kautschuks, der weltweit verbraucht wird, Naturkautschuk aus Plantagen vor allem in Südostasien. Südamerika ist als Kautschuklieferant heute dagegen nahezu bedeutungslos.

Wenn brasilianische Schulkinder vom Rohstoffreichtum ihrer Heimat erfahren, lernen sie häufig, die Briten hätten Brasilien damals widerrechtlich um den verdienten Gewinn an der Ausbeute eines einheimischen Baumes gebracht. Ein englischer Abenteurer habe sich im Auftrag der Krone über das Verbot der Ausfuhr von Kautschuksamen hinweggesetzt, obwohl darauf die Todesstrafe gestanden habe. Das kann man daneben weltweit in zahllosen Büchern und seriösen Lexika nachlesen.

Der gerühmte und verdammte Abenteurer war ein junger Mann namens Henry Wickham, der in der Fremde zu Ruhm und Geld kommen wollte. 1876 lebte er bereits ein paar Jahre reichlich erfolglos in Amazonas, als er von den Plänen erfuhr, den Anbau von Kautschuksamen in britischen Kolonien zu versuchen, und sich als kundiger Sammler anbot. Zu diesem Zeitpunkt hatten schon andere im Auftrag Londons erfolglos versucht, den kostbaren Samen nach England zu bringen. Weil die Zeit drängte, nahm man das Angebot Wickhams an, auch wenn man ihn eher für einen inkompetenten Aufschneider hielt. Aber Wickham schaffte es tatsächlich, genügend Samenkapseln zu sammeln und unversehrt nach London zu bringen, bevor sie ihre Keimfähigkeit verloren. Dort zog man in den *Royal Botanic Gardens* von Kew bei London Setzlinge heran, transportierte sie nach Übersee und versuchte in verschiedenen botanischen Gärten der Kolonien den Anbau.

Wickham wurde für den erfüllten Auftrag vertragsgemäß entlohnt, aber er hatte sich mehr erhofft. Um seine Rolle bei der historischen Tat gewürdigt zu wissen, veröffentlichte er einen Erlebnisbericht über sein Kautschukabenteuer, in dem er seine Rolle im rechten Licht erscheinen lassen wollte. Er beschrieb, wie sein besonderes Geschick erst ermöglicht hätte, die Samen außer Landes und schnell genug nach Europa zu bringen. Dabei nahm er es mit der Wahrheit nicht allzu genau, wie es damals in den Büchern von Abenteurern üblich war. Ihre Berichte waren sehr beliebt, und wer besonders Spannendes zu berichten hatte, konnte damit die Reisekasse der nächsten Unternehmung auffüllen. Ebenso verklärte Wickham seine Tat – je älter er wurde, desto mehr: Nur unter größter Gefahr und Einsatz seines Lebens sei es ihm gelungen, die Samen aus Brasilien herauszuschmuggeln. In hohem Alter und angesichts des nunmehr britischen Kautschukmonopols mit einem ungeheuer gewinnbringenden Wirtschaftszweig in Südostasien erfuhr Wickham dann tatsächlich eine späte Anerkennung: Er wurde geadelt und erhielt eine Leibrente.

In Wahrheit gab es aber gar kein Gesetz, das die Ausfuhr von Kautschuksamen aus Brasilien verbot. Wickham musste also auch nicht allzu viel verschwörerischen Aufwand betreiben, um seine wertvolle Fracht durch den Zoll zu bekommen. Er musste sich allerdings beeilen, um keine wertvolle Zeit zu verlieren, in der die empfindlichen Samen verderben mochten. Die Brasilianer wiederum konnten sich gar nicht vorstellen, dass ihr wertvollster Baum auch anderswo gedeihen könnte, schon gar nicht in Asien. Die Überlegungen der Briten, die eigene Industrie mit ihrem Hunger nach Gummi vom launischen brasilianischen Kautschukmarkt unabhängig zu machen und selbst Kautschukproduzent zu werden, waren kein Geheimnis. Dasselbe hatte Großbritannien kurz zuvor schon mit der peruanischen Chinarinde gemacht: Um Chinin selbst und in ausreichender Menge herstellen zu können und damit seine Soldaten in Indien vor der Malaria zu schützen, hatte man den peruanischen Baum nach Asien verpflanzt.

Die Brasilianer dagegen wiegten sich in der trügerischen Sicherheit, die Nachfrage nach brasilianischem Kautschuk werde kein Ende finden. Ein Gesetz, das Brasilien als Kautschukland schützen sollte, wurde erst erlassen, als es längst zu spät war. Aber dann wurde der Mann, der den asiatischen Kautschuk möglich gemacht hatte, in Brasilien zum Sündenbock für eine sich anbahnende Entwicklung, die man leichtfertig ignoriert hatte. Die Ausschmückungen Wickhams kamen da gerade recht, um die Verantwortung für den Coup, der die brasilianische Wirtschaft um riesige Renditen brachte, auf die Nutznießer abzuwälzen. Dabei hätte Brasilien den weiter steigenden Bedarf auf Dauer ohnehin nicht befriedigen können. Denn der Hunger der Weltwirtschaft nach Kautschuk stieg immer weiter, schon weil der Markt für Autos keine Grenzen kannte.

Aber auch Großbritannien kam letztlich nur durch die Hartnäckigkeit einer Handvoll Männer zu dem Bombengeschäft mit dem elastischen Material. Die Regierung hatte sich kaum für die Idee interessiert, und es bedurfte der jahrzehntelangen Anstrengungen einiger weitsichtiger Männer, gegen alle Widerstände und Rückschläge den Kautschuk in Südostasien heimisch zu machen, sodass er im richtigen Moment den Markt erobern konnte. Bis heute wird in Malaysia und anderen südostasiatischen Ländern

Kautschuk auf Plantagen angebaut. Sogar einige betagte Bäume aus den Samen, die Henry Wickham 1876 vom Amazonas nach England brachte, kann man dort noch bewundern.

TSCHAIKOWSKYS TOD
SELBSTMORD ODER CHOLERA?

Nicht erst in unserer modernen Mediengesellschaft sind Leben und Tod berühmter Menschen ein beliebter Gesprächsstoff und häufig Quelle von Gerüchten, Mutmaßungen und Verdächtigungen. Vor allem wenn die Umstände eines plötzlichen Todes Ungereimtheiten aufweisen, können sich die Spekulationen als ausgesprochen zählebig erweisen.

Eine Berühmtheit mit solchem Schicksal ist der russische Komponist Peter Tschaikowsky, der 1893 in Sankt Petersburg starb. Schon während seiner kurzen Krankheit war das öffentliche Interesse so groß, dass die Ärzte mehrmals täglich ein Bulletin an die Wohnungstür des Komponisten hefteten, um über seinen Zustand nach einer Cholerainfektion Auskunft zu geben.

Tschaikowsky stand 1893 auf der Höhe seines Ruhms. In aller Welt wurden ihm Ehrungen zuteil, seine Musik wurde überall gespielt, und er hatte soeben sein wichtigstes Werk vollendet: seine sechste Symphonie, die »Pathétique«. »Ich bin sehr stolz auf diese Symphonie und glaube, es ist meine beste Komposition«, schrieb er darüber hochzufrieden. Aber wenige Tage nach der Uraufführung des Werkes in Sankt Petersburg starb Tschaikowsky völlig unerwartet. Dass der letzte Satz seiner »Pathétique« wie ein Requiem angelegt war, bekam plötzlich eine schaurig-prophetische Note, und sehr schnell entstanden Gerüchte über die Hintergründe dieses unerwarteten, musikalisch aber doch irgendwie angekündigten Todes.

Ärzte, Familie und Freunde ließen umgehend wissen, der Meister sei wirklich an Cholera gestorben, die in der Tat schon seit geraumer Zeit die russische Hauptstadt heimsuchte. Aber wieso betrieben sie gemeinsam derart viel Aufwand, diese Todesursache zu belegen? Die Öffentlichkeit erfuhr in unterschiedlichen Varianten, der Komponist habe unvorsichtigerweise ein Glas verunreinigtes Wasser getrunken; die beiden Ärzte legten nach dem Ableben ihres Patienten in der Zeitung schriftlich Zeugnis ab von ihren Rettungsversuchen; Tschaikowskys Bruder Modest bemühte sich, jeden Zweifel an der Todesursache zu zerstreuen. Aber wie hatte der Komponist sich überhaupt infizieren können, wo doch jedermann wusste, dass nicht abgekochtes Wasser den Tod bringen konnte? Schließlich gehörte er zur Oberschicht, die im Unterschied zu den Armen die notwendigen hygienischen Vorsichtsmaßregeln gegen die Krankheit mühelos befolgen konnte. Wie konnte es passieren, dass ein exklusives Restaurant dem Komponisten ein Glas zweifelhaften Wassers servierte? Und waren nicht andererseits die Ansteckungsgefahr längst enorm gesunken und die Infektionsquote rückläufig, nachdem die Seuche im Sommer ihren Höhepunkt überschritten hatte? Skeptiker gaben außerdem zu bedenken, Tschaikowsky sei bekanntermaßen höchst sensibel und depressiv veranlagt gewesen. Schließlich hatte er schon fünfzehn Jahre zuvor, unter dem Eindruck einer katastrophal gescheiterten Ehe, einen Selbstmordversuch unternommen.

Nachdem der Komponist beerdigt worden war, wurden weitere Details bekannt und nährten die Gerüchte, Tschaikowsky sei eines anderen Todes gestorben als an der Cholera. Der Komponist hatte seit seiner Rückkehr nach Sankt Petersburg kurz vor der Premiere der »Pathétique« bei seinem Bruder Modest gewohnt, zu dem er eine sehr enge Beziehung hatte. Modest und sein Freundeskreis sowie die herangezogenen Ärzte aber hatten nicht einmal die einfachsten Vorsichtsmaßnahmen im Fall einer Choleraerkrankung befolgt. Weder wurden Besucher angesichts der Ansteckungsgefahr abgewiesen noch die hochinfektiöse Wäsche mit der gebotenen Sorgfalt behandelt. Auch nach Tschaikowskys Tod wurden einfachste Hygieneregeln missachtet: Eigentlich hätten die sterblichen Überreste umgehend in einem verschlossenen Sarg aus der Wohnung gebracht werden müssen. Stattdessen durften die Trauergäste in der Wohnung Abschied vom Meister nehmen, der im offenen Sarg fotografiert wurde.

Für einen Teil der Öffentlichkeit war der Fall klar: Tschaikowsky war nicht an Cholera gestorben, sondern hatte sich umgebracht. Die Sache wurde jedoch nicht geklärt, weil beide Seiten auf ihren jeweiligen Versionen bestanden: hier die Versicherung der Angehörigen und Ärzte, dort die Kritiker mit ihrem Verweis auf die zahlreichen Ungereimtheiten. Aber waren die Einwände vielleicht doch nur verständliche, aber unwesentliche Spitzfindigkeiten angesichts des überraschenden Todes eines berühmten Komponisten im Zenit seines Schaffens? Oder wollte die Familie den Skandal eines Selbstmordes vermeiden und sicherstellen, dass der Tote kirchlich begraben wurde? Jahrzehnte später erklärte ein Mitglied des Freundeskreises um Tschaikowsky, das Gerücht des Selbstmords hätten zwei enttäuschte Damen aufgebracht – aus später Rache, weil der Komponist auf ein Heiratsbegehren nicht eingegangen war.

Ende der Siebzigerjahre emigrierte eine Musikwissenschaftlerin aus der Sowjetunion in den Westen und veröffentlichte bald darauf in einer angesehenen britischen Fachzeitschrift einen Artikel über die Hintergründe des Todes von Peter Tschaikowsky. Sie legte erneut die bekannten Zweifel an der Choleraversion dar und offenbarte dann eine Erklärung, die ihr von anderen Insidern bestätigt worden sei: Einer der Ärzte des Komponisten habe 1933, kurz vor seinem Tod, ihrem Mann berichtet, Tschaikowsky habe sich vergiftet. Aus anderer Quelle erhielt sie zufällig die Erklärung für diesen Tatbestand: Tschaikowsky sei von ehemaligen Mitstudenten aus seiner Petersburger Rechtsschule erpresst worden, die den Ruf ihres Instituts entwürdigt sahen, weil Tschaikowskys homosexuelle Neigungen bekannt zu werden drohten. In einem Brief an Zar Alexander III. sollte Tschaikowsky beschuldigt werden, eine Affäre mit einem jungen Mann zu haben. Man habe ein Ehrengericht versammelt, das den Komponisten zum Selbstmord verurteilte. Er habe Gift genommen und damit seine Familie, seinen Ruf und den seiner Schule vor der Schande bewahrt, dass seine Homosexualität publik gemacht würde. Seinem Bruder Modest habe er erst dann die ganze Wahrheit mitgeteilt, als es keine Rettung mehr gab. Allerdings gelangte die Autorin Alexandra Orlova auf Umwegen zu ihrer Erkenntnis, denn weder hatte sie mit direkt Beteiligten der Affäre gesprochen noch konnte sie Beweise für die Echtheit ihrer Zeugenaussagen aus zweiter und dritter Hand vorlegen. Trotzdem etablierte sich diese Erklärung in Teilen der internationalen Musikwelt und fand Eingang in ernst zu nehmende Biografien des Komponisten und sogar in Standardlexika.

Diese Erklärung für den plötzlichen Tod Tschaikowskys klingt durchaus plausibel, denn schließlich wurde Homosexualität in Russland damals juristisch verfolgt. Wurde Tschaikowsky also Opfer seiner Veranlagung und einer repressiven Moral? Waren seine depressiven Neigungen ausgelöst durch das unglückliche Leben eines Homosexuellen, der unter seiner Veranlagung litt, aber weder etwas daran ändern noch auf Toleranz hoffen konnte? Wollte er der drohenden Verbannung nach Sibirien entgehen, indem er seinem Leben ein Ende setzte?

Oder hatte da eine Exilrussin mit einer vagen These in Westeuropa reüssieren wollen? Allerdings ist ein Teil dieser Kritik an der Selbstmordthese wiederum mit Vorsicht zu genießen: Vor allem in der Sowjetunion, wo die Todesursache Tschaikowskys ein Tabuthema war, sollte das Bild des Komponisten nicht durch »schmutzige« Details an Glanz verlieren, weder durch Selbstmord noch homosexuelle Veranlagung. Bis heute wird Tschaikowskys Homosexualität gern bestritten, obwohl seine Biografie und seine Briefe gar keinen Zweifel daran zulassen. Ist also die Abwehr gegen die Selbstmordthese pseudomoralisch motiviert? Andererseits bemühen auch Befürworter der Selbstmordthese das Thema Homosexualität – zur Unterfütterung, weil einem schwulen Mann im Russland des ausklingenden 19. Jahrhunderts mit diesem »tragischen« Schicksal kein glückliches Leben hätte beschieden sein können.

Die heikle Frage bietet also erheblichen Sensationswert: Ein schwuler Komponist mit schillernder Biografie und depressiven Schüben, ein Ehrengericht erboster Mitstudenten, eine große Symphonie als nur leidlich kaschierte Abschiedsbotschaft, Cholera und Gift. Dazu die Furcht um das Ansehen eines als Nationalheld verehrten Komponisten des Zarenreichs, bewahrt selbst, wenn auch verspätet, im Kommunismus, und schließlich die Wahrheit aus dem Mund einer Exilrussin, die den Eisernen Vorhang überwindet, deren Zeugen aber allesamt tot sind – Stoff für einen pseudohistorischen Kostümschinken aus Hollywood.

Um den hundertsten Todestag des Komponisten aber räumten neue Untersuchungen mit der Selbstmordthese auf. Sie entlarvten akribisch, wie und mit welch unsauberen Methoden die Selbstmordthese hoffähig gemacht worden war. Fast sieht es so aus, als sei da mit erheblicher Energie aus existierenden Gerüchten und Meinungen ein Mosaik zusammengesetzt worden, das zwar den angeblichen Selbstmord erklärt, stichhaltige Beweise aber vermissen lässt.

Wie in anderen Ländern auch waren in Russland gleichgeschlechtliche Handlungen zwar gesetzlich verboten und gesellschaftlich verpönt. Wie anderswo galt für Adel und Künstler aber nicht dasselbe wie für andere, und man sah ihnen ihre Neigung nach. Tschaikowsky musste also keineswegs strafrechtliche Verfolgung befürchten, schon gar keine Verbannung nach Sibirien. Und ob ein Brief an den Zaren Tschaikowsky in Schwierigkeiten gebracht hätte, ist höchst zweifelhaft, da der Zar solche Affären schon mehrfach vertuscht hatte und Tschaikowsky eher gedeckt hätte. Aber selbst wenn die Sache publik geworden wäre, hätte sich die öffentliche Entrüstung vermutlich in Grenzen gehalten. Die Selbstzeugnisse Tschaikowskys belegen außerdem nicht, dass Tschaikowsky an seinem Lebensende unter seiner Homosexualität in unerträglichem Maße litt, eher ist das Gegenteil zu vermuten. Es erscheint daher fraglich, dass Tschaikowsky einem Scherbengericht ehemaliger Mitschüler gehorcht hätte. Und selbst wenn es zu einem Skandal gekommen wäre, hätte der Komponist ohne größere Probleme ins Ausland gehen können. Sein Status als vermögender, berühmter Komponist hätte ihm das mühelos ermöglicht. In Paris hätte sich die Öffentlichkeit wenig um seine sexuellen Vorlieben geschert.

Auch die Einwände gegen einen Choleratod lassen sich problemlos ausräumen. Tschaikowskys Ärzte waren hervorragend geschult und sind von jedem Vorwurf freizusprechen. Auch wenn die Cholera in Sankt Petersburg zum Zeitpunkt der Infektion Tschaikowskys etwas abgeklungen war, bestand weiterhin Ansteckungsgefahr. Die Vorschrift, nur abgekochtes Wasser zu servieren, wurde trotzdem in vielen Restaurants missachtet. Auch der vermeintlich fahrlässige Umgang mit der Ansteckungsgefahr während der Krankheit und nach dem Tod des Komponisten lässt sich erklären: Nach dem damaligen Kenntnisstand der Medizin mussten Tschaikowskys Ärzte nicht befürchten, dass von ihm eine nennenswerte Ansteckungsgefahr ausging. Und in ein Krankenhaus gingen wohlhabende Russen zu jener Zeit ohnehin nur im äußersten Notfall. Was im Übrigen Tschaikowskys Arzt in hohem Alter geäußert haben soll, stimmt durchaus, denn der Komponist hatte sich vergiftet – mit Choleraerregern.

Was das studentische Scherbengericht betrifft, so machen der verschwörerische Charakter und die allzu schillernde Erzählung von der extremen Durchsetzung eines Ehrbegriffs mindestens stutzig. Im Ganzen erweckt die Theorie eher den Eindruck einer aus verschiedensten Gerüchten und ohne tragfähige Belege zusammengestrickten Skandalgeschichte. Die vermeintlichen Zeugenaussagen entpuppen sich rasch als nicht beglaubigte Behauptungen aus zweiter oder dritter Hand. Die These vom Selbstmord des genialen, aber unglücklichen schwulen Komponisten wird sich aber weiter halten, weil Skandale immer Konjunktur haben. Dass sie trotz aller Fadenscheinigkeit in der internationalen Musikwelt einige Unterstützung erfahren hat, muss wohl damit zu tun haben, dass sich mit dem »Skandaltod Tschaikowskys« noch immer Geld verdienen lässt.

Vor einem ordentlichen Gericht würde der Komponist vom Vorwurf des Selbstmordes aus klarem Mangel an Beweisen freigesprochen, ebenso von gewissenhaften Historikern. Mit letzter Sicherheit ließe sich der Fall Tschaikowsky jedoch erst klären, wenn seine Überreste exhumiert und obduziert würden.

UNTERGANG DER TITANIC
AUS EHRGEIZ GEGEN EINEN EISBERG?

Mitte April 1912 erschütterte die Nachricht von einem tragischen Schiffsunglück die Welt. Der Untergang der Titanic in der Nacht vom 14. auf den 15. April wurde zum berühmtesten Unfall der Schifffahrtsgeschichte und zum Thema vieler Spielfilme, Dokumentationen und Ausstellungen. Bis heute wird der Untergang der Titanic gern als Vorzeichen für das Ende eines Zeitalters angesehen, das zwei Jahre später mit dem Ausbruch des Ersten Weltkrieges tatsächlich sein Ende fand. Die Jahre vor dem Krieg waren von einer Techníkseligkeit geprägt, die dieses Unglück besonders tragisch werden ließ: Man hatte sich im Gefühl gewiegt, der technische Fortschritt kenne keine Grenzen – als Symbol dafür wurde die Titanic noch vor ihrem Stapellauf gehandelt. Praktisch unsinkbar sei der Luxusdampfer, schwärmte die Presse, weil im Notfall sechzehn abgeschottete Sektionen des Schiffes einen Untergang verhinderten. Was anderen Schiffen in der Vergangenheit zum Verhängnis geworden war, sollte der Titanic nicht gefährlich werden können. Dass die Titanic dann bereits auf ihrer Jungfernfahrt, die mit großem Pomp und massiver PR begonnen hatte, im Nordatlantik kläglich sank und mehr als zwei Drittel der Menschen an Bord mit in den Tod riss, traf die Weltöffentlichkeit wie ein Schock.

Die *White Star Line* hatte ihr neuestes Schiff für den Linienverkehr nach Nordamerika stolz der Öffentlichkeit präsentiert und schickte das damals größte Schiff der Welt auf seine Jungfernfahrt von Southampton nach New York. Das riesige schwimmende Hotel war in der Tat für die damalige Zeit der Inbegriff von Luxus und technischer Raffinesse. Wie prächtig die Titanic ausgestattet war, zeigt wohl am eindrucksvollsten der oscarprämierte Titanicfilm von James Cameron (1997), für den das Innere der Titanic nahezu originalgetreu rekonstruiert wurde. Infolge der Kollision mit einem Eisberg im Nordatlantik nur vier Tage nach der Abreise aus England sank die stolze Titanic. Schuld war aber nicht etwa ein fast hundert Meter langer Riss, wie lange Zeit vermutet, sondern sechs ausgesprochen kleine Lecks. Doch sie waren groß genug, um jede Minute 400 Tonnen Wasser in das Schiff laufen zu lassen. Stahl war damals von erheblich geringerer Qualität als heute, und der Eisberg hatte die Titanic fatalerweise an seiner verwundbarsten Stelle erwischt. 1504 der insgesamt 2208 Menschen an Bord ertranken oder erfroren im eiskalten Meer, während das Schiff keine drei Stunden nach dem Zusammenstoß bei voller Beleuchtung auf den Meeresboden sank. Für die hohen Opferzahlen war vor allem die geringe Anzahl Rettungsboote verantwortlich – um bei voller Auslastung der Titanic alle 2400 Passagiere und 700 Mann Besatzung retten zu können, wären dreimal so viele Rettungsboote nötig gewesen. Unter anderem aus ästhetischen Gründen war ihre Zahl jedoch reduziert worden. Die magere Ausrüstung mit zwanzig Booten entsprach aber trotz allem den gesetzlichen Vorschriften.

In den folgenden Jahrzehnten versuchten Taucher immer wieder, zum Wrack der Titanic in 3821 Meter Tiefe zu gelangen, um die Schätze zu bergen, die angeblich in den Safes des Luxusliners verwahrt worden waren. Als schließlich 1985 Robert D. Ballard und seine Crew das Wrack entdeckten und im Jahr darauf eingehend inspizierten, wurden zwar spektakuläre Fotos, allerdings keine außergewöhnlichen Funde gemacht. Das Wrack wird seither immer wieder von Tauchbooten besucht.

Die Ursache des tragischen Unglücks war immer wieder Anlass für Spekulationen und Vermutungen und sogar einigermaßen abstruse Verschwörungstheorien. Einer verbreiteten Legende zufolge war eine Ursache des Unglücks, dass die Titanic auf Geheiß der ehrgeizigen Reeder dem bisherigen Rekordhalter Mauretania das »Blaue Band« des schnellsten Schiffes der Welt abjagen sollte. Tatsächlich aber wurde die Titanic zwar durchaus als Statussymbol gebaut, aber nicht als schnellstes, sondern größtes und luxuriösestes Schiff der Welt. Beim Bau gingen Ausstattung und Sicherheit vor Schnelligkeit, und der Ozeanriese war folglich gar nicht dafür konstruiert, der Mauretania den Platz als Rekordhalter streitig zu machen. Die PS-Leistung der Mauretania war erheblich größer und das Schiff außerdem kleiner als die Titanic. Die Mauretania der *Cunard Line* konnte ihren Titel denn auch mehr als zwanzig Jahre lang verteidigen. Während sie den Atlantik in viereinhalb Tagen überquerte, hätte die Titanic mehr als fünf Tage benötigt.

Die Titanic nahm schon deswegen auch nicht die schnellste Route, sondern wählte einen südlicheren, vermeintlich sichereren Kurs, um die Gefahr, auf Eisberge zu treffen, gering zu halten. Die Eisgefahr war in diesem Jahr erheblich größer als üblich, was den Kapitänen bekannt war. Sie erhielten außerdem auf ihrer Überfahrt zahlreiche Warnungen anderer Schiffe. Allerdings waren die Funker der Titanic von der Sendung privater Telegramme der Passagiere dermaßen beansprucht, dass wichtige Funksprüche über Eisberge in der Nähe die Kapitäne gar nicht erreichten.

Als eigentliche Ursache machten schon kurz nach dem Unglück eifrige Feuilletonisten die verantwortungslose Rekordsucht aus, die die Verantwortlichen auf der Überfahrt jede Vorsicht vergessen ließ. Hier hat die Legende vom »Blauen Band«, das die Titanic angeblich um jeden Preis gewinnen sollte, ihren

Ursprung. Bernhard Kellermann griff das Motiv in seinem Roman *Das blaue Band* über den Untergang der Cosmos auf, dauerhaft wirksam wurde die Legende vom verhängnisvollen Geschwindigkeitswahn aber wohl erst durch den Ufa-Spielfilm *Titanic* von 1943. Der Film, in dem eine bankrotte *White Star Line* auf den Titel des schnellsten Schiffes angewiesen war, verbreitete diese unhistorische Erklärung für den Untergang der Titanic insbesondere in Deutschland, wo sie noch heute vielfach übernommen wird.

Für den Untergang der Titanic ist die Geschwindigkeit aber trotzdem mitverantwortlich, denn auch ohne Rekorddruck fuhr der Ozeandampfer zu schnell durch ein Gebiet, das wegen der vielen Eisberge erhebliche Gefahren barg. Als der Eisberg gesichtet wurde, war es daher zu spät, um die fatale Kollision noch verhindern zu können. Berichte, der mitreisende Geschäftsführer der *White Star Line* Joseph Bruce Ismay hätte den Kapitän genötigt, aus Werbegründen schneller als geraten zu fahren, um das Potenzial der Titanic unter Beweis zu stellen, konnten in den anschließenden Untersuchungen weder klar bestätigt noch widerlegt werden.

Immerhin bewirkte das schlagzeilenträchtige Schiffsunglück, dass die internationale Seefahrt sich auf verbesserte Sicherheitsstandards einigte. Schon bald nach dem Unglück beriet erstmals eine Konferenz für Meeressicherheit über geeignete Vorsichtsmaßnahmen. Künftig mussten alle Schiffe genügend Rettungsboote mitführen, um im Notfall alle Menschen an Bord aufnehmen zu können. Auch die Funkwache musste seither rund um die Uhr besetzt sein – Anlass dafür war die Tatsache, dass das nächstgelegene Schiff zum Zeitpunkt des Unglücks, die Californian, der Titanic nicht zu Hilfe geeilt war. Das lag daran, dass die dortigen Funker sich längst in den Feierabend verabschiedet hatten. Die neuen Sicherheitsmaßnahmen konnten aber nicht verhindern, dass bis heute immer wieder tragische Vorfälle auf See Menschenleben fordern – mit Opferzahlen, die mitunter erheblich über denen der Titanic liegen.

ARMENIER-MASSAKER
UMSIEDLUNG ODER VÖLKERMORD?

Im Frühling 1915, mitten im Ersten Weltkrieg, meldeten deutsche Diplomaten aus dem verbündeten Osmanischen Reich, aus dem später die Türkei hervorgehen sollte, aus Ostanatolien werde die armenische Bevölkerung vertrieben. Angeblich waren die Gegend zum Kriegsgebiet und die Armenier zum Sicherheitsrisiko geworden. Die dort seit Jahrhunderten ansässigen Armenier wurden nach Süden »umgesiedelt«, in unwirtliche Wüstengebiete Syriens und des heutigen Irak. Bei diesen Umsiedlungen und durch weitere Verfolgungen in den Jahren darauf kamen bis zu 1,5 Millionen Armenier ums Leben.

Im Westen erfuhr das Schicksal der Armenier über Jahrzehnte vergleichsweise wenig Beachtung. Deutschland horchte nach den Ereignissen noch einmal auf, als im Frühjahr 1921 nicht weit vom Bahnhof Zoologischer Garten in seinem Berliner Exil der ehemalige Großwesir und Innenminister des Osmanischen Reiches – und von den Alliierten gesuchter Kriegsverbrecher – Talat Pascha erschossen wurde. Der Mörder war ein 25-jähriger armenischer Student, der in seinem Opfer den Hauptverantwortlichen für das Verbrechen am armenischen Volk sah – mithin den eigentlichen Mörder. Spätestens nach dem Prozess aber, in dem der junge Armenier überraschend freigesprochen wurde, versickerte die Aufmerksamkeit an dem Drama wieder, das sich weitab vom Fokus des internationalen Interesses während des Ersten Weltkriegs abgespielt hatte.

Nicht zu Unrecht fühlten sich die Armenier bis vor wenigen Jahren mit ihrem kollektiven Trauma nicht ernst genommen. Waren es zunächst der Weltkrieg und dann die innereuropäischen Entwicklungen, die das Interesse gering hielten, blieb auch nach dem Zweiten Weltkrieg und trotz des deutschen Völkermords an den Juden das Verbrechen an den Armeniern ein Stiefkind der Historiker. Das lag vor allem an der Randlage des Osmanischen Reiches und seiner spezifischen Geschichte, die auf der Liste drängender Forschungsthemen nicht allzu weit oben stand. Da half auch nicht viel, dass der Friedensnobelpreisträger Elie Wiesel die Verbrechen an den Armeniern als »Holocaust vor dem Holocaust« bezeichnete. Hinzu kam eine Rücksichtnahme gegenüber der Türkei und insbesondere ihrer Militärs, die sich eine externe Beurteilung dieses Teils ihrer Geschichte als unerwünschte Einmischung verbaten. Und Armenien als Teil der sowjetischen Einflusssphäre war aus dem Blickfeld des Westens ohnehin weitgehend verschwunden.

Als das Schicksal der Armenier schließlich ins europäische Bewusstsein eindrang, wurde es sogar zu einem Thema der Tagespolitik – denn es prägt bis heute die Beziehungen des mittlerweile unabhängigen Armenien zur Türkei ebenso wie die Beziehungen der Türkei zur westlichen Welt, insbesondere der Europäischen Union. Am Thema Armeniermord entzünden sich immer wieder erbitterte Diskussionen, und in der Türkei waren die Ereignisse von 1915 vor noch nicht allzu langer Zeit ein absolutes Tabu. Aber auch heute noch werden Intellektuelle vor türkische Gerichte zitiert, wenn sie die »Umsiedlungen« der armenischen Bevölkerung als Genozid bezeichnen, und die türkische Diplomatie reagiert erzürnt auf die Behandlung des Themas als Völkermord in westlichen Medien und Schulbüchern. Parlamente der EU befassten sich mit den Ereignissen, die doch schon fast ein Jahrhundert zurückliegen. Im Juni 2005 verabschiedete der Deutsche Bundestag eine Armenien-Gedenkresolution; im Oktober 2006 beschloss gar das Parlament Frankreichs, die Leugnung des Völkermords an den Armeniern unter Strafe zu stellen. Frankreich hat einen besonders hohen Anteil armenischer Einwanderer, darunter als bekanntester der Chansonnier Charles Aznavour, dessen Eltern sich vor der Vernichtung nach Paris hatten retten können. Die offizielle Türkei fasst solche Parlamentsbeschlüsse ebenso als Affront auf wie die Auszeichnung des türkischen Schriftstellers Orhan Pamuk mit dem Literaturnobelpreis 2006. Pamuk hat sein Land immer wieder wegen seines Umgangs mit den Verbrechen an den Armeniern kritisiert. Die Diskussion in der Türkei schwankt zwischen der Fortsetzung der Verdrängung und dem Wunsch nach Aufklärung. Beim EU-Beitrittskandidaten und der Europäischen Union, ob im Streben nach Gerechtigkeit oder als Argument gegen einen EU-Beitritt – das Thema ist hochaktuell.

Es mag den Hunderttausenden Opfern und ihren Angehörigen heute nicht mehr viel helfen, aber wichtig bleibt dennoch die Frage, als was die Politik der damaligen Türkei historisch eingeordnet werden muss. Handelte es sich um eine skandalös menschenverachtende Umsiedlung, die aufgrund der Umstände und der Ignoranz des Staates gegenüber ihren armenischen Bürgern zu einem Desaster geriet? Oder war es ein planvoll ausgeführter Völkermord, mit dem sich das Osmanische Reich im Sinne eines türkischen Nationalismus in der Endphase seines Niedergangs einer missliebigen Bevölkerungsgruppe entledigen wollte?

Von Pogromen gegen die Armenier erfuhr die europäische Öffentlichkeit erstmals 1894. Im Ersten Weltkrieg wurden die Verfolgungen jedoch umfassender – angeblich, um einem Aufstand der Armenier vorzubeugen, müssten sie »umgesiedelt« werden, so die Begründung der Behörden, was in einer dramatisch hohen Zahl der Fälle den Tod bedeuten sollte. Zuvor war die Bevölkerung gegen ihre armenischen Mitbürger mit allerlei Propaganda und geschickt gestreuten Gerüchten aufgehetzt worden – was den Drahtziehern nötig schien, weil die muslimischen und christlichen Bevölkerungsgruppen in Anatolien sich recht gut verstanden. Die politische Führung unterstellte den Armeniern Sympathie für den Kriegsgegner Russland; erwünschte Geständnisse über Pläne für Aufstände oder Hochverrat wurden mit grausamer Folter erpresst. All dies ist von ausländischen Diplomaten und Geheimdienstmitarbeitern unterschiedlichster Couleur – also auch aus mit dem Osmanischen Reich verbündeten Ländern wie Deutschland – umfassend dokumentiert und nach Hause berichtet worden.

Im Mai 1915 kam es zur bisher größten Deportationswelle. Vertretern verbündeter Länder gegenüber äußerten türkische Würdenträger, wie der später ermordete Talat Pascha, während der Operation ganz offen, den armenischen Bevölkerungsanteil des Osmanischen Reiches vollständig zu vernichten. Zum Teil ohne jede Nahrung mussten die Bewohner ihre Häuser verlassen und zunächst im unwirtlichen Gelände leben. Im Weiteren wurden aus ganz Anatolien die Armenier ausgewiesen und in Richtung Süden deportiert – und zwar unterschiedslos alle vom Säugling bis zum Greis. Auf Märschen und in überfüllten Viehwaggons gingen die Deportationen vonstatten. Abgesehen von den menschenunwürdigen Bedingungen kam es im Verlauf der Vertreibung erneut zu Massakern. Über Wochen konnte man auf dem Euphrat Leichen in Richtung Meer treiben sehen, oft paarweise aneinandergebunden, weil die Opfer lebend ins Wasser geworfen worden waren. Umstritten ist die Zahl der Armenier, die die Vertreibung nicht überlebten. Die Schätzungen reichen von wenigen Hunderttausend bis anderthalb Millionen – bei einer armenischen Bevölkerung im Osmanischen Reich von 1914 von gut 1,8 Millionen. Heute leben in der Türkei noch rund 60 000 Armenier, die meisten von ihnen in Istanbul.

War es nun ein Völkermord oder nicht? Die Frage bleibt höchst umstritten, auch wenn eine Forschungsmehrheit vom Vorsatz der Vernichtung ausgeht und die Zahl der Opfer eher in Richtung 1,5 Millionen veranschlagt. Allerdings lässt sich nicht, wie im Fall des deutschen Genozids an den europäischen Juden, ein eindeutiger Beschluss vorweisen, der die Absicht zweifelsfrei belegen würde.

Einige Historiker sowie die offizielle türkische Interpretation der Geschehnisse bestehen daher darauf, die Vorkommnisse als je nachdem bedauerlich, tragisch oder unentschuldbar einzustufen, aber den Begriff »Völkermord« zu verwerfen, eben weil kein entsprechender Beschluss vorliegt, der damit den völkerrechtlichen Tatbestand des Genozids bestätigen würde. Die Unfähigkeit der türkischen Behörden, die Umsiedlungen vernünftig abzuwickeln, sowie der ausgeprägte Unwillen, die armenischen Mitbürger vor den dramatischen Folgen dieser Aktionen zu schützen, seien für die vielen Opfer verantwortlich.

Die Mehrheit der Historiker verweist dagegen auf die Faktenlage, aus der klar hervorgehe, dass der Tod möglichst vieler Armenier bei den Umsiedlungen mindestens billigend in Kauf genommen, wenn nicht von vorneherein beabsichtigt war. Weiter wird mit einer ganzen Palette an Begriffen hantiert: von »Umsiedlung« über »Pogrome« und »Massaker« bis hin zum »Völkermord«.

Juristisch gesehen bewegt sich die türkische Regierung zwar auf sicherem Terrain, wenn sie einen Völkermord trotz des Umfangs der Tragödie bestreitet. Den völkerrechtlichen Tatbestand gibt es nämlich erst seit 1948, Jahrzehnte nach den Ereignissen von Anatolien. Aber wird eine solche legalistische

Haltung dem Thema gerecht? Eine allseits akzeptierte Antwort auf die Frage nach dem Genozid gibt es trotz umfassender Forschung also weiterhin nicht – vielleicht gerade weil eine Klärung so viel bedeutet: für die Armenier ebenso wie für die Türkei.

DER FLUCH DES TUTANCHAMUN
ARCHÄOLOGEN STERBEN WIE DIE FLIEGEN?

Es war nichts weniger als eine Sensation. Am 30. November 1922 erfuhren die staunenden Leser der britischen *Times*, dass nur wenige Tage zuvor der Archäologe Howard Carter und sein Förderer Lord Carnarvon nach jahrelanger Suche im Tal der Könige das Grab des jungen ägyptischen Pharaos Tutanchamun entdeckt hatten. Das archäologische Ereignis wurde umgehend zum weltweiten Tagesgespräch – was mit dem alten Ägypten zu tun hatte, war zu dieser Zeit gerade ungeheuer *en vogue* – und sollte es auch eine ganze Weile bleiben. Das lag zunächst am spektakulären Charakter des Jahrhundertfundes, denn das Grab war als bisher einziges im Tal der Könige weitgehend unberührt und barg ungeahnte Schätze. Die prächtige Maske der Mumie des Tutanchamun aus Gold und Lapislazuli dürfte neben der Büste der Nofretete das bekannteste Ausgrabungsobjekt der Geschichte sein. Aber zum Ruhm des so jung verstorbenen Pharaos trug mindestens ebenso sehr bei, dass es unmittelbar nach der Entdeckung des Grabes zu rätselhaften Todesfällen im Umkreis der Gräber kam, die zudem noch von unheimlichen Begleitumständen überschattet wurden.

Dem Fund waren lange Jahre enttäuschender Erfolglosigkeit vorangegangen. Howard Carter (1874–1939), ein leidenschaftlicher Archäologe aus bescheidenen Verhältnissen, hatte nach ersten Lehrjahren in Ägypten 1907 den acht Jahre älteren Lord Carnarvon kennengelernt, einen reichen Sammler und Weltreisenden, der sich seit ein paar Jahren für Ägypten interessierte und zum Hobbyarchäologen geworden war. Die beiden ungleichen Männer machten künftig gemeinsame Sache: Carter als der emsige Gräber, Carnarvon vor allem als Geldgeber. Die Suche wurde schließlich konkret; es ging um das Grab des Tutanchamun, der circa 1333 v. Chr. schon als kleiner Junge den ägyptischen Thron bestiegen hatte und mit achtzehn bis zwanzig Jahren gestorben war. Tutanchamun, vermutlich Sohn des Echnaton und Pharao der 18. Dynastie, verstarb kinderlos und hatte aufgrund der Regenten, die die Regierungsgeschäfte versahen, kaum Gelegenheit, sich der Nachwelt durch Taten in bleibender Erinnerung zu halten. Dafür sorgte erst die Entdeckung seines Grabes, denn insgesamt 5000 Einzelstücke enthielten die Kammern. Howard Carter bemerkte später, Tutanchamuns Tod und Begräbnis seien das wichtigste Ereignis im kurzen Leben des ägyptischen Pharaos gewesen. Mit der großen Zahl an Beigaben sollte möglicherweise ausgeglichen werden, dass für den überraschend gestorbenen Pharao ein ansonsten nicht ganz standesgemäßes Grab bestimmt worden war. 3000 Jahre lang war es nicht geöffnet worden, und seine Schätze hatte das trocken-heiße Klima Ägyptens hervorragend konserviert. Nur kurz nach der Versiegelung der Kammern müssen Räuber in das Grab eingedrungen sein. Offenbar wurden sie aber erwischt, und das Grab wurde aufgeräumt und erneut versiegelt – diesmal für mehr als drei Jahrtausende.

Als Howard Carter 1922 das Grab öffnete, blies ihm heiße Luft entgegen, und seine Kerze flackerte. Der schemenhafte Anblick im Inneren der Kammer bannte ihn so sehr, dass er in stummer Bewunderung nur dastand. Hinter ihm wurde Lord Carnarvon ungeduldig und fragte: »Können Sie etwas sehen?« Wie Carter später berichtete, brachte er nur stockend heraus: »Ja, wunderbare Dinge.«

Bald nach der Entdeckung jedoch verschied Lord Carnarvon

ganz unerwartet. Zur gleichen Zeit fiel in ganz Kairo der Strom aus und starb auf dem englischen Landsitz Carnarvons dessen treuer Hund. Im folgenden Februar, als endlich der steinerne Sarkophag des Pharaos geöffnet werden konnte, starb ein kanadischer Literaturprofessor unmittelbar nach einem Besuch in Tutanchamuns Grab. Spätestens jetzt verbreiteten sich Gerüchte über einen Fluch, der über dem Grab liege und nun die Frevler einen nach dem anderen zu Tode kommen lasse, weil sie sich an der Grabruhe des Pharaos vergangen hätten. Im Laufe der Zeit wurden noch zahlreiche andere Todesfälle dem Fluch des Pharaos zugeschrieben. Das bezog sich aber nicht ausschließlich auf Menschen, die das Grab besucht oder mit der Mumie oder den Grabbeigaben zu tun hatten, sondern auch auf andere, die sich beispielsweise despektierlich über den Fluch geäußert hatten oder mit den Beteiligten verwandt oder bekannt waren. Im Laufe der Zeit summierte sich die Gruppe verfluchter Opfer des Pharaos je nach Zählung auf mehrere Dutzend.

Legenden über die ägyptischen Pharaonen, die sich noch in ihren Gräbern mit einem wirkungsvollen Fluch vor Eindringlingen geschützt hätten, werden immer dann bemüht, wenn sich einigermaßen plötzliche Todesfälle mehr oder weniger mutwillig mit einer Graböffnung in Verbindung bringen lassen. Grabflüche sind aus der ägyptischen Geschichte zwar überliefert, aber sie beziehen sich wohl weniger auf eine ernsthafte Bedrohung, sondern sind eher als ein ideeller Schutz der Grabruhe zu verstehen. Das unterscheidet sich nicht sonderlich von unserer Friedhofsruhe und der Ehre der Toten in anderen Kulturen. Vor allem aber sollten sie potenzielle Grabräuber abschrecken, die im alten Ägypten tatsächlich ein Problem waren. Die Reichtümer der Gräber waren keine geringe Verlockung für Kriminelle, wie die zahlreichen geplünderten Gräber belegen, die enttäuschte Archäologen in Ägypten zutage förderten.

Zu den Tausenden Grabbeigaben des Tutanchamun soll angeblich auch eine Tontafel gehört haben, die alle die mit dem Tode bedrohte, die die Grabruhe des Pharaos stören. Allerdings ist ihr überlieferter Text Historikern suspekt, weil völlig untypisch, zudem fehlt von dieser Tafel jede Spur. Obwohl Carter die Beigaben in den Grabkammern behutsam und überaus sorgfältig katalogisierte und fotografierte, ist nicht einmal ein Foto dieser Fluchtafel erhalten. Sie hat schlichtweg nie existiert – ein Journalist hatte sie geschäftsbewusst erdichtet.

Eine andere Erklärung für den Fluch der Pharaonen lautet, in den Kammern habe sich ein Schimmelpilz gehalten, der ansonsten längst ausgestorben sei, und die Tode verursacht. Einen solchen Pilz gibt es tatsächlich, allerdings ist er nicht ausgestorben und man muss ihn über einen längeren Zeitraum einatmen, um gesundheitlichen Schaden zu nehmen. Und aus ägyptischer Zeit können die Sporen ohnehin nicht stammen, denn sie hätten die dreitausendjährige Grabruhe nicht überstanden.

Der Fluch des Tutanchamun gehört ins Reich der Legenden und ist eines der zahllosen Beispiele für tragische Zufälle, die ohne nachweisbare Verbindung zu einem Ereignis in einen Kausalzusammenhang gestellt werden. Die Öffnung eines drei Jahrtausende alten Grabes eines achtzehnjährigen Pharaos mit all der Pracht und Exotik, die sich vor dem modernen Auge auftat, verführte verständlicherweise zu fantasievoll aufgestellten Bezügen. Und vielleicht begünstigte eine Mischung aus Sensationslust und Unbehagen die Legendenbildung: Immerhin wurde da eine jahrtausendealte Grabruhe gestört – und die gehört schließlich auch in der Moderne zum kulturellen Konsens. Hinzu kam die Notwendigkeit, in der Presse nicht nur für gebildete und interessierte Leser Informationen zu bieten, denn auch die Boulevardblätter wollten am *Hype* um den jungen Pharao teilhaben. In der Tat war die Presse Ausgangspunkt für die Legende, die alsbald von den zahlreichen Anhängern des Okkulten und Übersinnlichen begierig aufgenommen wurde – allen voran von Sir Arthur Conan Doyle, dessen Popularität der Verbreitung der Legende nur guttun konnte. Bald hatte eine merkwürdige Art wohliger Hysterie derart um sich gegriffen, dass für jeden einigermaßen plötzlichen Tod, der irgendwie mit dem Grab des Pharaos in Verbindung gebracht werden konnte, sein Fluch verantwortlich gemacht wurde.

Ein Beweis für diesen angeblichen Fluch des Pharaos konnte nie vorgelegt werden, nicht einmal ein Indiz, das andere, einfachere Erklärungen für die Todesfälle hinfällig machen könnte. Lord Carnarvon starb an einer infizierten Wunde – er war von einem Moskito gestochen worden, hatte den Stich beim Rasieren aufgeschnitten und die Wunde nachlässigerweise nicht desinfiziert. Vermutlich war eine Mücke schuld an der Blutvergiftung, die ihn drei Wochen später dahinraffte. Der Stromausfall in Kairo war alles andere als eine Besonderheit, sondern kam dort ständig vor. Und Carnarvons Hund war nicht wie behauptet in dessen Todesstunde verschieden, sondern einige Zeit später. Der kanadische Literaturprofessor, ohnehin nur zufällig in den Genuss einer Grabbesichtigung gekommen, war schon vor dem Besuch bei Tutanchamun krank gewesen und erlag der Virusgrippe nur zufällig am Tag danach. Die meisten anderen Toten, so tragisch ihr Ableben in manchen Fällen auch gewesen sein mag, starben in hohem Alter und in erheblichem Abstand vom Kontakt mit dem Grab. Statistisch gesehen wurden sie sogar älter als der Durchschnitt ihrer Altersgenossen. Außerdem lebten von den sechs Anwesenden bei der Graböffnung bis auf den unglücklichen Lord Carnarvon alle munter weiter. Der Hauptbeteiligte des Sensationsfundes, Howard Carter, verstarb erst siebzehn Jahre nach seiner Entdeckung – zwar bereits mit 65, wofür aber vermutlich eher die Enttäuschung über die zeitlebens ausgebliebene Würdigung in seiner Heimat verantwortlich war als der Fluch des Pharaos. Aber auch weiterhin wird der Fluch durch Medien und Internet geistern – Zufall und Aberglaube sind nun einmal ein nahezu unschlagbares Team.

STALINS KRIEGSREDE
KÜHLE PLANUNG ODER GLATT GEFÄLSCHT?

Der deutsch-sowjetische Nichtangriffspakt, den die Außenminister Ribbentrop und Molotow kurz vor dem deutschen Überfall auf Polen Ende August 1939 abschlossen, führte international zu Diskussionen und Mutmaßungen. Der Pakt verpflichtete beide Staaten unter anderem zur gegenseitigen Neutralität, sollte der Vertragspartner in militärische Auseinandersetzungen mit Dritten geraten. Auch wenn das Geheime Zusatzprotokoll über die Aufteilung von Interessensphären in Osteuropa vorerst geheim blieb, gerieten die Kommunisten der europäischen Länder in Argumentationsnöte. Denn plötzlich schien nicht mehr zu gelten, was doch auf der Hand lag: dass Kommunisten Nazis bekämpften und umgekehrt Nazis Kommunisten verfolgten. Aber auch in Deutschland hatten die Propagandisten einiges zu tun, um der verständnislosen Bevölkerung diesen Geniestreich des »Führers« nahezubringen.

Seit dieser Zeit ist immer wieder einmal von einer Rede Stalins zu lesen, die der sowjetische Staatschef angeblich wenige Tage vor der Unterzeichnung des Vertrages im Moskauer Politbüro der KPdSU gehalten habe. Der Text der Rede wurde nach Kriegsbeginn über die Nachrichtenagenturen in Westeuropa verbreitet, nicht aber in Deutschland. Danach erläuterte Stalin am 19. August 1939 im Politbüro seine Strategie im Umgang mit dem Deutschen Reich. Ein Bündnis mit den Hitlergegnern Frankreich und Großbritannien könne einen Krieg verhindern und

Polen retten, was aber nicht im Sinne der Sowjetunion sein kön-
ne. Denn der bessere Fall sei, so Stalin in dieser Rede, dass es zum
Krieg in Europa komme, wenn Hitler Polen angreife und damit
England und Frankreich zum Eingreifen zwinge. Das Kalkül der
Rede ging dahin, der Sowjetunion Zeit zu verschaffen. Außer-
dem werde ein europäischer Krieg die Chancen einer »Sowje-
tisierung« Frankreichs erhöhen. Selbst wenn Deutschland den
Krieg gewinne, werde es anschließend von inneren Problemen
beansprucht und zu geschwächt sein, um eine Bedrohung für die
Sowjetunion darzustellen. Natürlich wurde die Rede in Moskau
umgehend dementiert – in der sowjetischen Regierungszeitung
Prawda bezeichnete Stalin höchstselbst die Berichte als leeres
Geschwätz und Kaffeehaus-Lügen.

Der Kriegsverlauf beschäftigte die europäische Öffentlichkeit mehr als eine angebliche Rede Stalins, und die Sache geriet
in Vergessenheit. Dann aber gelangte im Sommer 1941 eine
weitere Version des Redetextes an die Öffentlichkeit, die noch
pointierter auf die Notwendigkeit eines europäischen Krieges
hinwies: denn nur so könne die Diktatur der kommunistischen
Partei nach Westeuropa ausgeweitet werden. Dafür aber müsse der Krieg möglichst lange dauern; letztlich werde aber auch
Deutschland sozialistisch werden. Während die deutsche Propa-
gandamaschinerie die Rede zuvor ignoriert hatte, lief sie jetzt auf
vollen Touren. Mit dieser Ausrichtung diente Stalins Kriegstak-
tik der nunmehr antisowjetischen Propaganda. Das Schreckgespenst Weltrevolution hatte der Propaganda schließlich schon
vor dem Hitler-Stalin-Pakt beste Dienste geleistet. Das fand
nun, nach dem deutschen Angriff auf die Sowjetunion Ende Juni
1941 und nachdem der Hitler-Stalin-Pakt hinfällig geworden war,
seine Fortsetzung.

Aber auch damit war die Karriere des Redetextes noch nicht
beendet, denn 1942 erschien im Frankreich des Vichy-Regimes

eine weitere Version – auffälligerweise gerade zu einem Zeitpunkt, als die Ergänzungen sich ausnehmend gut dafür eigneten, den immer heftiger werdenden Kampf der Vichy-Regierung gegen die Résistance zu legitimieren.

Nach dem Krieg tauchte die Rede erneut auf und wurde insbesondere von rechtsextremer Seite benutzt, um die Sowjetunion und den Kommunismus aufgrund seiner schamlosen Rolle im Zweiten Weltkrieg zu diskreditieren. Bis heute kann man immer wieder davon lesen, dass die Sowjetunion unter Stalin den Zweiten Weltkrieg ganz bewusst ins Kalkül fasste, um die Ausbreitung des Kommunismus nach Westen zu beschleunigen. Vor allem nach dem Ende der Sowjetunion wurde die Stalin-Rede in russischen Veröffentlichungen vermehrt angeführt. Angesichts der zahlreichen anderen Verbrechen Stalins erschien durchaus vorstellbar, dass der sowjetische Staatschef mit derart zynischen Überlegungen dem Zweiten Weltkrieg entgegengesteuert habe – sozusagen als feixender Gewinner in einem Krieg, der Europa erschüttern würde. Einzelne Autoren gingen so weit, aufgrund jener Rede Stalin als eigentlichen Verursacher des Zweiten Weltkriegs auszumachen. Mit wechselnden Zielsetzungen diente der Text dazu, die Geschichte des Zweiten Weltkriegs mal eben so umzuschreiben. Aber ist der Text der Rede überhaupt authentisch? Und wurde diese Rede des Genossen Stalin je gehalten?

Erst zu Anfang des 21. Jahrhunderts hat ein russischer Historiker die Geschichte dieser Rede eingehend untersucht. Einige Anhaltspunkte zur Aufklärung sind fast banal: Beispielsweise fand an dem Tag, an dem die Rede gehalten worden sein sollte, gar keine Politbüro-Sitzung statt. Der fragliche Text passt auch nicht zu der Tatsache, dass der Hitler-Stalin-Pakt kommunistische Organisationen aller Länder in Bedrängnis brachte. Denn ihnen fehlten noch eine Weile die Argumentationshilfen aus Moskau, um die Kehrtwende sowjetischer Außenpolitik rechtfertigen zu können. Mit der Rede hätte ihnen zumindest intern eine Argumentationshilfe zur Verfügung gestanden. Für eine Fälschung spricht außerdem, dass der Text erst drei Monate nach seiner angeblichen Entstehung veröffentlicht wurde, zu einem Zeitpunkt, als ganz Frankreich die möglichen Folgen des deutsch-sowjetischen Paktes erregt diskutierte. Verdächtig ist darüber hinaus, dass immer neue Versionen jeweils zum rechten Zeitpunkt und mit der passenden Akzentuierung auftauchten.

Seit dem Zusammenbruch der Sowjetunion und der Verfügbarkeit russischer Quellen wird die Rolle Stalins im Zusammenhang mit dem Zweiten Weltkrieg unter neuen Aspekten beurteilt. Eine Sichtweise erfreut sich in Russland wie im Westen wachsender Beliebtheit: die Verurteilung der Außenpolitik als zynisch und skrupellos und das Kalkül eines großen Krieges zum sowjetischen beziehungsweise kommunistischen Vorteil. Der Hitler-Stalin-Pakt dient dabei als Symbol, weil damit zwei verbrecherische Politiker den Zweiten Weltkrieg vom Zaun gebrochen hätten. Die angebliche Rede Stalins passt vortrefflich in diese Sichtweise – und sie erklärt überdies verführerisch einfach, wie es zu dem teuflischen Pakt zwischen Nationalsozialismus und Kommunismus kommen konnte.

Tatsächlich aber war die Situation 1939 erheblich komplexer und für die europäischen Politiker viel schwieriger, als es aus der Rückbetrachtung und dem Wissen der nachfolgenden Entwicklung erscheinen mag. Daneben hat die historische Forschung längst klar herausgearbeitet, dass Stalins Außenpolitik weniger ideologisch als pragmatisch war – was sie natürlich nicht automatisch aufwertet. Wie die europäischen Mächte suchte Stalin nach einer angemessenen sowjetischen Antwort auf die politische Situation und die wachsende Kriegsgefahr. Und wie die anderen war er auf seinem Weg weder ausschließlich zynisch noch skrupellos. Aber gleichzeitig hatten seine Entscheidungen vor dem Kriegswillen Hitlers ebenso wenig Bestand wie die Beschwichtigungspolitik Großbritanniens.

Der Text der angeblichen Stalin-Rede von 1939 schwebt historisch gesehen sozusagen im luftleeren Raum. Denn es gibt nichts, was seine Authentizität auch nur bestätigen, geschweige denn beweisen würde. Und sie passt auch nicht in das Geflecht der sowjetischen Außenpolitik am Vorabend des Krieges. Bei aller historischen Schuld Stalins in Bezug auf den Zweiten Weltkrieg und darüber hinaus lässt sich dem sowjetischen Diktator die eigentliche Schuld am Kriegsbeginn nicht in die Schuhe schieben.

FRANZÖSISCHE RÉSISTANCE
EIN EINIG VOLK VON WIDERSTÄNDLERN?

Als die deutsche Wehrmacht im Zweiten Weltkrieg nach und nach immer mehr Länder besetzte, regte sich überall der Widerstand der Bevölkerung. So wie die deutsche Besatzung unterschiedlich ausfiel, unterschieden sich die Art und das Ausmaß der Auflehnung. Am bekanntesten ist der Widerstand gegen die deutsche Besatzungsmacht in Frankreich: in der okkupierten Zone wie im unbesetzten Teil der Vichy-Regierung unter Marschall Pétain. In die französische Geschichte ging die Periode von 1940 bis 1944 als *les années noires* ein, als »die schwarzen Jahre«. Die Résistance wurde zum Gründungsmythos der Vierten Republik: Ihre moralische und militärische Leistung verschaffte Frankreich den Platz in der Reihe der Siegermächte, einer ihrer Führer, Charles de Gaulle, der von London aus seine Landsleute zum Widerstand aufgerufen hatte, wurde zu einem der wichtigsten Präsidenten der *République Française* im 20. Jahrhundert. Aber war der französische Widerstand gegen Hitler-Deutschland so umfassend, wie sein Mythos, der bis heute nachwirkt, vermuten lässt? Standen die Franzosen mehrheitlich hinter den Kämpfern der Résistance? Oder ist dieser Mythos, der für die Nachkriegsgeschichte Frankreichs eine so enorme Bedeutung hatte, eigentlich ohne historische Grundlage?

Der französische Widerstand war zweigeteilt. Die Auslands-Résistance mit ihren anfangs rund 70 000 Angehörigen operierte vor allem von England aus, während die innere Résistance organisiert und individuell Widerstand leistete – die Aktionen reichten vom Drucken von Flugblättern bis zu wirkungsvoller Sabotage. Die Schlüsselfigur der Auslands-Résistance war der spätere Präsident de Gaulle, den inneren Widerstand verkörperte über seinen Tod in den Folterkellern der Gestapo hinaus Jean Moulin. Nicht nur moralisch stellte sich die Neugründung Frankreichs nach dem Ende der Besatzung in die Tradition der Résistance, auch organisatorisch stützte man sich auf Planungen der Widerstandsgruppen.

Nach dem Krieg versicherte sich Frankreich kollektiv des Widerstands gegen die nationalsozialistische Besatzungsmacht und die willfährige Vichy-Regierung als einigender, grundlegender Kraft des Neubeginns. Dabei erfuhren naturgemäß die Verdienste größere Betonung als die unrühmlichen Aspekte der Besatzungszeit: Der Widerstand wurde mythisch überhöht, die Kollaboration verharmlost. In politischen Auseinandersetzungen wurde die Résistance vereinnahmt und instrumentalisiert – sei es in den innenpolitischen Kämpfen zwischen Gaullisten und Kommunisten, sei es bei den Auseinandersetzungen wegen des Algerienkriegs. Mochten Rechte und Linke gleichermaßen vertreten, dass die Résistance als einigende Kraft das »wahre Frankreich« verkörperte, so beanspruchten sie doch den Hauptverdienst jeweils für sich.

Aber nicht nur politisch, auch für die persönliche Identifikation der Franzosen spielte der Widerstand eine wichtige Rolle: Auch wenn man von Hitler-Deutschland militärisch in nur sechs Wochen schmählich besiegt worden war, belegten die heroischen Taten der Widerständler, dass Frankreich wenigstens moralisch ungebrochen aus dem Krieg hervorgegangen war.

Den Grundstein für den Mythos der Résistance legte General de Gaulle, als er nach der Befreiung Frankreichs die Besatzungsjahre schlichtweg ignorierte und politisch und gesellschaftlich einfach an 1940 anknüpfte – als wären die dunklen Jahre derart obskur gewesen, dass man sie ebenso gut außer Acht lassen konnte. Flugs war die Nation mit der Résistance in eins gesetzt und der unangenehme Anteil der französischen Kollaboration inklusive Vichy ausgeblendet. Psychologisch war das klug, denn es half dem Land, die schwierige Nachkriegszeit zu meistern. Historisch gesehen war es jedoch fatal, denn das Nachkriegs-Frankreich gründete damit zwar nicht auf einer Lüge, aber eben doch auf einer Täuschung über das Ausmaß der Widerstandsleistung. Man verdrängte die französischen Vichy-Beamten, die den Deutschen eifrig zugearbeitet hatten, man vergaß den ausgeprägten französischen Antisemitismus, der die Judenverfolgung guthieß. Die Vichy-Regierung war weder ein bloßer Unfall der französischen Geschichte noch eine kraftlose Marionette am reißfesten Faden in Hitlers Hand. Vielmehr handelte es sich um eine Regierung williger und vielfach antisemitischer Kollaborateure, die sich beispielsweise bei der Verfolgung der französischen Juden mit eigenen Ideen unrühmlich hervortaten.

In der Erinnerung schrumpfte die Zahl derjenigen, die dem Nationalsozialismus gleichgültig bis zustimmend gegenüberstanden – zugunsten all der tapferen Männer und Frauen in Frankreich, die ihr Leben im Kampf gegen Hitler-Deutschland aufs Spiel setzten. Aber wie in anderen Ländern unter brutalen Besatzungsregimen auch war die Zahl der aktiven Widerständler verschwindend gering, wenn man den Anteil der aktiv oder passiv Kollaborierenden dagegenstellte. Realistischen Schätzungen zufolge waren nur zwei Prozent der Franzosen aktive Widerständler. Die Mehrheit der Franzosen dagegen verhielt sich passiv – anfangs schockiert von der katastrophal raschen Niederlage, dann abwartend, wie sich der Krieg entwickelte. Wie in anderen besetzten Ländern stand die Bevölkerung den Deutschen zwar überwiegend ablehnend gegenüber – zumal in Frankreich hatte die alte »Erbfeindschaft« Bestand. Aber wie anderswo auch lähmte die rasche Folge deutscher Siege, und in Frankreich kam hinzu, dass das Land nach schwierigen Jahren innerlich zu zerrüttet war, um trotz der katastrophalen Niederlage einig gegen die Besatzer zu stehen.

Die Lage änderte sich 1942/43, als die ersten Niederlagen und vor allem der Untergang der Wehrmacht vor Stalingrad den Widerstandsgruppen Zulauf verschafften. Daneben hatte es in Vichy ein Ende mit der Fassade vom eigenständigen Kurs, und allmählich stieg das Ansehen des anfänglich kaum bekannten de Gaulle. Immer mehr Franzosen widersetzten sich schließlich, als der Hunger wuchs und Hunderttausende zum Arbeitsdienst ins »Reich« deportiert wurden.

Mehr als zwanzig Jahre lang konzentrierte sich die französische Geschichtsschreibung der Besatzungszeit auf die Résistance und war häufig weniger um ausgewogene Bewertung denn um Ehrenbezeugung an den Widerstand bemüht. Erst dann begann das Land, sich mit dieser Täuschung auseinanderzusetzen und mit der eigenen Vergangenheit differenzierter umzugehen. Wie in Deutschland zwang die Studentenbewegung Ende der Sechzigerjahre das Land, genauer nachzufragen, wie es eigentlich gewesen war. In den Siebzigern setzte eine breite Debatte ein, die weit über die Geschichtswissenschaft hinausging, und dabei schlug das Pendel der historischen Beurteilung mitunter ebenso extrem aus wie in der verharmlosenden Haltung zuvor.

Die Wogen gingen hoch, als Frankreich um den Mythos Résistance stritt. In der erregten Atmosphäre verweigerte das französische Fernsehen über zehn Jahre lang die Ausstrahlung des schonungslosen Dokumentarfilms *Das Haus nebenan* von Marcel Ophüls und zeigte ihn erst 1981. Das erinnerte an die Fünfzigerjahre, als die Zensur in einem Film von Alain Resnais (*Nacht und Nebel*) den Anblick eines französischen Polizisten herausschneiden ließ, weil er an der Deportation von Juden beteiligt war. Aber die Aufarbeitung war nicht aufzuhalten.

Eine weitere Welle eingehender und rückhaltloser Untersuchungen zu den Themen Besatzung, Kollaboration und Widerstand erreichte Frankreich in den Neunzigerjahren. Helle Aufregung war das Ergebnis eines Buches, das 1994 die Vichy-Vergangenheit des damaligen Präsidenten Mitterrand entlarvte. Einige Jahre später erklärte Präsident Chirac, Frankreich habe sich während des Krieges an den französischen Juden vergangen. 1998 wurde der Vichy-Beamte Maurice Papon für seine Beteiligung an der Deportation von Juden aus Bordeaux zu zehn Jahren Haft verurteilt. Diese und ähnliche Skandale und Diskussionen ermöglichten eine immer offenere Diskussion über die Zeit der Okkupation. Inzwischen ist das Bild der schwarzen Jahre Frankreichs in der Geschichtsschreibung einer differenzierten Zeichnung in vielen Grautönen gewichen. Allzu einfache »Wahrheiten« haben nun einmal nur eine begrenzte Lebensdauer.

NIEDERLANDE UNTER DEUTSCHER BESATZUNG
DIE JUDEN NACH KRÄFTEN GESCHÜTZT?

Am 10. Mai 1940 überfiel die deutsche Wehrmacht die Niederlande, entgegen wiederholter Beteuerungen Hitlers, die Neutralität des Nachbarn zu achten. Das Land traf die Invasion unvor-
bereitet, sodass der Feldzug schon nach fünf Tagen vorbei war.
Die Bevölkerung reagierte auf die neuen Verhältnisse zunächst
verängstigt bis hysterisch; Regierung und königliche Familie
flohen nach England. Wie in Norwegen übernahm alsbald ein
Reichskommissar die Macht.

Nach einer ersten, im Unterschied zur folgenden noch vergleichsweise zivilen Phase der Besatzung begann im Frühjahr
1941 der Terror für die Niederländer – und insbesondere für die
Juden. Bis zum Ende der Besatzungszeit im Herbst 1944 wurden
drei Viertel der rund 140 000 Juden der Niederlande deportiert
und ermordet.

Im Vergleich zu den anderen von Deutschland besetzten
Ländern in Westeuropa war die Vernichtungspolitik des NS-Re-
gimes in den Niederlanden besonders erfolgreich. Während in
Belgien immerhin sechzig Prozent der Juden den nationalso-
zialistischen Terror überlebten, überstanden in Frankreich drei
Viertel, in Dänemark sogar 98 Prozent der jüdischen Bevölkerung
die deutsche Besatzung. Wie kam es, dass sich in den Niederlanden nur jeder vierte Jude vor der Deportation retten konnte oder
das Konzentrationslager überlebte, wo doch die Niederlande
bis heute als überaus tolerantes Land gelten, das seine jüdischen

Bürger nach Kräften schützte? Wie konnte es dazu kommen, dass Hitlers Beauftragter für die Logistik der Judenvernichtung Eichmann sich ebenso zynisch wie lobend über die Niederlande äußerte, weil dort die Judentransporte liefen wie geschmiert und sie zu beobachten eine Freude sei? Wieso konnten sich nur so wenige Juden in Verstecken über die Besatzungszeit retten? Eine häufige Einschätzung lautet, die Niederländer hätten dem Schicksal ihrer jüdischen Mitbürger überwiegend gleichgültig gegenübergestanden. Wurde nicht schließlich das Mädchen Anne Frank, die vielleicht berühmteste Tagebuchschreiberin der Welt, von Niederländern verraten, schließlich ins KZ Bergen-Belsen deportiert und dort ermordet?

Die tragische Auffälligkeit des niederländischen Beispiels wurde von Historikern immer wieder untersucht. Zwar lassen sich die Entwicklungen in den verschiedenen besetzten Ländern vergleichen, aber die Unterschiede sind trotzdem erheblich. Das betrifft die Struktur der Besatzung ebenso wie das Maß an Kollaboration oder der jüdischen Integration. Trotzdem ragt die Todesrate der niederländischen Juden heraus, was auf verschiedene Ursachen zurückgeführt wird: mal auf die besonders effektive deutsche Vorgehensweise oder die Autorität einer bereitwillig assistierenden niederländischen Bürokratie. Andere legen dar, die niederländischen Juden hätten sich größtenteils nicht einmal versteckt, weil sie ausgesprochen autoritätshörig gewesen seien. Außerdem hätten sie kaum Möglichkeiten gehabt zu fliehen, weil es zu wenige Fluchtmöglichkeiten ins Ausland gab, sie zu arm waren oder keinen Unterschlupf finden konnten. Zudem hätten die Niederländer überwiegend mit ihren Besatzern kooperiert. Einen schlagkräftigen niederländischen Widerstand gab es außerdem erst gegen Ende der Besatzungszeit, als die meisten Juden längst deportiert und ermordet worden waren.

Alle diese Faktoren können in unterschiedlichen Anteilen

als Erklärung herangezogen werden. Zum Beispiel stießen die deutschen Besatzer tatsächlich auf eine Bürokratie, die ihrer eigenen eher entsprach als die in Belgien oder Frankreich und die »Zusammenarbeit« erheblich erleichterte. Und der verbreitete Autoritätsglaube in den Niederlanden beförderte die Haltung, der Besatzungsmacht entgegenzukommen. Zumindest bis zur Niederlage der Wehrmacht vor Stalingrad war der Wille zur gefügigen Kooperation mit den scheinbar übermächtigen Deutschen verbreitet. Ebenso richtig ist, dass die von der Besatzungsmacht geschaffenen »Judenräte« mit ihren Mördern kooperierten. Zutreffend ist auch, dass die Flucht in entlegene Gegenden oder außer Landes in den Niederlanden erheblich schwieriger zu bewerkstelligen war als beispielsweise in Frankreich. Aber all das und weitere Aspekte konnten den Verdacht nicht entkräften, dass die Niederländer weniger als die Bevölkerung anderer besetzter Länder in Westeuropa taten, um dem Mord an ihren Mitbürgern entgegenzutreten.

Antisemitismus gab es in den Niederlanden ebenso wie in anderen Ländern. Er war aber zum Beispiel im Unterschied zu Frankreich nur sehr schwach ausgeprägt und nicht einmal im rechten Politikspektrum sonderlich verbreitet. Antisemitisch ausgerichtete Rechtsradikale wurden erst durch die deutsche Besatzung zu einem maßgeblichen politischen Faktor, machten sich damit in der Bevölkerung aber überwiegend unbeliebt. Die niederländischen Juden waren gut integriert und etabliert, andererseits ermöglichte die besondere Struktur der niederländischen »Säulen«-Gesellschaft mit segmentierten Gesellschaftsgruppen, dass sie während der Besatzung besonders rasch in Isolation gerieten. Waren also die nichtjüdischen Niederländer wenn nicht ausgemachte Antisemiten, dann aber doch den Juden gegenüber gleichgültiger eingestellt als Franzosen oder Belgier?

Sechzig Jahre nach dem Ende der Okkupationszeit ergaben

statistische Untersuchungen anhand bisher nicht verwendeter Dokumente, dass die Einschätzung der passiven Haltung der Niederländer – Juden und Nichtjuden gleichermaßen – korrigiert werden muss. Jetzt erst konnte nachgewiesen werden, dass sehr viel mehr Juden, die sich versteckt hatten, aufgespürt und in Vernichtungslager gebracht wurden. Das bedeutet aber auch, dass die Zahl der versteckten Juden und damit der Nichtjuden, die beim Untertauchen halfen, größer war als bislang angenommen. Tatsächlich lässt sich belegen, dass mehr Nichtjuden als bisher bekannt wegen »Judenbegünstigung« im Gefängnis oder im KZ saßen, auch wenn sich die exakten Zahlen nicht mehr rekonstruieren lassen. An der beklagenswert niedrigen Zahl der geretteten niederländischen Juden ändern die Ergebnisse zwar nichts, denn die Untersuchungen belegen ebenso, dass die Methoden der deutschen Sicherheitspolizei und ihrer niederländischen Helfer beim Aufspüren von Verstecken in den Niederlanden besonders effektiv waren. Aber es dient ebenso der Rehabilitierung der Rolle der nichtjüdischen Niederländer während der Besatzungszeit wie die Feststellung, dass bei Weitem nicht jeder aufgespürte Jude wie Anne Frank verraten worden war. Die Verfolgungsmethoden der Besatzer waren nämlich insbesondere in den Niederlanden höchst effizient und ihre Erfolge nicht allein auf skrupellose Niederländer angewiesen, die die ausgesetzten Kopfgeldprämien einstreichen wollten.

Wie in anderen Ländern auch war nur eine Minderheit der Niederländer bereit, sich zur Rettung ihrer jüdischen Mitbürger selbst in Gefahr zu bringen. Aber trotzdem ist der Fall der Niederlande kein besonders unrühmliches Beispiel, wie so oft angenommen.

DAS BERNSTEINZIMMER
VERBRANNT, VERSCHOLLEN ODER
GUT VERSTECKT?

Das Ereignis wurde insbesondere in Russland hoch gehandelt: Am 31. Mai 2003 erstand das verschollene Bernsteinzimmer aus dem Schloss Zarskoje Selo bei Sankt Petersburg wieder neu. Keine Geringeren als Bundeskanzler Schröder und Russlands Präsident Putin übergaben das kostbare Bernsteinkabinett, das mit deutscher Sponsorenhilfe rekonstruiert worden war, zum 300. Geburtstag Sankt Petersburgs im Katharinenpalast von Zarskoje Selo der staunenden Öffentlichkeit.

Kunsthistoriker geraten bis heute in traurige Schwärmerei, wenn die Sprache auf den kostbaren Saal kommt, denn das originale Bernsteinzimmer gilt seit dem Zweiten Weltkrieg als verschollen. Jahrzehnte später hatten Dutzende Kunsthandwerker vor Ort anhand von Fotografien aus den Dreißigerjahren in mühevoller Kleinarbeit eine originalgetreue Kopie des Schmucksaales erstellt. Fast ein Vierteljahrhundert hatten die Arbeiten gedauert, bei denen sechs Tonnen Bernstein aus der Ostsee verarbeitet wurden. Mit 10,5 mal 11,5 Metern fast quadratisch, ist der Saal sechs Meter hoch und über und über mit Bernsteinmosaiken ausgelegt. Ein kunsthandwerkliches Kleinod, dessen Wiedergeburt stolz mit dem Wiederaufbau der Dresdner Frauenkirche verglichen wird.

Wo aber ist das echte Bernsteinzimmer abgeblieben? Wurde es während der deutschen Belagerung Leningrads zerstört, oder hat jemand die Kriegswirren genutzt und sich dieses besondere

Schmuckstück unter den Nagel gerissen? Nur zwei Originalstücke tauchten 1997 wieder auf: auf dem Schwarzmarkt ein florentinisches Mosaik aus Bremen, eine allegorische Darstellung von »Geruchs- und Tastsinn«, sowie eine russische Truhe, die Jahrzehnte unerkannt in der DDR überstanden hatte.

Bernstein, einstmals »Tränen der Götter« genannt, ist ein fossiles Harz, das vor allem in der Ostsee vorkommt und dort insbesondere in der Gegend um Kaliningrad, dem ehemaligen Königsberg. Das Harz des baltischen Bernsteins ist über fünfzig Millionen Jahre alt und stammt meist von skandinavischen oder osteuropäischen Kiefern oder Zedern, in denen häufig kleine Insekten oder Pflanzenteile eingeschlossen sind. Wegen seiner goldbraunen Farbe und Transparenz wird es vor allem zu Schmuck verarbeitet. Es diente früher aber auch zur Herstellung von Lupen oder Brillen oder als Arzneimittel.

Das einzigartige Kunstwerk Bernsteinzimmer stammte ursprünglich aus Preußen. Für das Berliner Schloss plante der preußische Hofarchitekt Andreas Schlüter ein bernsteingetäfeltes Prachtzimmer für die Privaträume des Königs. Friedrich I., König in Preußen, war für Prunk immer zu haben, schon um seine neu erlangte Königswürde mit Prachtvollem würdig zu schmücken. Anderen Berichten zufolge hatte er denn auch selbst die Idee für ein solches Prachtzimmer, als er 1701 nach der Krönung von Königsberg zurück nach Berlin fuhr. Aber er starb über den langwierigen Arbeiten an dem ehrgeizigen Projekt, für das erst einmal genügend Material zusammenkommen musste. Noch unfertig wurde es in einem Eckzimmer im dritten Stock des Berliner Schlosses installiert.

Friedrichs Nachfolger, der Soldatenkönig Friedrich Wilhelm I., war im Unterschied zu seinem Vater ein sparsamer und bodenständiger Mann, der der Idee eines ganz mit Bernstein verkleideten Saales wenig abgewinnen konnte. Das Projekt wurde beerdigt, die unfertige Arbeit in Kisten eingelagert. Als jedoch der russische Zar Peter I. 1716 dem brandenburgischen Havelberg einen Besuch abstattete, erhielt er das ungeliebte und unfertige Schmuckstück als Dank für ein Bündnis gegen Schweden. Peter, der die Arbeit schon bei einem früheren Besuch in Berlin bewundert hatte, revanchierte sich mit einer Spezialeinheit der vom Soldatenkönig so geschätzten »langen Kerls«.

In Russland gelangte unter Peters Nachfolgerin Elisabeth I. das Bernsteinzimmer zu seinem verdienten Glanz: Zunächst in Sankt Petersburg, dann auf dem Sommersitz der Zaren in Zarskoje Selo, wurde es vom russischen Hofarchitekten Rastrelli mit Spiegeln und Skulpturen ergänzt. Hunderte Kerzen ließen die warme Farbe des Bernsteins effektvoll schimmern, und der Saal des Schlosses wurde ein gern genutzter Ort für Empfänge der Kaiserin. Jahrzehnte später soll Katharina II. den Saal vorzugsweise zum Kartenspiel genutzt und dabei angeblich immer gewonnen haben. Nach der Russischen Revolution und dem Ende der Herrschaft der Romanows wurde das Schloss mitsamt dem Bernsteinzimmer zum Museum.

Als 1940 die deutschen Truppen beim Russlandfeldzug der Wehrmacht Leningrad immer näher kamen, blieben die Petersburger Stadtpläste vor deutschen Plünderern verschont. Diese hatten einen umfassenden Kunstraub zwar etwas voreilig schon vorbereitet, die Belagerung der Stadt blieb aber erfolglos. Den Katharinenpalast im südlichen Vorort Zarskoje Selo nahmen die Deutschen dagegen am 17. September 1941 ein. Die Frauen des Ortes hatten viele Kunstwerke des Palastmuseums noch rechtzeitig ins russische Hinterland schicken können – nicht jedoch das Bernsteinzimmer. Bald darauf kam eine Sondereinheit sogenannter »Kunstschutzoffiziere« nach Zarskoje Selo, zerlegte das Bernsteinzimmer in seine Einzelteile, verstaute es in 27 Kisten und brachte es nach Deutschland.

Vor allem der unersättliche Kunstraffer Göring hatte es auf diesen Schatz abgesehen und wollte ihn seiner überwiegend zusammengestohlenen Kunstsammlung auf seinem Landsitz Carinhall nördlich von Berlin einverleiben. Vermutlich verließ sich Göring darauf, dass das Vorhaben gelingen würde, denn er hatte sich von überall her und ohne zimperlich zu sein die größten Kunstschätze Europas unter den Nagel gerissen. Aber im Falle des Bernsteinzimmers ging sein Kalkül nicht auf. Der nicht viel weniger skrupellose Gauleiter von Ostpreußen Koch überredete Hitler, vermutlich auf Veranlassung des Königsberger Museumsdirektors und Bernsteinexperten Rohde, den Schatz aus Sankt Petersburg nach Königsberg schaffen zu lassen. Nach dem Krieg sollte es angeblich an das geplante »Führermuseum« im österreichischen Linz weitergereicht werden.

Im Frühling 1942 wurde das Bernsteinzimmer im Museum des alten Königsberger Schlosses der Öffentlichkeit zugänglich gemacht. Dort soll es im Spätsommer 1944 zwei britische Bombenangriffe unversehrt überstanden haben und wurde angeblich Anfang 1945 nach Westen transportiert. Aber da hatte sich seine Spur bereits verloren.

In den Wirren der letzten Kriegsmonate sind zahlreiche Kunstwerke, Handschriften und andere wertvolle Objekte verschwunden oder vernichtet worden. Einiges tauchte später wieder auf, aber das Bernsteinzimmer konnte nie gefunden werden. Dafür gab es die unterschiedlichsten Hinweise über seinen Verbleib: Mal sollte das Bernsteinzimmer den Krieg in einem niedersächsischen Kalibergwerk überstanden haben, mal in der Nähe von Königsberg versteckt worden und dadurch in die Hände der Russen geraten sein. In Russland verdächtigte man dagegen die USA, in Besitz des Bernsteinzimmers zu sein. Dann wieder sollte es, nach Auskunft des in Polen einsitzenden ehemaligen Gauleiters Koch, 1945 mit dem Flüchtlingsschiff »Wilhelm Gustloff«

untergegangen sein. Wracksucher fanden jedoch keine Spur von der kostbaren Fracht. Andere Hinweise nannten einen thüringischen Stollen, den die Nazis kurz vor Kriegsende sprengten – nachdem zuvor eine geheimnisvolle Ladung aus Königsberg dort eingetroffen sei. Alle Anhaltspunkte wurden erschöpfend untersucht, nichts wurde gefunden.

Über Jahrzehnte machten sich immer wieder Hobbyforscher auf die Suche, was den verschollenen Schatz und sein Schicksal nur noch geheimnisvoller werden ließ. Als erster Schatzsucher betätigte sich die DDR-Staatssicherheit unter Erich Mielke, blieb aber trotz jahrzehntelanger kostspieliger Recherchen an rund 150 Orten und trotz 180 000 Seiten zusammengeschriebener Untersuchungsakten ebenso erfolglos wie alle anderen. Nach der Wiedervereinigung hatten Gerüchte und Hinweise mitunter abstruser Art erneut Hochkonjunktur, aber wieder blieb der Erfolg der Schatzsuche aus.

Vieles spricht dafür, dass das Bernsteinzimmer Königsberg gar nicht verlassen hat. Möglicherweise ist es in der alten preußischen Krönungsstadt bereits bei einem verheerenden britischen Bombenangriff 1944 verbrannt, als große Teile der Stadt in Flammen aufgingen. Oder es verbrannte im Zuge der Einnahme Königsbergs durch die Rote Armee. Überreste von Beutegut aus Zarskoje Selo wurden tatsächlich gefunden, denkbar schien also durchaus, dass auch die Bernsteinarbeiten betroffen waren, aber keine Spuren mehr hinterlassen haben, weil Bernstein rückstandsfrei verbrennt. Andere, nicht brennbare Fragmente des kostbaren Kabinetts konnten im Schutt des Königsberger Schlosses durchaus noch zugeordnet werden. Mit diesem Befund stellte die russische Seite die Suche denn auch ein.

Einer anderen Theorie zufolge liegt das Zimmer noch immer in den weitläufigen Kellergewölben des Königsberger Schlosses, auf dessen Fundamenten die Bauruine des nie vollendeten »Hauses der Räte« steht. 2006 wurden die ersten Meter dieses gotischen Tunnels freigelegt, dessen Großteil aber unzugänglich sein dürfte. Augenzeugenberichte über einen umfangreichen Abtransport der Bernsteinintarsien gibt es nicht, dafür aber Angaben, die Kisten mit dem verpackten Schatz hätten sich am Tag vor dem Einmarsch der Roten Armee noch in der Stadt befunden.

Übereinstimmend gehen die meisten Fachleute inzwischen davon aus, dass das Bernsteinzimmer die Hauptstadt Ostpreußens nicht mehr verlassen hat, weil auch der Königsberger Hüter des Bernsteinzimmers, Museumsdirektor Rohde, weiter im bedrohten Königsberg ausharrte. Sollte Direktor Rohde aber vom Verbleib des Zimmers gewusst haben, dann hat er das Wissen mit ins Grab genommen. Er und seine Frau verhungerten Ende 1945 im zerstörten und besetzten Königsberg.

Vermutlich suchen auch nach der Einweihung des neuen Bernsteinzimmers noch Dutzende weiter nach dem Original. Über sechzig Jahre später und nach enormen internationalen Anstrengungen ist die Wahrscheinlichkeit allerdings sehr gering, dass das Kunstwerk aus dem 18. Jahrhundert jemals wieder auftaucht. Und zu groß ist die Wahrscheinlichkeit, dass das fragile Material, das seinen Namen immerhin von seiner Eigenschaft der Brennbarkeit hat (»Brennstein«), in der Endphase des Zweiten Weltkriegs einem Brand zum Opfer gefallen ist – wo und wodurch auch immer.

KONFERENZ VON JALTA
EIN SENILER PRÄSIDENT VERSPIELT
DIE FREIHEIT?

Noch vor Ende des Zweiten Weltkrieges trafen sich Anfang Februar 1945 im russischen Kurbad Jalta auf der Halbinsel Krim am Schwarzen Meer die Staatschefs der drei verbündeten Kriegsgegner Deutschlands: Großbritannien, Sowjetunion und die Vereinigten Staaten. Die »Großen Drei« Churchill, Stalin und Roosevelt kannten sich längst von anderen Gipfeltreffen und waren für die Dauer des Kampfes gegen das Deutsche Reich überwiegend einvernehmlich miteinander umgegangen. In Jalta sollte die Zukunft Europas verhandelt werden, denn das Kriegsende war zumindest in Europa in greifbare Nähe gerückt. Folglich hatten die drei Siegermächte *in spe* zahlreiche Themen auf der Tagesordnung: die Zukunft Polens und seine Grenzen, die Einbeziehung Frankreichs in den Kreis der Siegermächte, die Frage der Aufteilung Deutschlands in Besatzungszonen und deutscher Reparationen sowie nicht zuletzt die gesamteuropäische Nachkriegsordnung und die Einflusssphären der Siegermächte in der Welt.

Vielen gilt die Konferenz bis heute als Schandfleck internationaler Diplomatie. Dort sei die Teilung Europas beschlossen worden, die über Jahrzehnte Bestand haben und durch die Entfremdung der westlichen Siegermächte von der Sowjetunion schon bald nach der Konferenz von Jalta im Kalten Krieg ein hässliches Symbol erhalten sollte: den Eisernen Vorhang quer durch Europa. Ohne Not hätten Churchill und Roosevelt dem

224

bauernschlauen Stalin halb Europa überlassen. Insbesondere die Staaten Ost- und Mitteleuropas fühlten sich als Manövriermasse im Verhandlungspoker der Großmächte vom Westen dem Einfluss der Sowjetunion preisgegeben. Auch das geteilte Deutschland konnte dem Ergebnis der Konferenz verständlicherweise nichts abgewinnen, und in Westeuropa drängte sich schon bald der Eindruck auf, der Westen sei von Stalin über den Tisch gezogen worden. Das erschien unverständlich angesichts der schieren Machtfülle der USA und der Beharrlichkeit Churchills – bis der bedauernswerte Schuldige ausgemacht war: Franklin Delano Roosevelt, seit 1933 Präsident der USA, der als kranker Mann auf die Krim reiste und bald danach starb. So überaus geschwächt sei er gewesen, so eine verbreitete Auffassung, dass Stalin sich diese Schwäche kaltblütig zunutze machen konnte und die Konferenz in seinem Sinne beeinflusste.

Die Konferenz von Jalta ist in der Tat eng verknüpft mit der Entstehung der bipolaren Welt. Aber trotzdem trifft der Befund nicht zu, dass dort die Entscheidung darüber gefallen sei. Tatsächlich wurde diese Frage nur angerissen beziehungsweise nicht eindeutig geregelt. Viele Konfliktpunkte wurden schon deshalb nicht angesprochen, weil der Krieg noch andauerte und man aufeinander angewiesen war – auch wenn der Kriegsschauplatz Europa absehbar bald zur Ruhe kommen würde, war völlig offen, wie lange der Krieg im Pazifik noch dauern würde. Im Falle Deutschlands beschloss man zwar die Einrichtung von Besatzungszonen und die Zahlung von Reparationen. Wie aber langfristig mit Deutschland zu verfahren sei, ob es also aufgespalten werden sollte, darüber wurde in Jalta nicht entschieden. Auch der Verlauf der künftigen Westgrenze Polens wurde nicht abschließend geregelt.

Die Konflikte, die in der Folge zum Kalten Krieg führten, stehen durchaus in Verbindung mit der Konferenz in Jalta, denn die Großen Drei ließen wichtige Aspekte ungeklärt. Aber die Probleme wären so oder so aufgetreten, auch wenn Jalta sich ihrer angenommen hätte. Nach Kriegsende waren die Konflikte unvermeidbar, sodass dann Europa in zwei Lager zerfiel und der Kalte Krieg den Kontinent beherrschte.

Die Großen Drei waren durchaus guten Willens, in Jalta ein Einvernehmen der Siegermächte zu treffen, das auf möglichst lange Zeit einen weiteren Krieg verhindern würde. Tagespolitisch wichtiger als eine Einigung in allen wichtigen Fragen war aber, dass die Welt die Konferenz als Erfolg aufnehmen würde. Vor allem anderen ging es den Staatsmännern darum, Einigkeit zu demonstrieren.

Und wie steht es mit Roosevelts Verhandlungsfähigkeit? In Jalta war auch Churchills Arzt Lord Moran, der später vom überaus schlechten Zustand des US-Präsidenten sprach. Roosevelt habe in die Gespräche nur selten eingegriffen und häufig mit offenem Mund abwesend dagesessen. Ganz offensichtlich sei der Präsident hochgradig verkalkt und habe nicht mehr lange zu leben. Das deutet darauf hin, dass am Urteil der Nachwelt etwas dran sein könnte. Allerdings äußerten sich andere Teilnehmer der Konferenz ganz anders. Der britische Außenminister Eden beispielsweise, näher am Konferenzgeschehen als Churchills Arzt, bestätigte zwar, dass Roosevelt angegriffen war. Sein Urteilsvermögen habe aber ganz und gar nicht gelitten. Auch der Verlauf der Konferenz lässt nicht vermuten, dass Roosevelt den Verhandlungen nicht ausreichend hätte folgen können. Er ergriff durchaus die Initiative, äußerte Einwände und machte Vorschläge wie seine beiden Kriegspartner auch. Genauso richtig ist aber, dass Stalin auf der Konferenz in Hochform war. Er verlor nur ein einziges Mal die Fassung, blieb ansonsten ruhig, überlegt und souverän. Er bewies Verhandlungsgeschick und war dreist genug, die tatsächlichen Verhältnisse in Polen oder den deutschen Ostgebieten unkorrekt darzustellen, wenn es zur Durchsetzung seiner Pläne dienlich war.

Der Ausgang der Konferenz lässt sich völlig befriedigend dadurch erklären, dass zum Zeitpunkt der Verhandlungen der Krieg noch in vollem Gange war. Die Verhandlungsposition Roosevelts und Churchills war auch dadurch bestimmt, dass zu diesem Zeitpunkt die Rote Armee in Deutschland sehr viel weiter vorangekommen war als die von Westen her vorstoßenden Truppen der Briten und Amerikaner. Ebenso klar war, dass die Sowjetunion bei Weitem am stärksten vom Krieg betroffen war und mit einiger Berechtigung daraus Ansprüche ableiten konnte. Es waren nun einmal die drei Sieger des Krieges, die über das Nachkriegseuropa verhandelten und dabei weniger das Wohlergehen und das Selbstbestimmungsrecht der kleinen Länder im Auge hatten als ihre eigenen Interessen in Europa und die Weltordnung insgesamt. Diese Haltung nahm nicht nur Stalin ein, auch Roosevelt und Churchill berieten ohne Konsultationen mit den betreffenden Ländern, wie die neuen Grenzen verlaufen sollten und wer in welcher Ecke Europas seinen Einfluss geltend machen dürfe. Das gilt natürlich für Deutschland, das als Verursacher und Verlierer des Krieges ohnehin kein Recht auf Mitsprache hatte, aber so verfuhr man auch mit Polen und China.

Im Falle Polens war den Großen Drei wichtiger als eine wohlüberlegte, polnische Interessen berücksichtigende Entscheidung, dass sie in dieser wichtigsten Frage der Konferenz Einigkeit demonstrieren wollten. Im Falle Chinas und anderer außereuropäischer Schauplätze ging es im gegenseitigen Geben und Nehmen um die geopolitischen Interessen der drei Mächte. Staatsleute entscheiden selten allein nach idealistischen und grundsätzlichen Erwägungen – und die drei von Jalta hatten durchaus noch US-Präsident Wilson als mahnendes Beispiel vor Augen, dessen 14-Punkte-Plan für Europa nach dem Ersten Weltkrieg vor den realpolitischen Verhältnissen keinerlei Bestand gehabt hatte.

Davon abgesehen war die Konferenz von Jalta genauso von einem Verhandlungspoker bestimmt wie andere Konferenzen dieser Art auch. Ob man es nun als skandalöses Geschacher oder als gegenseitiges Geben und Nehmen bezeichnen will – die Großen Drei klärten Fragen, die zu klären waren, und verwiesen heikle Themen an ihre Minister oder vertagten sie auf einen späteren Zeitpunkt. Jeder der Teilnehmer hatte Erwartungen und Wertungen, was einzelne Fragen betraf, und betrachtete andere als weniger wichtig und daher als Verhandlungsmasse geeignet. Beispielsweise lag Churchill am Erhalt des Empire und am britischen Einfluss in Griechenland mehr als an Polen; Stalin dagegen war in der Polenfrage nicht zum Einlenken gewillt und konnte darauf bauen, dass Roosevelt und Churchill die Konferenz daran nicht scheitern lassen würden, solange sie ihr Gesicht wahren konnten. Dem diente die von einem demokratischen Kontinent sprechende »Erklärung über das befreite Europa«, der Stalin leichten Herzens beipflichtete. Dafür gab Stalin anderswo nach: Er stimmte einer französischen Besatzungszone ebenso zu wie amerikanischen Vorstellungen über die Vereinten Nationen und das Schicksal Chinas. Im Übrigen vertraten die Briten ohnehin nicht uneingeschränkt das Selbstbestimmungsrecht der Völker, denn das hätte am britischen Commonwealth gerüttelt. Man verständigte sich in Jalta fast immer und vergleichsweise problemlos über die Interessensphären in der Welt.

Die Konferenz von Jalta war ein Gipfel dreier Kriegspartner, die sich bereits als Sieger fühlen durften und mit dem Recht und der Haltung von Siegern die Zukunft besprachen. Sie nahmen sich das Recht heraus, die offenen Fragen nach ihren eigenen Interessen zu lösen. Die langfristigen Folgen der Konferenz Jahrzehnte später aus sicherer Perspektive zu beurteilen fällt leicht. Die Geschichte ist aber ein vielschichtiges Gewebe und entwickelt sich nach komplexen Regeln – und die handelnden Personen historischer Ereignisse können immer nur begrenzt die Folgen ihres Tuns ermessen. Die Begleiter der Staatsleute waren überzeugt, für jeweils ihr Land das Beste herausgeholt zu haben, was für den Moment auch durchaus zutreffend erschien. Das sah die Öffentlichkeit ihrer Länder im Anschluss an die Konferenz ebenso. Noch war nicht absehbar, dass die erste Nachkriegskonferenz der Siegermächte ein paar Monate später in Potsdam ohne die Notwendigkeit einer Kriegsdisziplin West und Ost über Jahrzehnte auseinanderbringen würde. Die Geschichte gab Roosevelt gleichwohl recht: Trotz allem entsprach die Nachkriegsordnung der Welt von den Vorstellungen der Großen Drei denen des gar nicht senilen US-Präsidenten am meisten.

ARGENTINIEN
FLUCHTORT NUMMER EINS FÜR NAZIS?

Noch 1992 konnte man im Nachrichtenmagazin *Der Spiegel* lesen, nach dem Ende des Zweiten Weltkriegs und dem Zusammenbruch Hitler-Deutschlands seien Tausende Nationalsozialisten, vom Provinznazi bis zum gesuchten SS-Mörder, vom NSDAP-Parteibonzen bis zur KZ-Aufseherin vorzugsweise nach Argentinien geflohen. Die Vorstellung Argentiniens als bevorzugter Rückzugsort unverbesserlicher Altnazis befeuerten insbesondere Gerüchte und Nachrichten über den Verbleib der NS-Prominenz. Besonderes Interesse erregte immer wieder der letzte »Sekretär des Führers« und designierte Parteiminister Martin Bormann, der seit dem 1. Mai 1945 als verschollen galt. Immer wieder einmal tauchten Berichte auf, denen zufolge Bormann das Kriegsende überlebt und sich nach Argentinien gerettet habe. Angeblich fuhren während des Krieges deutsche U-Boote zwischen dem Deutschen Reich und Argentinien heimlich, aber eifrig hin und her. Auf einem davon soll Bormann geflüchtet sein, mal habe er sich dort einer kosmetischen Operation unterzogen und dann seine Spur unwiderruflich verwischt, mal leitete er von einem argentinischen »Berghof« aus eine internationale Naziorganisation und wurde von der argentinischen Regierung gedeckt. Beweise dafür konnten trotz umfangreicher Recherchen von vielen Seiten nie erbracht werden, als wahrscheinlicher gilt, dass Bormann in den letzten Kriegstagen im umkämpften Berlin umkam. 1960 konnte zwar ein Argentinier deutscher Herkunft festgenommen werden, der Bormann ähnlich sah. Bald aber stellte sich heraus, dass der Mann schon 1930 nach Argentinien gekommen war und Bormann wirklich nur ein wenig ähnelte. Als greifbarer hat sich Jahrzehnte später der frühere SS-Sturmbannführer Erich Priebke erwiesen, der 1994 gefasst wurde und sich wegen der Erschießung italienischer Geiseln während des Krieges vor einem italienischen Gericht verantworten musste. Priebke war Ende der Vierzigerjahre nach Argentinien geflüchtet und hatte dort bis in die Neunzigerjahre unbehelligt leben können.

Bis heute hat sich in Europa die Vorstellung gehalten, das südamerikanische Land habe nach 1945 unzähligen deutschen Nazis Zuflucht geboten, damit sie der Verfolgung durch die Besatzungsmächte und später den Gerichten der Bundesrepublik und der DDR entgehen konnten. Berüchtigt ist die angebliche »Organisation der ehemaligen SS-Angehörigen« Odessa, die Nazis die Flucht in das Argentinien Peróns ermöglicht habe, das als nazifreundlich galt. Dass diese Organisation wirklich existiert hat, ist ohne Beweis geblieben – in jedem Fall wäre sie erheblich weniger einflussreich und umfassend gewesen, als ihr gern zugeschrieben wurde. Ebenso besagt das historische Gedächtnis, die deutsche Volksgruppe in Argentinien sei während der Zeit des Nationalsozialismus ganz überwiegend auf strammem NS-Kurs gewesen. Deutsche in Argentinien sind Altnazis oder deren Nachfahren, so lautet eine verbreitete Überzeugung. Aber ist das wirklich eine zutreffende Einschätzung?

Zunächst hat die deutsche Einwanderung in Argentinien nicht erst 1945 begonnen. Seit Ende des 19. Jahrhunderts entschloss sich eine größere Zahl Deutscher, sich in Argentinien eine neue Existenz aufzubauen. Dadurch und wegen intensiver Wirtschaftsbeziehungen waren seither die Kontakte zwischen Deutschland und Argentinien besonders umfassend. Deutschland bezog landwirtschaftliche Produkte aus Argentinien und exportierte deutsche Industrie. Vor dem Ersten Weltkrieg rangierte Deutschland als zweitwichtigster Handelspartner Argentiniens gleich nach Großbritannien. Für Deutschland war Argentinien neben Brasilien der zweite maßgebliche Wirtschaftspartner in Lateinamerika. Auch zwischen den Kriegen florierten die Geschäfte zwischen beiden Ländern, bis sie nach Ausbruch des Zweiten Weltkrieges drastisch zurückgingen, obwohl Argentinien dem Deutschen Reich erst im März 1945 und nur unter Druck der USA den Krieg erklärte.

Ähnlich verlief die deutsche Einwanderung: Sie blühte Ende des 19. Jahrhunderts auf, wurde durch den Ersten Weltkrieg unterbrochen und setzte danach wieder ein. In den Dreißigerjahren gab es tatsächlich auch in Argentinien eine Niederlassung der NSDAP – allerdings war der Zuspruch der Deutsch-Argentinier ausgesprochen mäßig. In den Zeitungen war zwar von Mitgliedszahlen die Rede, die der Hälfte der Reichsdeutschen in Argentinien entsprachen, aber dafür existieren keinerlei Belege. In Wirklichkeit waren nicht einmal fünf Prozent Parteimitglied, eine »fünfte Kolonne« Hitler-Deutschlands in Argentinien gab es nicht. Andere NS-Organisationen hatten zwar mehr Zulauf, aber von einem »gleichgeschalteten Deutschtum« kann in Argentinien keinesfalls die Rede sein, auch wenn die NSDAP-Auslandsorganisation dort Propaganda betrieb – bis sie nach der »Patagonien-Affäre«, in der mithilfe gefälschter Dokumente« die bevorstehende deutsche Annexion Patagoniens suggeriert wurde, 1939 ihre Arbeit in Argentinien einstellen musste.

In den Dreißigerjahren war Argentinien aber auch ein Zufluchtsland für deutsche Emigranten. Knapp 50 000 deutsche Juden und viele nichtjüdische Regimegegner wanderten dorthin aus, und Buenos Aires wurde zu einem Zentrum des antifaschistischen Widerstands.

Nach 1945 flüchteten in der Tat viele Nazis aus Deutschland,

aber auch italienische Faschisten nach Argentinien. Nicht immer
stand dabei die drohende Strafverfolgung im Vordergrund. Diese
illegale Emigration hatte häufig wirtschaftliche, berufliche oder
persönliche Gründe. Gesuchte Spezialisten und Wissenschaftler
warb Argentinien gezielt an und half bei der illegalen Auswanderung. Die legale Auswanderung kam wegen eines alliierten
Verbots erst nach Gründung der Bundesrepublik wieder in Gang.
Sie lag durchaus im Interesse Argentiniens – 1951 bot Staatsprä-
sident Perón sogar die Aufnahme von zwei bis drei Millionen
Deutschen an und stellte Schiffe in Aussicht, die die Einwanderer abholen sollten. Diese Zahl wurde jedoch nicht erreicht –
während Argentinien in eine Wirtschaftskrise geriet, bahnte sich
in Deutschland das »Wirtschaftswunder« an.

Verglichen mit der Gesamtzahl deutscher Einwanderer in
Argentinien nimmt sich die Zahl der geflohenen Kriegsverbrecher insgesamt minimal aus: Bis zu 40000 Deutsche gingen
zwischen 1945 und 1955 nach Argentinien, aber nicht mehr als
sechzig von ihnen entzogen sich damit der Strafverfolgung der
Besatzungsmächte und später der deutschen Justiz. Auch wenn
durch Fluchthelfer weitere Nazis illegal und meist über Dritt-
länder aus Deutschland nach Argentinien gelangen konnten, so
gibt es keine Belege für umfassende und gut organisierte Flucht-
hilfeorganisationen nach dem Zweiten Weltkrieg. Die Zahl
der niedrigeren Chargen wird auf rund 500 geschätzt, darunter
Wehrmachtsoffiziere und regimetreue Journalisten.

Die Mär von Argentinien als Zufluchtsort der Nazis und von
den deutschstämmigen Argentiniern als zumindest stramm nati-
onal, wenn nicht nazifreundlich besitzt also keine Grundlage.
Die deutschstämmige Bevölkerung Argentiniens ist so vielfältig
wie anderswo auch, und der häufig geäußerte Generalverdacht
tut Argentinien unrecht.

MARILYN MONROE
SELBSTMORD ODER
REGIERUNGSKOMPLOTT?

In der Nacht vom 4. zum 5. August 1962 endete vorzeitig eine der Traumkarrieren von Hollywood, als Marilyn Monroe an einer Überdosis Schlafmittel starb. Wie so oft beim spektakulären Ableben von Menschen, die im Mittelpunkt des öffentlichen Interesses stehen, schossen auch im Fall der Monroe Spekulationen über die Umstände ihres plötzlichen Todes ins Kraut. Als Drahtzieher wurden die amerikanische Mafia, der CIA oder auch US-Präsident John F. Kennedy und sein Bruder Robert gehandelt.

Zu den Gerüchten, mit ihrem Tod habe es eine besondere Bewandtnis, trugen die Umstände von Marilyns Ableben bei. So hatte sie noch den Telefonhörer in der Hand, als man ihre Leiche fand. Hatte sie noch jemand anrufen wollen? Auf ihrer Telefonrechnung fehlten die Nachweise der Anrufe, die sie in jener Nacht getätigt hatte. Beweismittel der Obduktion verschwanden ebenso wie ihr Tagebuch. Auch die Körperstellung der Leiche entsprach nicht der üblichen bei einem Tod durch eine Überdosis Tabletten. Hinzu kamen widersprüchliche Aussagen zum Ablauf der fraglichen Nacht: Fand die Haushälterin die tote Schauspielerin schon um Mitternacht oder erst über drei Stunden später? Und wenn sie erst um halb vier Uhr morgens das Licht in Marilyns Schlafzimmer bemerkte, was war seit dem Tod der Monroe geschehen? Hatten die Mörder nicht genügend Zeit gehabt, um ihre Spuren zu verwischen?

Hauptquelle der Theorien waren die Affären, die Marilyn Monroe mit dem US-Präsidenten John F. Kennedy und seinem Bruder Robert gehabt haben soll. Daher hätten sowohl der mächtige Clan der Kennedys mit seinen Verbindungen zur Mafia als auch der CIA allen Grund gehabt, in der psychisch labilen Schauspielerin eine Gefahr zu sehen, falls sie Geheimnisse oder intime Details ausplaudern würde. Das hätte John F. Kennedy immerhin seine Präsidentschaft kosten können. Nach einer anderen Erklärung wurde die Monroe von der Mafia ermordet, um den Mord anschließend Robert Kennedy in die Schuhe zu schieben. Der hätte aber noch rechtzeitig alles Beweismaterial sicherstellen können, sodass ihn kein Verdacht traf. Weitere Erklärungen machen eine kommunistische Verschwörung aus oder verdächtigen ihre Haushälterin oder ihren Psychiater.

Die nahe liegende Erklärung eines tragischen Selbstmords war für die an Sensationen interessierten Medien, ehrlich trauernde Fans und leidenschaftliche Verschwörungstheoretiker zu einfach. Nach einer verbreiteten Wunschvorstellung des Medienzeitalters sterben Stars nicht an persönlichem Kummer oder Depressionen, die sie in den Freitod treiben. Wer einen Star vergöttert, zieht einen mysteriösen Tod einer wahrscheinlicheren, aber weniger schillernden Version verständlicherweise vor – und wie kann ein derart gefeierter Filmstar überhaupt unglücklich sein? Das kann aber nicht darüber hinwegtäuschen, dass die Theorien darüber, wer Marilyn Monroe nach dem Leben getrachtet haben könnte, allesamt mit wenig aussagekräftigen Indizien und Verdächtigungen arbeiten. Die exakten Abläufe ihrer Todesnacht sind weiterhin nur lückenhaft geklärt. Beweise für die Theorien des gewaltsamen Mordes gibt es trotzdem keine. Dagegen spricht erheblich mehr für die sehr viel traurigere Version: Danach konnte Marilyn Monroe mit ihrem raschen Aufstieg zum gefeierten Leinwandstar zwar ihre unglückliche

Vergangenheit äußerlich hinter sich lassen, aber ihre Hoffnung auf persönliches Lebensglück erfüllte sich nicht. Sie befand sich seit Jahren in psychotherapeutischer Behandlung, weil sie das Trauma ihrer unglücklichen Kindheit nicht überwand. Darüber hinaus war sie tablettensüchtig, aufgrund einer leichtfertigen Verschreibungspraxis damals eine verbreitete Krankheit. Ihre drei Ehen waren unglücklich verlaufen, und auch ihre Hoffnungen auf ein Kind erfüllten sich nicht, denn Marilyn Monroe hatte zuletzt zwei Fehlgeburten erlitten. In den Monaten vor ihrem Tod hatte sie Schicksalsschläge hinzunehmen und wurde zunehmend arbeitsunfähig. Sie musste das Gefühl haben, dass sie bei aller Berühmtheit einsamer war als je zuvor – und sie hatte bereits zwei Selbstmordversuche hinter sich. Die wahrscheinlichste Erklärung für den Tod der Monroe bleibt, dass ein dritter Versuch gelang.

KUBA-KRISE
HÖHEPUNKT DES KALTEN KRIEGES?

Als US-Präsident John F. Kennedy am 22. Oktober 1962 die See-
blockade Kubas ankündigte und damit die Kuba-Krise in ihre
entscheidende Phase eintrat, hielt die Welt gebannt den Atem
an. Nach verschiedenen vorangegangenen Krisen im Kalten
Krieg drohte mehr denn je eine Eskalation im Ost-West-Kon-
flikt. Über die Entwicklungen der folgenden Tage im Weißen
Haus und im Moskauer Kreml versuchte sich eine aufgeschreck-
te Weltöffentlichkeit nach Kräften auf dem Laufenden zu halten.
Denn diese Konfrontation konnte enorme Auswirkungen haben –
bis hin zu einer militärischen Auseinandersetzung der atomar
und konventionell bis an die Zähne hochgerüsteten Weltmächte
USA und UdSSR. In Berlin, dem Brennpunkt der Systemkon-
frontation, verfolgten die Menschen besonders ängstlich den
Verlauf der Geschehnisse – sie wussten, dass sie die Bewegungen
der Schiffe in der Karibik unmittelbar betrafen. In der DDR
bereiteten sich Rote Armee und Nationale Volksarmee derweil
auf den Ernstfall vor. Es drohte der Dritte Weltkrieg.

John F. Kennedy ist spätestens durch seine Ermordung ein
Jahr später zum Mythos geworden. Teil dieses Mythos ist sein
umsichtiges und erfolgreiches Handeln in der Kuba-Krise, mit
dem er um jeden Preis eine Eskalation der Ereignisse verhindern
wollte. Aus dieser ernsthaften Konfrontation der beiden Supermächte sei er als Sieger hervorgegangen, der angesichts eines
unberechenbaren Gegners in Moskau Größe bewiesen habe.

Aber ist dieser Sieg historisch belegbar, oder handelt es sich um eine Legende über den jugendlichen Präsidenten, mit dem eine ganze Generation größte Hoffnungen verband, von denen sie auch nach dem Attentat von Dallas keinen Abstand nehmen mochte? Und war die Kuba-Krise der Höhepunkt des Kalten Krieges, an dem die Welt einem Atomkrieg so nahe war wie nie zuvor und niemals wieder?

Die Blockade Kubas war die Reaktion auf verlässliche Informationen der US-Luftaufklärung über im Bau befindliche Raketenstationen der Sowjets auf der verbündeten Karibikinsel Kuba. Einen solchen Affront und eine derartige Bedrohung vor der unmittelbaren Haustür des US-amerikanischen Festlandes konnte die Regierung in Washington unmöglich ignorieren. Quälend lange Tage diplomatischer und geheimdiplomatischer Verhandlungen folgten. Im Weißen Haus tagte das ExComm, ein Krisenrat, den der Präsident eigens wegen dieser Krise zusammengestellt hatte und in dem Kennedys Bruder und Berater Robert (»Bobby«) eine Schlüsselposition einnahm. Am Ende der Krisenwoche stand ein *deal*: Die UdSSR entfernte die Stellungen, die USA verkündeten öffentlich, nicht auf Kuba einmarschieren zu wollen. Eine weitere Vereinbarung über den Abzug von US-Raketen aus der Türkei wurde erst später bekannt.

Nach den Morden an den Kennedy-Brüdern John F. und Robert 1963 und 1968 erschien Bobbys Buch *Thirteen Days* über die heroische Gedulds- und Diplomatieleistung der Regierung Kennedy von der Information über die Raketenstationen auf Kuba bis zur Beilegung der Krise, in der die Welt am Abgrund eines Atomkriegs gestanden hatte. Dieses berühmte Tagebuch über die beiden Krisenwochen hat entscheidenden Anteil am Mythos über die Kuba-Krise – aber es geht mit den historischen Tatsachen nicht wahrheitsgetreu um. Tatsächlich wurden die Originalaufzeichnungen Kennedys von dem Kennedy-Vertrauten Theodore Sorenson vor der Veröffentlichung bearbeitet, um die US-Regierung möglichst positiv aussehen zu lassen.

Hymnisches Lob für die Leistung der Kennedy-Brüder und ihrer Vertrauten kam aber schon kurz nach dem Ende der Krise auf. Die US-Medien schwärmten vom amerikanischen Triumph über Moskau und vom Präsidenten, der mit den »Besten und Klügsten« die Krise gemanagt habe. Allerdings ist diese sehr wohlwollende Einschätzung der Krisentage im Weißen Haus im Herbst 1962 nicht belegbar. Das ExComm war weniger ein Krisenstab, der die Lage im Griff hatte und Entscheidungen fällte, als eine Absicherung für die Kennedys, damit niemand im Regierungsapparat aus dem Kurs ausscherte, den sie einschlugen. Dieser Kurs fiel insbesondere zum Missfallen der US-Militärs aus, die die verhängte Blockade als schwächliche Reaktion ansahen – wie den Kennedy-Kurs insgesamt. Sie forderten einen Angriff auf die Raketenstationen auf Kuba. Der Präsident aber verhielt sich extrem vorsichtig: Er fürchtete nicht nur eine Eskalation in der Karibik, sondern auch Konsequenzen in Europa: Westberlin war damals die Achillesferse der westlichen Welt. Gleichzeitig jedoch stand Kennedy unter erheblichem innenpolitischen Druck: Angesichts der gescheiterten Invasion Kubas in der Schweinebucht ein Jahr zuvor durfte er keinesfalls als derjenige aus der Krise hervorgehen, der vor den Sowjets eingeknickt war. Vor der Öffentlichkeit gelang dies auch weitgehend, die US-Militärs sahen sich dagegen in ihrer Einschätzung bestätigt, es bei Kennedy mit einem schwachen Präsidenten zu tun zu haben.

Insbesondere am Abend des 27. Oktobers schien allen Beteiligten die Kriegsgefahr so hoch wie nie zuvor: als Chruschtschow über Radio Moskau öffentlich forderte, Washington müsse als Gegenleistung für den Abzug der sowjetischen Raketen auf Kuba US-Raketen aus der Türkei abziehen. Dann aber lenkte Moskau ein und gab sich mit dem Versprechen, die USA würden Kuba in Ruhe lassen, und der inoffiziellen Zusicherung für den Abzug der türkischen US-Raketen zufrieden.

Die Lösung zum Verständnis und zur richtigen Einordnung liegt zunächst in ihrer Vorgeschichte. Inmitten des Kalten Krieges sahen sich die Führer beider Supermächte in der Defensive. Kennedy wegen des Berliner Mauerbaus und der dortigen hochexplosiven Situation sowie aufgrund seiner gescheiterten Invasion Kubas; Chruschtschow wegen der Verlautbarung des Pentagons im Oktober 1961, die Atomstreitmacht der USA sei der der UdSSR überlegen. Angesichts der Bedeutung, die die Atomrüstung im Wettstreit der Supermächte damals hatte, musste das zu einer Reaktion Moskaus führen. Die unmittelbare waren Widerspruch und ein sowjetischer Atomtest; die langfristige Chruschtschows Kuba-Politik. Auf Kuba konnte der sowjetische Staatschef mehrere Fliegen mit einer Klappe schlagen: Schutz der sozialistischen Karibikinsel und Machtdemonstration sowohl gegenüber den USA als auch im sozialistischen Lager gegenüber China sowie Zugewinn innenpolitischen Renommees.

Was bis heute als Sieg der USA und als Meisterleistung der Kennedys gilt, war in Wahrheit der Vorsicht beider Seiten zu verdanken. Hinzu kam der jeweilige Blick auf die Lage, der nicht immer mit den Realitäten übereinstimmte. Die prinzipiell unversöhnliche Konfrontation beider Machtblöcke wurde für einen kurzen historischen Moment zweitrangig, weil Washington und Moskau einen Atomkrieg verhindern wollten. Denn auch Chruschtschow verhielt sich verantwortungsvoll und akzeptierte den geheimen Raketentausch mit den USA, den er sich also nicht als Erfolg ans Revers heften konnte. Inzwischen lässt sich durch neu zugängliche Akten belegen, dass Chruschtschow erstaunlicherweise vor allem Angst hatte, Kennedy könnte abgesetzt werden oder einem Militärputsch zum Opfer fallen. Das wollte er verhindern, weil ihm die Folgen für die Sowjetunion und den Weltfrieden unabsehbar schienen. Außerdem befürchtete Moskau aufgrund von zweifelhaften Geheimdienstinformationen, eine US-Invasion Kubas stehe unmittelbar bevor.

Beiden Mächten war klar, wie gefährlich die Konfrontation gewesen war. Die Einschätzung Kennedys und Chruschtschows und ihr Verantwortungsbewusstsein verhinderten den Atomkrieg, mit dem ihre Militärs längst kalkulierten. Der Höhepunkt des Kalten Krieges war die Krise dennoch nicht, denn das Verhalten beider Politiker zeigt, dass sie den Machtkampf der Ost-West-Konfrontation vielmehr für die Dauer der Kuba-Krise unterbrachen. Anschließend ging der Kalte Krieg weiter, wenn auch in leicht veränderter Form. Als Sieger konnte sich bei redlicher Überlegung keiner der beiden Politiker fühlen. Chrutschtschows Raketenstrategie war nicht aufgegangen, und er hatte in der Wahrnehmung der Welt einlenken müssen. Kennedy musste seinerseits auf den, wenn auch geheimen, Raketendeal eingehen und vor allem von seinem Lieblingsvorhaben abrücken, dem kubanischen Sozialismus vor seiner Haustür ein Ende zu machen. Beide fühlten sich verwundbar: Moskau wegen der strategischen Überlegenheit der USA, Washington wegen der prekären Lage in Berlin. Und zu den Gründen für ihren Willen zur Beilegung der Krise gehörten insbesondere gegenseitige Fehleinschätzungen: Während Moskau nicht, wie Kennedy befürchtete, mit der Raketenstationierung auf Kuba eine Lösung der Berlinfrage anstrebte, stand weder, wovor sich wiederum Chruschtschow ängstigte, eine US-Invasion Kubas noch die Entmachtung Kennedys bevor.

MORDFALL JFK
WER WOLLTE DEN
PRÄSIDENTEN LOSWERDEN?

1963 erschütterte die Ermordung John F. Kennedys in Dallas die Vereinigten Staaten und die Welt, und Generationen von US-Amerikanern sollten sich über Jahrzehnte erinnern, was sie zum Zeitpunkt des Attentats am 22. November 1963 gerade taten. Bis heute lässt der Mord am US-Präsidenten viele Fragen offen. Im Zentrum der Spekulationen steht vor allem die Frage, ob der mutmaßliche Kennedy-Mörder Lee Harvey Oswald wirklich ein Einzeltäter war – und wenn nicht, wer die Drahtzieher des Attentats waren. Kaum ein Ereignis der US-amerikanischen Geschichte hat eine vergleichbare Flut an Publikationen und leidenschaftlichere Debatten ausgelöst. Zahllose Bücher, Websites und Filme befassen sich mit dem Fall, und spektakuläre Werke wie Oliver Stones pseudodokumentarischer Film *JFK* fanden auch Jahrzehnte nach der Tat Millionen Zuschauer weltweit.

Anhänger der »offiziellen Version« und ihre Kritiker bekämpfen sich bis heute und werfen sich gegenseitig vor, mit der Beweislage selektiv und subjektiv umzugehen, unliebsame Indizien zu ignorieren und die Lösungsansätze der jeweils anderen Seite zu diskreditieren. Neben den Ergebnissen der offiziellen Untersuchungskommission ist eine Vielzahl anderer Versionen in Umlauf, was es mit der Ermordung John F. Kennedys wirklich auf sich haben könnte.

Ende November 1963 besuchte US-Präsident Kennedy Dallas, um seine Wiederwahl im schwierigen Bundesstaat Texas bei den Präsidentschaftswahlen im folgenden Jahr zu befördern. Als die offene Präsidentenlimousine am Dealey Plaza in einer engen Kurve die Fahrt verlangsamte, wurden vom sechsten Stock eines Gebäudes drei Schüsse abgegeben. Zwei der Schüsse trafen Kennedy, einer tödlich. Ein dritter Schuss verfehlte sein Ziel. Im nahe gelegenen Parkland Hospital konnten die Ärzte den Präsidenten nicht mehr retten. Kurz nach dem Attentat wurde Lee Harvey Oswald unter Mordverdacht festgenommen; zwei Tage später erschoss ihn der Nachtclub-Besitzer Jack Ruby, als Oswald ins Gefängnis überführt werden sollte. Eine Woche nach der Tat beauftragte Präsident Lyndon B. Johnson, Vizepräsident unter Kennedy und beim Attentat im zweiten Wagen, Chief Justice Earl Warren mit der Leitung einer Untersuchungskommission zur Aufklärung des Mordes. Der Bericht der Warren-Kommission vom September 1964 umfasst 888 Seiten. Sein Ergebnis ist, dass Lee Harvey Oswald Kennedy ermordet habe und ein Einzeltäter gewesen sei. Es gebe keine Verbindung zur US-Regierung oder zu ausländischen Regierungen, keine zu Oswalds Mörder Ruby; Oswald habe aus Geltungssucht und persönlicher Frustration gehandelt.

Die offensichtlichen Schwächen des Berichts erwiesen sich als munter sprudelnde Quelle der Kritik an der Untersuchung der Warren-Kommission. Aus politischen Gründen hatte die Kommission rasch arbeiten müssen und sich zudem unkritisch auf die US-Geheimdienste CIA und FBI verlassen. Fotos und Röntgenaufnahmen der Leiche Kennedys wurden für die Untersuchung nicht berücksichtigt. Die Einzeltäterthese wurde offenbar vorausgesetzt und sowohl Indizien als auch Zeugenaussagen wurden ignoriert, die eine andere Erklärung zumindest zuließen. Die Rolle der Geheimdienste im Laufe der Untersuchungen geriet ins Visier der Kritiker: Hatte der FBI verhindert, dass seine Verbindung zum Kennedy-Mörder aufgedeckt wurde? Hatte er gar von den Attentatsplänen gewusst, den Präsidenten aber nicht gewarnt? Vertuschten FBI und CIA Verbindungen Oswalds zu sowjetischen und kubanischen Geheimdiensten? Mussten diese Verbindungen vertuscht werden, weil Kennedys Nachfolger Johnson sich trotz einer Verstrickung Kubas gegen die Invasion des kommunistischen Karibikstaates entschieden hatte? Hatten die Geheimdienste beim Schutz des Präsidenten nicht nur versagt, sondern das Attentat fahrlässig oder gar planmäßig begünstigt? War der Fahrer der Präsidentenlimousine nicht trotz der Kurve übermäßig langsam gefahren und hatte sich umgesehen, als ob er auf den Schuss wartete? Zeugen berichteten nach dem Attentat von weiteren merkwürdigen Details: So behaupteten einige, Geheimdienstler hätten sie kurz vor der Tat von dem Ort vertrieben, von wo aus kurz darauf Oswald die tödlichen Schüsse abgegeben hatte. Die Geheimdienste bestritten jedoch, dass ihre Männer dort im Einsatz gewesen seien. Manche Augenzeugen wollten mehrere bewaffnete Männer in den Fenstern des Gebäudes gesehen haben, aus dem die Schüsse kamen. Warum hatte die Warren-Kommission bestimmte Zeugenaussagen nicht berücksichtigt? Und warum war die Untersuchungskommission Merkwürdigkeiten am Ort des Attentats nicht nachgegangen, wie jenem Mann, der wie als Signal kurz vor den Schüssen seinen Regenschirm auf- und wieder zugemacht hatte? Warum wurden Einzelpersonen nach dem Attentat vorübergehend festgenommen, deren Verhörprotokolle anschließend verloren gingen?

Wichtiger noch schienen Amateurfilmaufnahmen vom Attentat, die der Einzeltätertheorie der Warren-Kommission geradewegs widersprachen, weil sie mehr als drei Schüsse vermuten lassen, die Oswald jedoch nicht allein abgegeben haben konnte. Zudem schlossen Beobachter aus der Körperreaktion Kennedys auf den Schuss, dass ein zweiter Schütze von anderer Stelle aus gezielt haben musste. Diese Annahme stützten zahlreiche Aussagen von Augenzeugen, darunter Polizisten. Und wieso musste die amerikanische Öffentlichkeit Jahre warten, bis sie diese Aufnahmen überhaupt zu Gesicht bekam? Reichlich Nahrung für Skepsis boten widersprüchliche Befunde der Ärzte in Dallas und Washington, wo Kennedys Leiche übereilt, unvollständig und unsachgemäß obduziert wurde.

Die Ungereimtheiten des Tathergangs und des Berichts der offiziellen Untersuchungskommission allein füllen Bände. Aber auch die Spekulationen über die Tatbeteiligten sind schier unübersehbar.

Vor allem der angebliche Einzeltäter Lee Harvey Oswald und seine außergewöhnliche Biografie nährten die Zweifel. Der Ex-Soldat war Kommunist geworden, hatte in der Sowjetunion gelebt und war erst 1962 in die USA zurückgekehrt. Von dort hatte er vergeblich versucht, nach Kuba einzureisen. In der Hochphase des Kalten Krieges schien es da zweifelhaft, dass zwischen Oswald und den US-Geheimdiensten keinerlei Verbindung welcher Art auch immer bestehen sollte. War er vielmehr ein US-Agent? Dafür sprach unter anderem, dass er mit seiner russischen Frau problemlos in die USA hatte zurückkehren können und mit einem russischen Emigranten und CIA-Kontaktmann befreundet war. Kurz vor dem Attentat war Oswald nach Mexico City gereist – um in der sowjetischen Botschaft dem KGB die Ermordung Kennedys anzubieten? Oder fingierte der US-Geheimdienst eine Verbindung zwischen Oswald und Kuba, um dem kommunistischen Vorposten vor der Haustür der USA den Mord an Kennedy in die Schuhe zu schieben? Wie verhielt es sich mit Oswald-Doppelgängern, die der Geheimdienst angeblich eingesetzt hatte, um Oswald als geeigneten Sündenbock für den Geheimdienstmord an Kennedy aufzubauen? Die Verteidiger des Warren-Reports stellten ihn dagegen als bloßen politischen Wirrkopf dar.

Zu Spekulationen musste auch der Mord an Oswald führen. Hatte der zwielichtige Ganove Ruby wirklich aus persönlicher Abscheu gegen den Präsidentenmörder und Mitgefühl für dessen Witwe gehandelt, oder war er vom Geheimdienst oder der Mafia für seine Tat bezahlt worden? Und starb er 1967 im Gefängnis wirklich an Krebs, oder wurde er mundtot gemacht?

Bei der Suche, wer hinter dem Mord steckte, wenn Oswald kein Einzeltäter oder gar nur ein Sündenbock gewesen war, kamen verschiedene Erklärungsmöglichkeiten ins Spiel: Hatte Lyndon B. Johnson mit seinen texanischen Verbindungen Kennedy beiseitegeschafft, um endlich selbst Präsident zu werden? Hatte die US-Mafia Kennedy hinrichten lassen, um sich für die Anti-Mafia-Kampagne des Präsidentenbruders Robert zu rächen? Oder wollte der CIA mit dem Mord verhindern, dass Präsident Kennedy den Auslandsgeheimdienst auflöst? Und gleichzeitig Kuba den Mord anhängen und damit die Invasion der Karibikinsel erreichen, die in der Schweinebucht so blamabel gescheitert war? Auch der FBI-Direktor und notorische Moralist J. Edgar Hoover mit seiner Abneigung gegen die Familie Kennedy profitierte vom Tod des Präsidenten, weil sein persönlicher Freund Johnson die Nachfolge antrat und den Termin für Hoovers Ruhestand verschieben konnte. Tatsächlich blieb Hoover bis zu seinem Tod 1972 Direktor des FBI.

Eine andere Theorie nimmt die Rüstungswirtschaft ins Visier, die vom Kalten Krieg und vom Vietnamkrieg enorm profitierte und Kennedys Politik aus geschäftlichen Gründen missbilligte – und in der Tat gingen beide Konfrontationen nach Kennedys Tod weiter. Ebenso könnte Chruschtschow den KGB mit dem Mord an Kennedy beauftragt haben, um sich für die Kuba-Krise 1962 zu revanchieren und die USA politisch zu destabilisieren. Aber konnte Chruschtschow eine dann drohende Eskalation des Kalten Krieges gutheißen? Oder wollte sich Kubas Machthaber Castro für Kennedys Auftrag an den CIA rächen, Castro zu erledigen? Ähnliches hatte er immerhin angedroht. Aber sägte damit Castro nicht am eigenen Ast, wenn die Sache aufflog und die USA Kuba erst recht überfallen würden? Standen hinter dem Mord vielleicht vielmehr Exilkubaner, die mit der gescheiterten Invasion und Kennedys Kuba-Politik höchst unzufrieden waren?

Bei all diesen und weiteren Theorien spielen Oswald und die anderen Beteiligten eine jeweils passende und daher höchst unterschiedliche Rolle.

Für die meisten Theorien konnten keine stichhaltigen Beweise vorgelegt werden, auch wenn die Beschuldigten tatsächlich vom Tod Kennedys profitierten und einige in der Lage gewesen wären, den Mord durchzuführen und anschließend zu vertuschen. Fraglich ist wie immer bei solchen Verschwörungstheorien, wie die Verschwiegenheit eines so großen Kreises Beteiligter über Jahrzehnte sichergestellt werden kann. Und alle Theorien können sich zwar als mehr oder weniger wahrscheinlich präsentieren und haben mitunter erheblichen »Charme« – sie haben aber nicht selten einen ideologischen und damit subjektiven Hintergrund. Auch wenn die Warren-Kommission bei ihrer Untersuchung geschlampt hat, muss das nicht aus Kalkül geschehen sein, und es bedeutet auch nicht automatisch, dass die Ergebnisse der Kommission falsch waren. Die Einzeltäterthese mag nicht so attraktiv sein wie eine umfassende Verschwörung zum Präsidentenmord – aber deshalb ist sie noch lange nicht widerlegt.

Die Affäre wird so lange nicht restlos aufgeklärt werden, wie den Historikern nicht alles in den Archiven der USA und anderer beteiligter Länder lagernde Beweismaterial restlos zur Verfügung steht.

Die Spekulationen um den Mord am US-amerikanischen Präsidenten werden also weitergehen, auch wenn sich zuletzt 2006 in einer WDR-Dokumentation von Wilfried Huismann eine These als wahrscheinlichste präsentierte: die von einer Verstrickung Kubas. Huismanns Erkenntnisse legen nahe, dass sich der kubanische Geheimdienst den willigen politischen Wirrkopf Oswald zunutze gemacht hat, um Kennedy zu beseitigen. Eine solche Erklärung ist auch heute noch ideologisch befrachtet, und prompt regte sich heftiger Widerstand dagegen, den sozialistischen David Kuba für das Verbrechen am kapitalistischen Goliath USA verantwortlich zu machen. Trotzdem sprechen viele Erkenntnisse für diese Lösung des Rätsels vom Kennedy-Mord.

Nach Aussage eines ehemaligen Mitarbeiters des kubanischen Geheimdienstes war Oswald »zwar nicht der Beste, aber verfügbar«. Hintergrund war nach dieser Darstellung einer der zahlreichen Attentatspläne des CIA gegen Fidel Castro, die seit der gescheiterten Invasion in der Schweinebucht 1961 ausgearbeitet worden waren. Dafür rächte sich der kubanische Revolutionsführer – aber nicht, ohne zuvor eine klare Warnung an die USA auszusprechen, die die USA jedoch missachteten. Oswalds Reise nach Mexico City diente den Absprachen mit dem kubanischen Geheimdienst, der in Mexiko frei agieren konnte, und der Übergabe des Honorars von 6500 US-Dollar. Nach dem Mord wurden in Mexiko ermittelnde FBI-Mitarbeiter auffällig rasch wieder zurückgepfiffen, weil die US-Regierung unter Lyndon B. Johnson entschieden hatte, die Version eines psychopathischen Einzeltäters zu favorisieren. Das Weiße Haus fürchtete die innen- und außenpolitischen Konsequenzen, wenn die Wahrheit über Kubas Verstrickung in den Kennedy-Mord an die Öffentlichkeit geriet: Neben der Demütigung der Supermacht USA durch die Inselkommune Kuba musste der demokratische Präsident innenpolitisch einen Rechtsruck befürchten. Außenpolitisch drohte zudem eine militärische Auseinandersetzung mit unberechenbaren Folgen. Ebenso lag Kuba wenig daran, dass die eigene Beteiligung an dem Mord, der die Welt erschütterte, ans Licht kam. Castro hatte sein Ziel erreicht und über die USA triumphiert; seither üben sich beide Länder darin, die Wahrheit über den Mordfall Kennedy zu vertuschen. Allerdings kann auch diese neueste Erklärung über die Hintergründe des Kennedy-Attentats erst dann zweifelsfrei bestätigt werden, wenn alle Dokumente des Falls zugänglich gemacht werden.

MONDLANDUNG
HOLLYWOODS GRÖSSTER STREICH?

Als 2006 die US-Raumfahrtbehörde NASA zugeben musste, dass die Originalmagnetbänder der Apollo-11-Mission nicht mehr auffindbar waren und damit ein wichtiger Beweis für die ersten Schritte der Menschheit auf dem Mond abhanden gekommen, war weltweit die Schadenfreude groß. Denn seit der Mondlandung am 20. Juli 1969 und den Nachrichten vom Mondspaziergang Neil Armstrongs und Edwin Aldrins wollen die Gerüchte einfach nicht verstummen, nach denen der Coup der US-amerikanischen Raumfahrt schlichtweg gar nicht stattgefunden habe. Erstaunlich, wo doch das Unternehmen als eines der ersten internationalen Großereignisse vom Fernsehen in alle Winkel der Welt live übertragen worden war. Bis heute sind selbst in den USA bis zu zwanzig Prozent der Bevölkerung überzeugt, es habe sich bei der spektakulären Mission um einen ausgemachten Riesenschwindel gehandelt. Sie glauben, bis heute habe kein Mensch je einen Fuß auf den Erdtrabanten gesetzt und die NASA habe den »großen Schritt für die Menschheit« mit der Hilfe Hollywoods auf der Erde effektvoll in Szene gesetzt. Die US-Regierung habe ihr Volk und die Weltöffentlichkeit getäuscht.

Diese beliebte Verschwörungstheorie kam fast unmittelbar nach den weltweiten Fernsehübertragungen im Hochsommer 1969 auf und wurde von zwei Aspekten besonders gefördert: Zum einen trauten viele US-Amerikaner angesichts des Vietnamkrieges und später der Watergate-Affäre ihrer Regierung einen solchen Betrug durchaus zu; zum anderen schienen spektakuläre Science-Fiction-Filme zu beweisen, dass eine solche Inszenierung mühelos zu bewerkstelligen war.

Die Theorie der terrestrisch inszenierten Mondlandung wird von einer Gemeinde von Verschwörungstheoretikern im Bewusstsein gehalten und gelegentlich mit neuen Belegen »untermauert«. Dabei ist auch innerhalb dieser Gemeinde das Ausmaß der Fälschung durchaus umstritten. Gemäßigte Anhänger gehen davon aus, dass die Landung zwar stattfand, die Aufnahmen davon aber gefälscht wurden. Die Mehrheitsmeinung unter den Anhängern der Fälschungstheorie lautet allerdings, die Landung hätte überhaupt nicht stattgefunden. Grund dafür sei, dass die US-Raumfahrt dazu Ende der Sechzigerjahre gar nicht in der Lage gewesen sei. In der Tat waren die NASA-Weltraumunternehmen der Fünfziger- und frühen Sechzigerjahre überwiegend gescheitert – wie hätten diese Schwächen so plötzlich behoben sein sollen? Die NASA habe vielmehr nicht einmal wagen können, Astronauten die Erdumlaufbahn verlassen zu lassen. Ein weiteres Argument lautet, Fotos und Filmaufnahmen der angeblichen Landung enthielten klare Hinweise darauf, dass sie nicht im Weltraum, sondern auf der Erde aufgenommen wurden. Als eines der bekanntesten Indizien wird angeführt, die US-Flagge der Astronauten flattere im Wind, obwohl der Mond gar keine Atmosphäre und damit auch keine Winde habe. Eine andere Meinung bemängelt, dass am Mondhimmel keine Sterne erkennbar seien, obwohl sie wegen der fehlenden Atmosphäre besonders gut zu sehen sein müssten. Die am NASA-Betrug Beteiligten würden von der US-Weltraumbehörde zum Schweigen gezwungen, einige der Astronauten seien gar von der NASA selbst umgebracht worden, damit sie nicht reden konnten. Wichtige Belege für diese Ansicht sind die Weigerung Neil Armstrongs, Interviews zu geben, sowie der Unfalltod mehrerer Astronauten Mitte der Sechzigerjahre.

So faszinierend die Überlegung auch sein mag, die Weltöffentlichkeit sei im Falle der ersten Mondlandung einem umfassenden Betrug von höchster Stelle aufgesessen, und so plausibel manche Argumente auch klingen mögen – sie lassen sich mühelos widerlegen. Wie in anderen klassischen Verschwörungstheorien werden Indizien als Beweise eingesetzt, falsche Schlussfolgerungen gezogen und wissenschaftlich unhaltbare Argumente angeführt. Zum Beispiel kann gar nicht die Rede davon sein, die NASA hätte ihre Schwächen über Nacht und ausnahmslos in den Griff bekommen. Das lässt vor allem die Pannenmission Apollo 13 erkennen, aber auch die Raumfähre Apollo 11 ist dem Crash auf der Mondoberfläche nur knapp entgangen. Die Sterne sind auf Fotos und Filmaufnahmen deshalb nicht zu erkennen, weil die Sonne zu stark ist – so, wie auch ein Sternenhimmel über einer beleuchteten Großstadt bedeutend weniger hergibt. Und die US-Flagge wehte nicht wegen einer Brise in der Wüste von Nevada, sondern aufgrund der Mondanziehungskraft. Selbst das angeblich erzwungene Schweigen der Beteiligten ist leicht widerlegbar: Um ein solches Täuschungsmanöver aufrechtzuerhalten, hätten über Jahrzehnte nicht nur die Astronauten, sondern Tausende anderer NASA-Mitarbeiter mundtot gemacht werden müssen. Das ist schlichtweg undenkbar. Und auch wenn Neil Armstrong Interviews verweigerte, haben andere Apollo-11-Astronauten durchaus über ihre Erfahrungen auf dem Mond berichtet.

Selbst wenn die verschollenen Originalbänder der Mondlandung nicht wieder auftauchen sollten, besitzen zahllose Fernsehstationen noch immer Bänder ihrer Ausstrahlung. Ihr Verschwinden ist auch so keine echte Argumentationshilfe für die Verschwörungstheoretiker. Da müssten schon wirkliche Belege auftauchen, dass diese Aufnahmen nur gestellt wurden.

DER ZERFALL JUGOSLAWIENS
EINZELSTAATEN VORZEITIG ANERKANNT?

Anfang der Neunzigerjahre schien die Zukunft Europas licht und voller Versprechen – war doch die Teilung der Welt beendet und der Eiserne Vorhang quer durch den Kontinent verschwunden. Umso größer war der Schrecken, als der Vielvölkerstaat Jugoslawien zerfiel und einen Nationalismus entfesselte, der für die meisten Menschen der Europäischen Union weitgehend überwunden schien. Über mehrere Jahre beherrschte ein Krieg mit grausamen Verbrechen den Balkan, dessen Auswirkungen bis heute nachwirken. Inzwischen gibt es statt des einen Vielvölkerstaates Jugoslawien sechs Republiken, die sich mehr oder weniger gut entwickeln und mehr oder weniger erfolgreich die Schrecken des Krieges und die Entfremdung von den Nachbarn überwinden. Seither lautet die verbreitete Meinung, das Versagen der europäischen Diplomatie sei für die Auflösung Jugoslawiens, für neue Grenzen und entfremdete Völker mitverantwortlich, die doch jahrzehntelang friedlich in einem Staatenverband miteinander gelebt hätten.

Im Visier der Kritik an der europäischen Diplomatie steht insbesondere Deutschland, das viel zu früh auf die Anerkennung der nach Unabhängigkeit strebenden Teilrepubliken Slowenien und Kroatien gedrängt, damit den Krieg erst ausgelöst hätte und mithin für seine Folgen mitverantwortlich sei.

Umfassende Untersuchungen der Vorgeschichte des Jugoslawienkrieges widerlegen diese Schuldzuweisungen eindeutig.

Denn tatsächlich bedurfte es keiner Einwirkung von außen, ob gewollt oder ungewollt, um den Staat Jugoslawien auseinanderbrechen zu lassen.

Die Europäische Gemeinschaft beschloss Ende 1991, Slowenien und Kroatien die Anerkennung ihrer ein halbes Jahr zuvor proklamierten Unabhängigkeit in Aussicht zu stellen. Tatsächlich hatte die deutsche Außenpolitik an dieser Entscheidung maßgeblichen Anteil, und mit der Initiative von Außenminister Genscher nahm Deutschland zum ersten Mal seit dem Zweiten Weltkrieg derart selbstbewusst Einfluss auf die internationale Politik. Ebenso hielt die deutsche Außenpolitik trotz der dramatischen Entwicklungen auf dem Balkan noch eine ganze Weile an der Einheit Jugoslawiens fest und beurteilte die Unabhängigkeitsbestrebungen von Slowenien und Kroatien durchaus als problematisch. Die Bundesrepublik stand aber ganz und gar nicht allein mit der Erkenntnis, dass der Zerfall Jugoslawiens nicht mehr aufzuhalten war. Die EG-Ratspräsidentschaft hatten damals die Niederlande inne, die ihrerseits längst gefordert hatten, sich den Tatsachen zu stellen. Abgesehen davon konnte die westeuropäische Staatengemeinschaft den Balkanvölkern das Recht auf Unabhängigkeit ohnehin nicht rundheraus absprechen. Zu den ersten gewaltsamen Auseinandersetzungen der jugoslawischen Volksgruppen war es da längst gekommen – im Frühjahr 1991 in Kroatien und im Frühsommer in Slowenien, wo die bereits serbisch dominierte Jugoslawische Volksarmee ebenso kurz wie erfolglos versuchte, mit militärischer Gewalt die Abspaltung zu verhindern. Zum Zeitpunkt der EU-Entscheidung tobte in Kroatien längst der Bürgerkrieg, und auch Mazedonien hatte sich bereits von Jugoslawien losgesagt. Mochten noch zahlreiche Gräueltaten folgen – die Grausamkeiten von Vukovar hatten bereits stattgefunden. Das Mittel der Verhandlungsdiplomatie konnte ohne einen vorhandenen Willen auf serbischer

Seite keine friedliche Lösung herbeiführen. Ohne militärisches Zähnezeigen ging auf dem Balkan nichts, was sich spätestens an der Tatsache zeigte, dass der Friedensschluss von Dayton 1995 ohne »militärische Diplomatie« nicht zustande gekommen wäre. Zuvor hatte nicht zuletzt die vorsichtige Haltung Europas die aggressive serbische Politik begünstigt, denn Serbien musste vorerst keine ernsthaften Konsequenzen befürchten.

Die Jugoslawien-Krise hatte eigentlich schon mit der erzwungenen Aufhebung der Autonomierechte der serbischen Provinz Kosovo im März 1989 begonnen. Die maßgeblichen europäischen Außenpolitiker waren jedoch seither von deutscher Wiedervereinigung und Kuwait-Krise so in Anspruch genommen, dass sie die Zerfallserscheinungen erst dann ernst nahmen, als im Frühjahr 1991 in Jugoslawien offene Kämpfe einsetzten. Länder wie Großbritannien oder Frankreich ließen sich zudem statt von nüchterner Realpolitik eher von Eigeninteressen leiten: Sie sahen in einem serbisch dominierten Jugoslawien ein Mittel gegen den wachsenden Einfluss Deutschlands, das seit dem Ende der europäischen Teilung in Mitteleuropa gefährlich an Gewicht zu gewinnen schien. In der als wenig zimperlich bekannten britischen Presse wurde gar die Gefahr eines »Vierten Reiches« beschworen. Dass Deutschland auch weiterhin die schmerzhaften Lehren der eigenen Vergangenheit zum Prinzip seiner Außenpolitik machte, ging selbst hochrangigen Politikern erst später auf. Vor allem Frankreich und Großbritannien reagierten geradezu reflexartig auf das Engagement der deutschen Regierung. Statt veränderter Koordinaten weltweit wäre ihnen ein nur mäßig modifizierter Status quo der geteilten Welt vielleicht lieber gewesen – im Falle Jugoslawiens wollten sie den Einheitsstaat unbedingt erhalten. Beide Länder versuchten sogar noch unmittelbar vor der Entscheidung in Brüssel, das drohende Ungemach mit Hilfe des UN-Sicherheitsrates zu verhindern. Das scheiterte, und die Mehrheit der europäischen Außenminister schloss sich der deutschen Sicht auf die Balkankrise an – andernfalls wäre es zu der Entscheidung für die in Aussicht gestellte Anerkennung Kroatiens und Sloweniens wohl kaum gekommen.

An der sich rasch bildenden Legende über eine unrühmliche Rolle der deutschen Regierung strickte diese aber auch selbst eifrig mit, als sie nach der Entscheidung der europäischen Außenminister im Alleingang Kroatien und Slowenien als unabhängige Staaten anerkannte.

Im Falle Großbritanniens kann man in der Ablehnung der deutschen Haltung auch den Ausdruck einer antieuropäischen Haltung erkennen; im Fall Frankreichs vor allem die Befürchtung, Deutschland allein wolle in der Europäischen Gemeinschaft den Ton angeben. Hinzu kam bei beiden Ländern eine traditionell proserbische Haltung, während in Deutschland viele Angehörige aller jugoslawischen Volksgruppen lebten – insgesamt rund eine Dreiviertelmillion. Für Deutschland war es nicht zuletzt einfacher, auf die grundlegend veränderten Verhältnisse in Europa zu reagieren, weil sich in dem eben noch geteilten Land ohnehin dramatische Veränderungen vollzogen hatten. Dass die alte Weltordnung außer Kraft gesetzt war, lag für die Deutschen eher auf der Hand als für Franzosen oder Briten. Die meisten europäischen Länder und die Vereinigten Staaten fürchteten außerdem das Schreckgespenst »Balkanisierung« mit einer in Kleinstaaten zersplitterten Region, die nicht zur Ruhe kommen würde. Und das einzige Rezept dagegen schien eben der Bundesstaat Jugoslawien, innere Konflikte hin oder her.

Der ehemalige US-Botschafter in Deutschland Richard Holbrooke urteilte im Nachhinein, das gerade wiedervereinigte Deutschland, das sich außenpolitisch profilieren wollte, sei zum Sündenbock gemacht worden. Das angebliche Versagen deutscher Diplomatie stellten gerade die Länder heraus, die von eigenen Fehlern in der heiklen Angelegenheit ablenken wollten. Das mag auch durch die Tatsache motiviert sein, dass es letzten Endes die USA waren, die sich zum entschiedenen Eingreifen bereitfanden. Aber selbst der ehemalige britische Außenminister und Jugoslawienvermittler Lord Carrington nahm seine Kritik an der deutschen Haltung später ausdrücklich zurück.

Die Anerkennung Sloweniens und Kroatiens zog zwar auch die Unabhängigkeitserklärung Bosniens und Herzegowinas nach sich, was wegen der ethnischen Zusammensetzung einen neuen Kriegsschauplatz geradezu hervorbringen musste. Untersuchungen haben aber klar dargelegt, dass der Krieg sich in jedem Fall nach Bosnien ausgeweitet hätte, wenn auch möglicherweise später. Die Vorbereitung der serbischen Militärs für den Bosnienfeldzug war im Herbst 1991 bereits im Gange, ebenso die Bildung autonomer Gebiete durch die bosnischen Serben. Das europäische (und internationale) Versäumnis lag nicht darin, den Zerfall Jugoslawiens zu akzeptieren, sondern vielmehr im verspäteten Eingreifen in den Krieg. Aus einer Vielzahl von Gründen – aufgrund weltpolitischer Konstellationen und unwirksamer Mechanismen und Strategien zur Konfliktlösung – zog sich der gewaltsame Zerfallsprozess Jugoslawiens unheilvoll in die Länge. Der britische Politologe James Gow nannte das internationale Versagen im Jugoslawienkonflikt einen »Triumph des fehlenden Willens«. Nach seiner Einschätzung waren dafür schlechtes Timing, unangemessene Maßnahmen, uneinheitliches Vorgehen und ein Mangel an Entschlossenheit insbesondere zu wirksamem Druck verantwortlich. Andernfalls hätte der Jugoslawien-Krieg schon nach zweieinhalb statt nach über vier Jahren beendet werden können.

LITERATURHINWEISE

Die Sintflut:
Mythos oder Katastrophe?
Haarmann, Harald: *Geschichte der
Sintflut. Auf den Spuren der frühen
Zivilisationen*, München 2003
Dundes, Alan (Hg.): *The Flood Myth*,
Berkeley 1988
Ryan, William/Walter Pitman:
*Noah's Flood. The new scientific
discoveries about the event that changed
history*, New York 1998
Marler, Joan/Miriam Robbins
Dexter (Hg.): *The Black Sea
Flood and its Aftermath*, Sewastopol
(in Vorb.)

Atlantis:
**Versunkene Kultur oder
nur eine gute Story?**
Vidal-Naquet, Pierre: *Atlantis.
Geschichte eines Traums*,
München 2006
Ellis, Richard: *Imagining Atlantis*,
New York 1998
Jordan, Paul: *The Atlantis Syndrome*,
Stroud 2001
Nesselrath, Heinz-Günther:
*Platon und die Erfindung von
Atlantis*, München 2002

Marathonlauf:
**Olympische Disziplin
nach antikem Vorbild?**
Goette, Hans Rupprecht/

Thomas Maria Weber: *Marathon.
Siedlungskammer und Schlachtfeld –
Sommerfrische und olympische Wett-
kampfstätte*, Mainz 2004
Meier, Christian: *Athen. Ein Neubeginn
der Weltgeschichte*, Berlin 2004

Kalliasfrieden:
**Kein Friedensschluss zwi-
schen Griechen und Persern?**
Meister, Klaus: *Die Ungeschichtlichkeit
des Kalliasfriedens und deren histo-
rische Folgen* (= Palingenesia, 18),
Wiesbaden 1982
Bloedow, E. F.: »The peaces of Cal-
lias«, *Symbolae Osloenses* 67 (1987),
S. 41–68
Badian, E.: »The Peace of
Callias«, *Journal of Hellenic
Studies* 107 (1987), S. 1–39

Kleopatra:
Schönste Frau der Welt?
Becher, Ilse: *Das Bild von Kleopatra
in der griechischen und lateinischen
Literatur*, Berlin 1966
Bradford, Ernle: *Cleopatra*,
London 2000
Walker, Susan/Peter Higgs (Hg.):
*Kleopatra of Egypt: From history
to Myth*, London 2001
Clauss, Manfred: *Kleopatra*,
München 1995

**Die Bibliothek von Alexandria:
Wer zerstörte das antike
Kulturerbe?**

Mazal, Otto: *Griechisch-römische Antike*
(= Geschichte der Buchkultur, 1),
Graz 1999

Canfora, Luciano: *Die verschwundene
Bibliothek. Das Wissen der Welt
und der Brand von Alexandria,*
Hamburg 2002

Lerner, Fred: *The Story of Libraries.
From the Invention of Writing to the
Computer Age,* New York 1998

Parsons, Edward E.: *The Alexandrian
Library,* New York 1952

**Jesus von Nazareth:
Wann war die Heilige Nacht?**

Pietri, Luce (Hg.): *Die Zeit des Anfangs*
(= Die Geschichte des Christen-
tums. Religion, Politik, Kultur, 1),
Freiburg 2003

Theissen G./A. Merz:
Der historische Jesus, Göttingen 1996

Roloff, Jürgen: *Jesus,* München 2000

Mussies, G.: »The Date of Jesus'
Birth«, *Journal for the Study of
Judaism* 29 (1998), S. 416–437

**Pontius Pilatus:
Rufmord durch die Bibel?**

Rosen, Klaus: »Rom und die Juden
im Prozeß Jesu«, Alexander
Demandt (Hg.), *Macht und Recht.
Große Prozesse in der Geschichte,*
München 1990, S. 39–58

Märtin, Ralf-Peter: *Pontius Pilatus.
Römer, Ritter, Richter,* München
1989

Cousin, H.: *Le Monde ou vivait Jésus,*
Paris 1998

Pietri, Luce (Hg.): *Die Zeit des Anfangs*
(= Die Geschichte des Christen-
tums. Religion, Politik, Kultur, 1),
Freiburg 2003

**Kaiser Tiberius:
Kluger Staatsmann oder
skrupelloser Lustmolch?**

Baar, Manfred: *Das Bild des Kaisers
Tiberius bei Tacitus, Sueton und
Cassius Dio,* Stuttgart 1990

Syme, Ronald: »History or Bio-
graphy. The Case of Tiberius
Caesar«, *Historia* 23 (1974),
S. 481–496

Yavetz, Zwi: *Tiberius. Der traurige Kaiser,*
München 1999

**Rom brennt:
Neros böse Laune oder
grausamer Zufall?**

Jakob-Sonnabend, Waltraud:
*Untersuchungen zum Nero-Bild der
Spätantike* (= Altertumswissen-
schaftliche Texte und Studien,
18), Hildesheim 1990

Waldherr, Gerhard H.: *Nero. Eine
Biographie,* Regensburg 2005

Fini, M.: *Nero. Zweitausend Jahre
Verleumdung. Die andere Biographie,*
München 1994

Holland, R.: *Nero. The Man behind
the Myth,* Stroud 2000

**Konstantinische Schenkung:
Der erschlichene Vatikan-
staat?**

Monumenta Germaniae Historica
(Hg.): *Fälschungen im Mittelalter*
(= Schriften der MGH, 33),
Hannover 1988

Gericke, W.: »Wann entstand die
Konstantinische Schenkung?«,
*Zeitschrift für Rechtsgeschichte, Kanon.
Abt.* 43 (1957), S. 1–88

Fuhrmann, Horst: »Konstantinische
Schenkung und abendländisches
Kaisertum«, *Deutsches Archiv zur
Erforschung des Mittelalters* 22 (1966),
S. 63–178

Ungarn:
Nachfahren der Hunnen?

Györffy, György: »Erfundene Stammesgründer«, *Fälschungen im Mittelalter* (= Schriften der MGH, 33), Bd. 5, Hannover 1988, S. 443–450

Györffy, György: *König Stephan der Heilige*, Budapest 1988

Róna-Tas, András: *Hungarians and Europe in the Early Middle Ages. An Introduction to Early Hungarian History*, Budapest 1999

Kristó, Gyula: *Die Arpaden-Dynastie. Die Geschichte Ungarns von 895 bis 1301*, Budapest 1993

Macartney, Carlile Aylmer: *The Origin of the Hun chronicle and Hungarian Sources* (= Studies on the Early Hungarian Historical Sources, 6/7), Budapest 1951

Das Mittelalter:
Finstere Epoche?

Oexle, Otto Gerhard: »Die Moderne und ihr Mittelalter. Eine folgenreiche Problemgeschichte«, Peter Segl (Hg.), *Mittelalter und Moderne. Entdeckung und Rekonstruktion der mittelalterlichen Welt*, Sigmaringen 1997, S. 307–364

Arnold, Klaus: »Das ›finstere Mittelalter‹. Zur Genese und Phänomenologie eines Fehlurteils«, *Saeculum* 32 (1981), S. 287–300

Brieskorn, Norbert: *Finsteres Mittelalter? Über das Lebensgefühl einer Epoche*, Mainz 1991

Fuhrmann, Horst: *Überall ist Mittelalter. Von der Gegenwart einer vergangenen Zeit*, München 1996

Fried, Johannes: *Die Aktualität des Mittelalters. Gegen die Überheblichkeit unserer Wissensgesellschaft*, Stuttgart 2002

Héloïse und Abaelard:
Leidenschaftliche Liebesbriefe aus dem Kloster?

Brost, Eberhard (Hg.): *Petrus Abaelardus. Die Leidensgeschichte und der Briefwechsel mit Heloisa*, Darmstadt 2004

Moos, P. von: »Heloise und Abaelard. Eine Liebesgeschichte vom 13. bis zum 20. Jahrhundert«, Peter Segl (Hg.), *Mittelalter und Moderne. Entdeckung und Rekonstruktion der mittelalterlichen Welt*, Sigmaringen 1997, S. 77–90

Pernoud, Régine: *Heloise und Abaelard. Ein Frauenschicksal im Mittelalter*, München 2000

Silvestre, Hubert: »Die Liebesgeschichte zwischen Abaelard und Heloise: der Anteil des Romans«, *Fälschungen im Mittelalter* (= Schriften der MGH, 33), Hannover 1988, Bd. 5, S. 121–165

Eleonore von Aquitanien:
Größte Hure des Mittelalters?

Vones-Liebenstein, Ursula: *Eleonore von Aquitanien. Herrscherin zwischen zwei Reichen*, Göttingen 2000

Markale, Jean: *Eleonore von Aquitanien – Königin von Frankreich und von England. Leben und Wirkung einer ungewöhnlichen Frau im Hochmittelalter*, Tübingen 1980

Laube, Daniela: *Zehn Kapitel zur Geschichte der Eleonore von Aquitanien*, Frankfurt/Main 1984

Pernoud, Régine: *Königin der Troubadoure. Eleonore von Aquitanien*, München 1979.

Die Mongolenschlacht bei Liegnitz:
Sieg oder Niederlage?

Schmilewski, Ulrich (Hg.): *Wahlstatt 1241: Beiträge zur Mongolen-*

schlacht bei Liegnitz und zu ihren Nachwirkungen, Würzburg 1991

Frings, Jutta (Hg.): Dschingis Khan und seine Erben, Bonn 2005

Ziegler, Gudrun: Die Mongolen. Im Reich des Dschingis Khan, Stuttgart 2005

Jackson, Peter: The Mongols and the West, 1221–1410, London 2005

Weiers, Michael: Geschichte der Mongolen, Stuttgart 2004

**Der hl. Antonius:
Wer besitzt die echten
Reliquien?**

Mischlewski, Adalbert: »Die Antoniusreliquien in Arles – eine noch heute wirksame Fälschung des 15. Jahrhunderts«, Fälschungen im Mittelalter (= Schriften der MGH, 33), Bd. 5, Hannover 1988, S. 417–431

Ehlers, Joachim: »Politik und Heiligenverehrung in Frankreich«, Jürgen Petersohn (Hg.), Politik und Heiligenverehrung im Hochmittelalter, Sigmaringen 1994, S. 149–175

Dinzelbacher, Peter/Dieter R. Bauer: Heiligenverehrung in Geschichte und Gegenwart, Ostfildern 1990

Angenendt, Arnold: Heilige und Reliquien. Die Geschichte ihres Kultes vom frühen Christentum bis zur Gegenwart, München 1994

Mayr, Markus: Geld, Macht und Reliquien. Wirtschaftliche Auswirkungen des Reliquienkultes im Mittelalter (= Geschichte und Ökonomie, 6), Innsbruck 2000

**Robin Hood:
Hat der wohltätige Räuber
je existiert?**

Carpenter, Kevin: Robin Hood. Die vielen Gesichter des edlen Räubers, Oldenburg 1995

Holt, J. C.: Robin Hood. Die Legende von Sherwood Forest, Düsseldorf 1991

Crook, David: »The Sheriff of Nottingham and Robin Hood: The Genesis of the Legend?«, Peter R. Coss/Simon D. Lloyd (Hg.), Thirteenth Century England, Bd. 2, Woodbridge 1988, S. 59–68

Crook, David: »Some Further Evidence Concerning the Dating of the Origins of the Legend of Robin Hood«, English Historical Review 99 (1984), S. 530–534

**Sodom und Gomorrha
Der Prozess gegen die
Tempelritter?**

Demurger, Alain: Der letzte Templer. Leben und Sterben des Großmeisters Jacques de Molay, München 2004

Demurger, Alain: Die Templer. Aufstieg und Untergang, 1120–1314, München 1994

Dinzelbacher, Peter: Die Templer. Ein geheimnisumwitterter Orden?, Freiburg 2002

Beck, Andreas: Der Untergang der Templer. Größter Justizmord des Mittelalters?, Freiburg 1992

Elm, Kaspar: »Der Templerprozeß (1307–1312)«, Alexander Demandt (Hg.), Macht und Recht. Große Prozesse in der Geschichte, München 1990

**Graf Dracula:
Blutsaugender Vampir aus
Rumänien?**

Florescu, Radu/Raymond T. McNally: Dracula. A Biography of Vlad the Impaler 1431–1476, London 1974

Murray, Paul: From the Shadow of Dracula. A Life of Bram Stoker, London 2004

Miller, Elizabeth (Hg.): *Bram Stoker's Dracula: A Documentary Volume* (= Dictionary of Literary Biography, 304), Detroit 2005

Treptow, Kurt W. (Hg.): *Dracula. Essays on the Life an Times of Vlad Tepes* (= East European Monographs, 323), New York 1991

Amerikas Entdecker:
Wem gebührt die Ehre?

Bitterli, Urs: *Die Entdeckung Amerikas. Von Kolumbus bis Alexander von Humboldt*, München 1992

Enterline, James Robert: *Erikson, Eskimos & Columbus – Medieval European Knowledge of America*. Baltimore und London 2002

Dreyer-Eimbcke, Oswald: *Kolumbus – Entdeckungen und Irrtümer in der deutschen Kartographie*, Frankfurt/Main 1991

Fernández-Armesto, Felipe: *Columbus*, Oxford 1991

Taviani, Paolo Emilio: *Christopher Columbus. The grand design*, London 1985

Taviani, Paolo Emilio: *Das wunderbare Abenteuer des Christoph Kolumbus*, Berlin 1991

Fernández-Armesto, Felipe: *Before Columbus. Exploration and Colonisation from the Mediterranean to the Atlantic 1229–1492*, Basingstoke 1987

Kannibalen:
Mythos aus Profilneurose?

Arens, William: *The Man-Eating Myth Anthropology and Anthropophagy*, Oxford 1979

Barker, Francis: *Cannibalism and the Colonial World*, Cambridge 1998

Hulme, Peter: *Colonial Encounters. Europe and the Native Carribeans 1492–1797*, London 1986

Menninger, Annerose: *Die Macht der Augenzeugen. Neue Welt und Kannibalen-Mythos*, Stuttgart 1995

Peter-Röcher, Heidi: *Mythos Menschenfresser. Ein Blick in die Kochtöpfe der Kannibalen*, München 1998

Die Borgia-Dynastie:
Sex and Crime im Vatikan?

Erlanger, Rachel: *Lucrezia Borgia: A Biography*, London 1978

Schüller-Piroli, Susanne: *Die Borgia-Dynastie. Legende und Geschichte*, München 1982

Reinhardt, Volker: *»Der unheimliche Papst«. Alexander VI. Borgia 1431–1503*, München 2005

Untergang der spanischen Armada:
Todesstoß gegen eine Weltmacht?

Klein, Jürgen: *Elisabeth I. und ihre Zeit*, München 2004

Fernández-Armesto, Felipe: *The Spanish Armada. The Experience of War in 1588*, Oxford 1988

Martin, Colin/Geoffrey Parker: *The Spanish Armada*, London 1988

McDermott, James: *England and the Spanish Armada. The necessary quarrel*, New Haven 2005

Die Auswanderer der Mayflower:
Fromme Glaubensflüchtlinge?

Cressy, David: *Coming Over. Migration and Communication between England and New England in the Seventeenth Century*, Cambridge 1987

Middleton, Richard: *Colonial America. A History, 1585–1776*, Oxford 1996

Kavanagh, W. Keith: *Foundations of Colonial America. A Documentary History*, 3 Bde., New York 1973

Vickers, Daniel (Hg.): *A Companion to Colonial America*, Malden 2003

Daniels, Roger: *Coming to America. A History of Immigration and Ethnicity in American Life*, New York 1990

**Galileo Galilei:
Ein Märtyrer für die Wissenschaft?**

Rowland, Wade: *Galileo's Mistake. A New Look at the Epic Confrontation between Galileo and the Church*, New York 2003

Shea, Wiliam R. / Mariano Artigas: *Galileo in Rome. The Rise and Fall of a Troublesome Genius*, Oxford 2003

Finocchiaro, Maurice A: *Retrying Galileo, 1633 – 1992*, Berkeley 2005

Naess, Atle: *Als die Welt still stand. Galileo Galilei – verraten, verkannt, verehrt*, Berlin 2006

**Ludwig XIV.:
»Der Staat bin ich«?**

Hartung, Fritz: »L'Etat c'est moi«, *Historische Zeitschrift* 169 (1949), S. 1–30

Burke, Peter: *Ludwig XIV. Die Inszenierung des Sonnenkönigs*, Berlin 1993

Mettam, Roger: *Power and Faction in Louis XIV's France*, London 1988

**Freimaurer:
Im Geheimorden zur Weltherrschaft?**

Giese, Alexander: *Die Freimaurer. Eine Einführung*, Wien 1997

Bieberstein, Johannes Rogalla von: *Die These von der Verschwörung 1776 bis 1945. Philosophen, Freimaurer, Juden, Liberale und Sozialisten als Verschwörer gegen die Sozialordnung*, Bern 1976

Reinalter, Helmut (Hg.): *Freimaurer und Geheimbünde im 18. Jahrhundert*

in Mitteleuropa, Frankfurt / Main 1983

Naudon, Paul: *Geschichte der Freimaurerei*, Frankfurt / Main 1982

Binder, Dieter A.: *Die diskrete Gesellschaft. Geschichte und Symbolik der Freimaurer*, Graz 1988

**Weltsprache Deutsch:
An einer Stimme gescheitert?**

Faust, Albert Bernhard: *The German Element in the United States. With Special Reference to its Political, Moral, Social and Educational Influence*, 2 Bde., New York 1927

Marx, Henry: *Deutsche in der Neuen Welt*, Braunschweig 1983

Luebke, Frederick C.: *Germans in the New World. Essays in the History of Immigration*, Urbana 1990

Gilbert, Glenn G. (Hg.): *The German Language in America. A Symposium*, Austin 1971

Nolt, Stephen M.: *Foreigners in their Own Land. Pennsylvania Germans in the Early Republic*, University Park 2002

Wallace, Paul A. W.: *The Muhlenbergs of Pennsylvania*, Philadelphia 1950

**Fürst Potemkin:
Bloß ein Kulissenschieber?**

Zernack, Klaus (Hg.): *Handbuch der Geschichte Russlands, Bd. 2: Vom Randstaat zur Hegemonialmacht*, Stuttgart 2001

Donnert, Erich: *Das russische Zarenreich. Aufstieg und Untergang einer Weltmacht*, München 1992, S. 202 ff.

Solovytchik, George: *Potemkin. Soldat, Staatsmann, Liebhaber und Gemahl der Kaiserin Katharina der Großen*, Stuttgart 1953

Adamczyk, Theresia: *Fürst G. A. Potemkin. Untersuchungen zu seiner Lebensgeschichte*, Emsdetten 1936

Adamczyk, Theresia: »Die Reise Katharinas II. nach Südrussland im Jahre 1787«, *Jahrbücher für Kultur und Geschichte der Slaven* N.F. 6 (1930), S. 25–53

Französische Revolution: Kein Sturm auf die Bastille?

Schulze, Winfried: *Der 14. Juli 1789. Biographie eines Tages*, Stuttgart 1989

Wolzogen, Wilhelm von: »*Dieses ist der Mittelpunkt der Welt*«. *Pariser Tagebuch 1788/89*, hg. v. Eva Berié und Christoph von Wolzogen, Frankfurt/Main 1989

Michelet, Jules: *Die Geschichte der Französischen Revolution*, Bd. 1, Frankfurt/Main 1988

Schulin, Ernst: *Die Französische Revolution*, München 2004

Marie-Antoinette: »Sollen sie doch Kuchen essen«?

Duprat, Annie: *La reine brisée*, Paris 2006

Cronin, Vincent: *Ludwig XVI. und Marie-Antoinette. Eine Biographie.* Hildesheim 1993

Bertière, Simone: *Marie-Antoinette l'insoumise*, Paris 2002

Lever, Evelyne: *Marie-Antoinette*, Paris 1991

Häuptling Seattles Rede: Dreiste Öko-Fälschung?

Lamar, Howard R.: *The New Encyclopedia of the American West*, New Haven 1998

Logan, William B.: *The Pacific States* (= The Smithsonian Guide to Historic America, 7), New York 1989

Schwantes, Carlos Arnaldo: *The Pacific Northwest. An Interpretive History*, Lincoln 1996

Gruhl, Herbert: *Häuptling Seattle hat gesprochen. Der authentische Text seiner Rede mit einer Klarstellung: Nachdichtung und Wahrheit*, Düsseldorf 1984

Gifford, Eli: *The Many Speeches of Chief Seathl: The Manipulation of the Record for Religious, Political, and Environmental Reasons* (= Occasional papers of Native American Studies, 1), Rohnert Park 1992

Kaiser, Rudolf: »Chief Seattle's Speech(es): American Origins and European Reception«, Brian Swann/Arnold Krupat (Hg.), *Recovering the Word. Essays on native American literature*, Berkeley 1987, S. 497–536

Amerikanischer Bürgerkrieg: Für die Abschaffung der Sklaverei?

Ford, Lacy K. (Hg.), *A Companion to the Civil War and Reconstruction*, Malden 2005

Cook, Robert: *Civil War America. Making a Nation, 1848–1877*, London 2003

Jaffa, Harry V.: *A New Birth of Freedom. Abraham Lincoln and the Coming of the Civil War*, Lanham 2000

McPherson, James M.: *Battle Cry of Freedom. The Civil War Era* (= The Oxford History of the United States, Bd. 6), New York 1988

McPherson, James M.: »Who Freed the Slaves?«, *Proceedings of the American Philosophical Society* 139 (1995), S. 1–10

Richter, William L.: *Historical Dictionary of the Civil War and Reconstruction*, Lanham 2004

Huston, James L.: *Calculating the Value of the Union. Slavery, Property Rights and the Economic Origins of the Civil War*, Chapel Hill 2003

Kautschuk:
Weltmacht Großbritannien beklaut Brasilien?
Coates, Austin: *The Commerce in Rubber: The First 250 years*, Singapore 1987
Smith, Anthony: *Explorers of the Amazon*, New York 1990
Collier, Richard: *The River that God forgot. The Story of the Amazon Rubber Boom*, New York 1968
Dean, Warren: *Brazil and the Struggle for Rubber. A Study in Environmental History*, Cambridge 1987
Lane, Edward V.: »The Life and Work of Sir Henry Wickham«, *India Rubber Journal* 126/127 (1953/54)
Desmond, Ray: *Kew. The History of the Royal Botanic Gardens*, London 1995

Tschaikowskys Tod:
Selbstmord oder Cholera?
Poznansky, Alexander: *Tschaikowskys Tod. Geschichte und Revision einer Legende*, Mainz 1998
Blinov, Nikolai: *Poslednyaya bolezn' i smert' P. I. Chaykovskovo*, Moskau 1994
Berberova, Nina: *Tschaikowsky. Biographie*, Düsseldorf 1989
Orlova, Alexandra: »Tchaikovsky: The Last Chapter«, *Music and Letters* 62 (1981), S. 125–145

Untergang der Titanic:
Aus Ehrgeiz gegen einen Eisberg?
Störmer, Susanne: *Titanic. Mythos und Wirklichkeit*, Berlin 1997
Spignesi, Stephen: *Titanic – Das Schiff, das niemals sank. Chronik einer Jahrhundertlegende*, München 2000
Tibballs, Geoff: *Titanic. Der Mythos des unsinkbaren Luxusliners*, Bindlach 1997
Eaton, John P./Charles A. Haas: *Titanic – Triumph und Tragödie. Eine Chronik in Texten und Bildern*, München 1997
Eaton, John P./Charles A. Haas: *Titanic. Legende und Wahrheit*, Königswinter 1997
Marschall, Ken/Donald Lynch: *Titanic – Königin der Meere. Das Schiff und seine Geschichte*, München 1992

Armenier-Massaker:
Umsiedlung oder Völkermord?
Kieser, Hans-Lukas: *Der Völkermord an den Armeniern und die Shoah*, Zürich 2003
Akçam, Taner: *From empire to republic. Turkish nationalism and the Armenian genocide*, London 2004
Akçam, Taner: *Armenien und der Völkermord: die Istanbuler Prozesse und die türkische Nationalbewegung*, Hamburg 1996, 2004
Bloxham, Donald: *The great game of genocide: the destruction of the Ottoman Armenians in international history and politics*, Oxford 2005
Hosfeld, Rolf: *Operation Nemesis. Die Türkei, Deutschland und der Völkermord an den Armeniern*, Köln 2005
Lewy, Guenter: *The Armenian Massacres in Ottoman Turkey. A Disputed Genocide*, Salt Lake City 2005.

Halaçoglu, Yusuf: *Facts on the relocation of Armenians 1914–1918*, Ankara 2002

Der Fluch des Tutanchamun: Archäologen sterben wie die Fliegen?

Winstone, H. V. F.: *Howard Carter and the discovery of the tomb of Tutankhamun*, London 1991

Collins, Andrew / Chris Ogilvie-Herald: *Tutanchamun – The Exodus Conspiracy. The Truth Behind Archaeology's Greatest Mystery*, London 2002

Wiese, A. / A. Brodbeck (Hg.): *Tutanchamun – das goldene Jenseits. Grabschätze aus dem Tal der Könige*, München 2004

Stalins Kriegsrede: Kühle Planung oder glatt gefälscht?

Slutsch, Sergej: »Stalins ›Kriegsszenario 1939‹: Eine Rede, die es nie gab. Die Geschichte einer Fälschung«, *Vierteljahreshefte für Zeitgeschichte* 52 (2004), S. 597–635

Gorodetsky, Gabriel: *Die große Täuschung. Hitler, Stalin und das Unternehmen »Barbarossa«*, Berlin 2001

Kellmann, Klaus: *Stalin. Eine Biographie*, Darmstadt 2005

Französische Résistance: Ein einig Volk von Widerständlern?

Jackson, Julian: *France. The Dark Years 1940–1944*, Oxford 2001

Waechter, Matthias: *Der Mythos des Gaullismus. Heldenkult, Geschichtspolitik und Ideologie 1940–1958*, Göttingen 2006

Gilzmer, Mechtild: *Widerstand und Kollaboration in Europa*, Münster 2004

Lloyd, Christopher: *Collaboration and resistance in occupied France. Representing Treason and Sacrifice*, Basingstoke 2003

Azéma, Jean-Pierre / François Bédarida (Hg.): *La France des années noires. Bd. 2: De l'Occupation à la Libération*, Paris 1993

Rousso, Henry: *Vichy. L'événement, la mémoire, l'histoire*, Paris 2001

Paxton, Robert: *Vichy France: Old Guard and New Order, 1940–1944*, London 1972

Hirschfeld, Gerhard / Patrick Marsh (Hg.): *Collaboration in France. Politics and Culture during the Nazi Occupation, 1940–1944*, Oxford 1989

Niederlande unter deutscher Besatzung: Die Juden nach Kräften geschützt?

Moore, Bob: *Victims and Survivors. The Nazi Persecution of the Jews in the Netherlands 1940–1945*, London 1997

Blom, J. H. C. (Hg.): *The History of the Jews in the Netherlands*, Oxford 2002

Hirschfeld, Gerhard: *Fremdherrschaft und Kollaboration. Die Niederlande unter deutscher Besatzung 1940–1945* (– Studien zur Zeitgeschichte, 25), Stuttgart 1984

Croes, Marnix: »The Netherlands 1942–1945: Survival in Hiding and the Hunt for Hidden Jews«, *The Netherlands Journal of Social Sciences* 49 (2004), S. 157–175

Houwink ten Cate, Johannes: »Mangelnde Solidarität gegenüber Juden in den besetzten niederländischen Gebieten?«, Wolfgang Benz / Juliane Wetzel (Hg.), *Solidarität und Hilfe für Juden während der NS-Zeit* (= Solidarität und Hilfe, Bd. 3), Berlin 1999, S. 87–133

Blom, J. H. C.: »The Persecution of the Jews. A Comparative Western European Perspective«, *European History Quarterly* 19 (1989), S. 333–351

**Das Bernsteinzimmer:
Verbrannt, verschollen oder
gut versteckt?**

Remy, Maurice Philip: *Mythos Bernsteinzimmer*, München 2003

Appel, Reinhard: *Das neue Bernsteinzimmer*, Köln 2003

Das Bernsteinzimmer. Drei Jahrhunderte Geschichte, Sankt Petersburg 2003

**Konferenz von Jalta:
Ein seniler Präsident
verspielt die Freiheit?**

Weinberg, Gerhard L.: *Visions of Victory. The Hopes of Eight World War II Leaders*, New York 2005

Mee, Charles L.: *Halbgötter der Geschichte. Sieben historische Begegnungen*, Stuttgart 1995, S. 219–267

Weidenfeld, Werner: *Jalta und die Teilung Deutschlands. Schicksalsfrage für Europa*, Andernach 1969

Dülffer, Jost: *Jalta, 4. Februar 1945. Der Zweite Weltkrieg und die Entstehung der bipolaren Welt*, München 1998

**Argentinien:
Fluchtort Nummer
eins für Nazis?**

Schönwald, Matthias: *Deutschland und Argentinien nach dem Zweiten Weltkrieg. Politische und wirtschaftliche Beziehungen und deutsche Auswanderung 1945–1955*, Paderborn 1998

Meding, Holger M. (Hg.): *Nationalsozialismus und Argentinien. Beziehungen, Einflüsse und Nachwirkungen*, Frankfurt/Main 1995

Newton, Ronald C.: *The ›Nazi Menace‹ in Argentina, 1931–1947*, Stanford 1992

**Marilyn Monroe:
Selbstmord oder Regierungskomplott?**

Geiger, Ruth-Esther: *Marilyn Monroe*, Reinbek 2006

Leaming, Barbara: *Marilyn Monroe. Die Biographie jenseits des Mythos*, München 1999

Mailer, Norman: *Marilyn Monroe. Eine Biographie*, München und Zürich 1993

Smith, Matthew: *Warum musste Marilyn Monroe sterben?*, Frankfurt/Main 2003

Mecacci, Luciano: *Der Fall Marilyn Monroe und andere Desaster der Psychoanalyse*, München 2004

**Kuba-Krise:
Höhepunkt des Kalten
Krieges?**

Biermann, Harald: »Die Kuba-Krise: Höhepunkt oder Pause im Kalten Krieg?«, *Historische Zeitschrift* 273 (2001), S. 637–673

Brauburger, Stefan: *Die Nervenprobe. Schauplatz Kuba: Als die Welt am Abgrund stand*, Frankfurt/Main 2002

Filippovych, Dimitrij N./Matthias Uhl (Hg.): *Vor dem Abgrund. Die Streitkräfte der USA und der UdSSR sowie ihrer deutschen Bündnispartner in der Kubakrise* (= Schriftenreihe der Vierteljahreshefte für Zeitgeschichte, Sondernummer), München 2005

Freedman, Lawrence: *Kennedy's Wars.*
Berlin, Cuba, Laos, and Vietnam,
Oxford 2000

Hersh, Seymour: *Kennedy. Das Ende*
einer Legende, Hamburg 1998

Mordfall JFK:
Wer wollte den Präsidenten
loswerden?

Posner, Gerald: *Case Closed: Lee Harvey*
Oswald and the Assassination of
President Kennedy, New York 1993

Marrs, Jim: *Crossfire: The Plot that killed*
Kennedy, New York 1989

Huismann, Wilfried: *Rendezvous mit*
dem Tod (TV-Dokumentation),
WDR 2006

Mondlandung:
Hollywoods größter Streich?

Brian, William: *Moongate,*
Portland 1982

Chaikin, Andrew: *Man on the Moon,*
New York 1994

Kaysing, Bill / Randy Reid: *We Never*
Went to the Moon, Pomeroy 1976

Percy, David / Mary Bennett, *Dark*
Moon, Kempton 2001

Der Zerfall Jugoslawiens: Einzel-
staaten vorzeitig anerkannt?

Conversi, Daniele: *German-Bashing*
and the Breakup of Yugoslavia (= The
Donald W. Treadgold Papers,
16), Seattle 1998

Eisermann, Daniel: *Der lange Weg nach*
Dayton. Die westliche Politik und
der Krieg im ehemaligen Jugoslawien
1991–1995, Baden-Baden 2000

Gow, James: *Triumph of the Lack of*
Will. International Diplomacy and the
Yugoslav War, London 1997

Giersch, Carsten: *Konfliktregulierung*
in Jugoslawien 1991–1995. Die Rolle
von OSZE, EU, UNO und NATO,
Baden-Baden 1998

Maull, Hanns W. / Bernhard Stahl:
»Durch den Balkan nach Europa?
Deutschland und Frankreich in
den Jugoslawienkriegen«, *Poli-*
tische Vierteljahresschrift 43 (2002),
S. 82–111

Meier, Viktor: *Wie Jugoslawien verspielt*
wurde, München 1999

Von Stonehenge bis zur Oper von Sydney – Weltwissen leicht gemacht!

Bernd Ingmar Gutberlet
DIE NEUEN WELTWUNDER
In 20 Bauten durch
die Weltgeschichte
320 Seiten
mit zahlreichen
Abbildungen
ISBN 978-3-431-03825-5

Die Chinesische Mauer, die Felsenstadt Petra, der Eiffelturm, Schloss Neuschwanstein und die Alhambra – sie alle sind ebenso außergewöhnlich wie weltbekannt, spektakuläre Weltwunder der Menschheitsgeschichte. Doch wer erbaute sie einst? Und zu welchem Zweck? Bernd Ingmar Gutberlet stellt die zwanzig wichtigsten erhaltenen Bauten der Menschheitsgeschichte vor und versammelt damit die Werke, aus denen Internetnutzer aus aller Welt die sieben Neuen Weltwunder kürten.

„Pointiert vorgetragene, vielseitige Sammlung mit Erkenntnisgewinn und großem Unterhaltungswert" LITE-

Lübbe Ehrenwirth

Die Soforthilfe gegen historische Wissenslücken

Bernd Ingmar Gutberlet
DIE 33 WICHTIGSTEN
EREIGNISSE DER
DEUTSCHEN GESCHICHTE
304 Seiten
ISBN 978-3-404-64243-4

Von der Varusschlacht bis zum Mauerfall ist die deutsche Geschichte voller wichtiger Ereignisse und entscheidender Wendungen, großer Siege und vernichtender Niederlagen – und alle wirken sie bis heute nach.

Karl der Große, Reformation, Wiedervereinigung. Davon hat jeder schon gehört. Wie aber steht es mit dem Sachsenspiegel oder dem Hambacher Fest? Wer oder was war die (oder *der*?) Goldene Bulle? Bernd Ingmar Gutberlet präsentiert die wichtigsten Namen und Ereignisse der deutschen Geschichte – spannend und unterhaltsam.

Bastei Lübbe Taschenbuch

Werden Sie Teil
der Bastei Lübbe Familie

Lernen Sie Autoren, Verlagsmitarbeiter und andere Leser/innen kennen

Lesen, hören und rezensieren Sie unter www.lesejury.de Bücher und Hörbücher noch vor Erscheinen

Nehmen Sie an exklusiven Verlosungen teil und gewinnen Sie Buchpakete, signierte Exemplare oder ein Meet & Greet mit unseren Autoren

Willkommen in unserer Welt:
www.lesejury.de